Esoterik

Herausgegeben von Gerhard Riemann

In dieser unserer Welt erleben wir ein dauerndes Wechselspiel zwischen Polen. Ja, das ganze Universum wird – soweit wir es zu erkennen vermögen – vom Gesetz der Polarität regiert. Der Anfang bedingt das Ende. Gut bedingt Böse, Schwarz bedingt Weiß, und der Zustand des Wachseins ist nicht denkbar ohne sein Komplement, den Schlaf bzw. den Traum. Wir brauchen Träume wie unser sprichwörtliches tägliches Brot. Wenn wir nur wenige Nächte am Träumen gehindert werden, werden wir krank – dies hat die moderne Traumforschung bewiesen.

In unseren Träumen manifestieren sich Eindrücke, die von unserem Tagesbewußtsein nicht genügend gewürdigt werden. Da wir psychische Energien abstrakt nicht zu erkennen vermögen, nehmen sie Gestalt an, verkleiden sich als Schurken, Helden, Ungeheuer und Tiere und spielen für uns Theater. Normalerweise gehen wir davon aus, daß wir auf dieses Traumtheater keinerlei Einfluß nehmen können – zumindest nicht während der Vorstellung. *Kreativ träumen* belehrt uns eines Besseren. Mit den hier vorgestellten Techniken lernen wir, unsere Träume bewußt zu erleben und aktiv in sie einzugreifen. Auf diese Weise bekommen wir Zugang zu unserem Unterbewußtsein und können es harmonisch in unser Tagbewußtsein integrieren.

Vollständige Taschenbuchausgabe
Droemersche Verlagsanstalt Th. Knaur Nachf., München
Lizenzausgabe mit freundlicher Genehmigung
des Ansata-Verlages, Interlaken
Titel der Originalausgabe »Creative Dreaming«
© 1974 by Patricia Garfield
Aus dem Englischen von Dr. F. Walter und Werner Zurfluh
© der deutschen Ausgabe 1980 by Ansata-Verlag, Interlaken
Umschlaggestaltung Dieter Bonhorst, München
Gesamtherstellung Ebner Ulm
Printed in Germany   5 4
ISBN 3-426-04151-0

Patricia Garfield:
Kreativ träumen

Für Elsbeth

Januar 1989

Inhalt

7
Vorwort

ERSTER TEIL
So planen wir unsere Träume

11
ERSTES KAPITEL
Wie wir lernen, unsere Träume zu kontrollieren

30
ZWEITES KAPITEL
Was wir von Träumern aus früheren Zeiten lernen können

52
DRITTES KAPITEL
Was wir von kreativen Träumern lernen können

78
VIERTES KAPITEL
Was wir von träumenden Indianern lernen können

ZWEITER TEIL
So werden wir uns im Traum bewußt, daß wir träumen

102
FÜNFTES KAPITEL
Was wir von den Träumern der Senoi lernen können

147
SECHSTES KAPITEL
Was wir von luziden Träumern lernen können

185
SIEBENTES KAPITEL
Was wir von wachbewußt träumenden Yogis lernen können

DRITTER TEIL
So entwickeln wir die Traumkontrolle

209
ACHTES KAPITEL
Wie wir ein Traum-Tagebuch führen können

233
NEUNTES KAPITEL
Wie wir die Traumkontrolle entwickeln können

253
Anmerkungen

269
Bibliographie

Meinem geliebten Zal:

In meinen Träumen ist er
  Der Starke,
  Der Weise,
  Der Spender der Gaben

  — nicht anders als
in meinem wachen Leben

Vorwort

Dieses Buch entstand mit viel Liebe, Achtsamkeit und zusammen mit den Träumen. Die in ihm dargelegten Prinzipien habe ich nicht selbst entdeckt, ich habe sie bloß miteinander verwoben. Nun liegt ein dichtgeknüpftes Gewebe vor, dessen Muster von vielen Träumern der verschiedensten Kulturkreise und Zeitepochen stammt. Es ist zwar mein Werk — aber doch zugleich dasjenige derer, die schon vor mir ihre vertraulichen Traumerlebnisse geschildert haben, sowie jener, die das Traumleben anderer beobachtet und darüber geschrieben haben.

Der Ursprung des Buches geht wahrscheinlich auf die Begeisterung meiner Mutter für Freud und Jung zurück — damals, als ich vierzehn Jahre alt war. Doch haben sich in den vergangenen 25 Jahren Form und Darstellung meiner Traumaufzeichnungen gegenüber den früheren Notizen grundlegend geändert. Ein Wendepunkt besonderer Art trat vor mehreren Jahren ein, als Dr. Joe Kamiya aus San Francisco 1972 bei einem Gespräch anläßlich des XX. Internationalen Kongresses für Psychologie in Tokio die Bemerkung fallen ließ: „Wenn Sie schon nach Malaysia gehen, könnten Sie doch mal die Senoi besuchen." („Wen?", fragte ich). Später stellte er mir großzügig sein Traumlabor zur Verfügung und opferte manche Nachtstunde, um mir und meinen schlaflosen Studenten mitzuhelfen, einige meiner Erfahrungen mit dem EEG zu bestätigen.

Dr. Moti Lal vom Hospital für die Ureinwohner Malaysias in Gombak, machte mich mit einigen Senoi bekannt und dolmetschte bei unserem Gespräch. Dr. Ivan Polunin und Dr. Geoffrey Benjamin von der Universität Singapore gaben mir großzügig Einblick in ihren Erfahrungsschatz über die Senoi. Meine Begeisterung für die Möglichkeit einer bewußten Kontrolle der Träume führte mich zu den Arbeiten von Kilton Stewart und Mary Arnold-Forster, ebenso zu denen des Marquis d'Hervey de Saint-Denys und vieler anderer. Mein Kollege Braulio Montalvo in Philadelphia ließ mich zu einem Zeitpunkt an seinem Wissen über Carlos Castaneda teilhaben, als der Don Juan Schüler noch wenig bekannt war — und über Giovanni Guareschi.

Jack Leavitt aus Berkeley stellte mir seine umfangreiche Bibliothek zur Verfügung. Mein lieber Freund Sidney Harman half mir bei meinen ersten tastenden Kontaktaufnahmen mit der Verlegerwelt von New York. Dr. Arthur McDonald aus Lame Deer, Montana, unterstützte mich besonders beim Kapitel über die amerikanischen Indianer. Ihnen allen gilt mein Dank.

Mit den Berufskollegen der Association for Psychophysiological Study of Sleep (Vereinigung für Psychophysiologische Schlafforschung) hatte ich einen anregenden Gedankenaustausch. Außerdem bin ich jenen Studenten zu Dank verpflichtet, die in den von mir geleiteten Traumseminaren ihre eigenen Traumerfahrungen schilderten. Unsere Kinder Linda, Steven, Wendy und Cheryl, Verwandte, Freunde und Träumer all überall offenbarten mir ihre persönlichen Traumerlebnisse... und nun auch Ihnen.

Wieder andere brachten die fertige Arbeit in ihre endgültige Form: Jeanne Perilman kürzte, wo es nötig war und fügte alles gefällig zusammen – von der ersten Fassung an bis zur letzten. Und Mary Nagle schrieb es mit der Maschine – noch und nochmals. Aber es waren mehr, viele mehr, die mir halfen, Hinweise gaben, mich ermutigten und mir beistanden.

Und dann Zal, immer und immer wieder Zal. Seit ich ihn kenne, hat er mir seine Unterstützung gegeben. Manchmal bewahrte er sogar die ganze Sache vor dem Zusammenbruch. Obgleich selbst sehr beansprucht, wußte er es stets so einzurichten, daß es ihm möglich war, weitere Träume anzuhören, das Manuskript mehr als einmal durchzusehen und neue, wertvolle Anregungen zu geben.

Nun hoffe ich, daß Ihnen dieses aus Träumen gewobene Gebilde zusagt. Prüfen Sie es. Probieren Sie es aus. Und wenn es Ihnen gefällt, passen Sie es ruhig Ihren eigenen Bedürfnissen an. Möge es Ihnen viel Freude bereiten.

Patricia L. Garfield, Ph. D.

San Francisco, 1. Juni 1974

Erster Teil

So planen wir unsere Träume

Erstes Kapitel

Wie wir unsere Träume kontrollieren können

In den kühlen, stillen Stunden an einem frühen Morgen wälzt sich ein junger Mann auf seinem Bett hin und her. Im Schlaf wirft er die Bettdecke ab und bald ist das Leintuch nur noch eine verknäuelte Masse. Sein Haar fällt feucht über die Stirn. Mag auch sein Körper einige Sekunden lang kraftlos daliegen, seine Finger zucken gleichwohl und sein Gesicht verzieht sich zu Grimassen. Sein Puls geht ruckartig. Hinter den geschlossenen Lidern bewegen sich die Augen zuckend hin und her. Jetzt stöhnt er — erst leise, dann lauter. Mit einer jähen Bewegung erwacht er. Schweißnaß und zitternd richtet er sich im Bett auf und tastet fröstelnd nach dem Lichtschalter. Wir brauchen ihn nicht zu fragen, was geschehen ist, wir brauchen auch nicht lange zu überlegen, um herauszufinden, daß er bestimmt einen Alptraum gehabt hat. Gleiches geschieht Nacht für Nacht Millionen von Menschen. Schlechte Träume sind in unserer Gesellschaft eine allgemeine Erfahrung.

Als nächstes tut der junge Mann das, was die meisten von uns zu tun pflegen. Er sagt sich: „Es ist ja nur ein Traum gewesen." Er fühlt sich erleichtert, nun davon erlöst zu sein und versucht, die Angstgefühle abzuschütteln, geht ins Badezimmer und benetzt sein Gesicht. Oder er trinkt etwas, um den üblen Nachgeschmack loszuwerden. Wenn er etwas von Psychologie versteht, wird er über die symbolische Bedeutung seiner Traumbilder nachsinnen und sich Sorgen machen.

Aber was hat ihn eigentlich in seinem Traum derart erschreckt? Es könnte fast alles gewesen sein, denn die beängstigenden Traumbilder nehmen die verschiedensten Formen an: ein grimmiger Tiger, der uns verfolgt; ein groteskes Monstrum, das größer und größer wird; ein harter, gebieterischer Vater; ein Mörder, der uns auf den Fersen ist; ein Unhold, der uns überfällt. Wir haben zwar Beine, doch die lassen sich nicht bewegen; wir haben Herzklopfen und feuchtkalte Hände. Gigantische Wogen verschlingen uns, Häuser krachen zusammen, und formlose Klumpen fallen vom Himmel. Jeder könnte beliebig weitere Szenen solcher Art aus seiner eigenen Traumwelt anführen: Schier endlos ist die Zahl der Alptraumformen, aber der Ablauf der Szenenfolge kommt doch zu einem bestimmten Ende in dem Moment, wo wir uns des beängstigenden Bildes gewahr werden und darauf mit Furcht und Entsetzen reagieren. Wenn es sich nähert, ziehen wir uns zurück, und wenn es uns verfolgt, dann fliehen wir. Es mag uns einfangen, doch schon „entkommen" wir und kehren in die wache Alltagswelt zurück. Das ist sehr bedauerlich! Die meisten wissen nicht einmal, welche Chance sie damit verpaßt haben.

Bei einer „Flucht" lassen wir die furchteinflößenden Bilder wohl zurück . . ., aber sie werden uns in einer anderen Nacht wieder einholen und von neuem verfolgen. Nur wenn wir ihnen entgegentreten, können wir sie bezwingen. Wir vermögen durchaus mit unseren Problemen an dem Ort fertig zu werden, wo sie ihren Ursprung haben — in unserer eigenen Seele. Dabei können wir viel über uns selbst erfahren und daran wachsen. Auf diese Weise lassen sich unsere Persönlichkeitsaspekte miteinander versöhnen, und die furchterregenden Traumfeinde werden sich zu hilfreichen Traumfreunden verwandeln. Dem ist tatsächlich so! Wir können unsere Traumwelt mit freundlichen Bildern und Figuren ausstatten, die uns nicht nur in unseren Träumen zur Seite stehen, sondern uns sogar im Wachzustand helfen. Es ist uns möglich, Traumfreunde zu gewinnen, die uns Lösungen für unsere Schwierigkeiten und unglaublich schöne kreative Dinge bringen. Traumfreunde können uns zeigen, wie sich verzwickte berufliche Probleme lösen lassen, sie können uns ein Thema für eine Werbekampagne liefern, einen originellen Kleiderschnitt zeigen, ein episches Gedicht verfassen oder uns ein neues Lied vorsingen. Was auch immer unsere Probleme sein mögen, Träume können neuartige Ideen und manchmal großartige Lösungen zeitigen.

Eigentliche Alpträume sind aber keineswegs nötig, um einen Wechsel des Traumgeschehens einzuleiten. Gewöhnliche

Träume sind alles, was wir brauchen. Und solche haben wir Nacht für Nacht — vier oder fünf, um es genau zu sagen. Die Schlafforschung hat klar gezeigt, daß jeder vier- oder fünfmal pro Nacht träumt. Wir verbringen etwa 20 Prozent unserer gesamten Schlafenszeit im Traumzustand. Das bedeutet, daß wir jede Nacht etwa eineinhalb Stunden träumen oder während unserer gesamten Lebenszeit durchschnittlich *vier Jahre* im Traumzustand verbringen.[1] Wer behauptet, daß er nicht träumt, der kann sich seiner Träume entweder nicht entsinnen oder hat vielleicht größere Mengen traumunterdrückender Mittel eingenommen.[2] Im ganzen stehen uns also etwa *vier Jahre* zur Verfügung, in denen wir uns ganz bewußt dem Wachstum unserer Kreativität widmen könnten. Sollten Sie Schwierigkeiten haben, sich an Ihre Träume zu erinnern, so finden Sie im 8. Kapitel „Die Führung eines Traum-Tagebuches", nützliche Hinweise. Vielleicht möchten Sie dieses Kapitel sogar zuerst vornehmen, bevor Sie hier weiterlesen. Das Traum-Erinnerungsvermögen ist zu einem großen Teil eine erworbene Gewohnheitssache. Man kann es also lernen.

Diejenigen, die sich schon einer ziemlich großen Zahl ihrer Träume zu erinnern vermögen, können diese Fähigkeit fast bis zur Vollkommenheit steigern. Ich habe mich dazu erzogen, fast jeden meiner Träume sofort nach seinem Auftreten ins Gedächtnis zurückzurufen. Verschiedene Studenten meiner Traumseminare haben das ebenfalls gut gelernt. Mit den Techniken selber werden wir uns weiter hinten eingehend befassen.

Nehmen wir mal an, daß Sie sich an Ihre Träume schon ziemlich gut erinnern können, oder daß Sie entschlossen sind, die Hinweise zu befolgen, um das zu erlernen. Dann können Sie — wenn Sie an Ihre Träume denken — auch damit beginnen, sie zu gestalten. Wie ein Bildhauer mit seinem Ton arbeitet, formen Sie Ihre Träume nun so, daß sie Ihnen statt Terror und Wirrwarr aktive Hilfe bringen. Auf diese Weise vermögen Sie Schönes und Nützliches zu schaffen, das Ihrem Leben Kraft verleiht und es bereichert.

Sie mögen das nicht glauben. Die meisten Menschen denken so — am Anfang. Wenn ich manchmal von der Traumkontrolle erzähle, dann sagen mir die Zuhörer, daß so etwas einfach unmöglich sei. Sie berufen sich dabei auf Autoritäten, die das Gleiche gesagt haben, daß es nämlich nicht durchgeführt werden könne. Wenn jemand die Möglichkeit der Traumkontrolle abstreitet, so mache ich ihn auf das Zeugnis von verschiedenen Kulturen aufmerksam, in denen sie klar erkennbar existiert. Ich berichte dann von meinem Besuch beim Senoi-Stamm in Malaysia und weise darauf hin, wie die Senoi ihre Kinder, sobald sie eben sprechen können, dazu erziehen, in einer besonderen Art zu träumen. Jedes Stammesmitglied lernt, Alpträume gänzlich zu vermeiden und aus seinen Träumen künstlerische Schöpfungen und Ideen zu holen. Schließlich könnten sich Zweifler, die zuvor die Traumkontrolle noch für völlig unmöglich gehalten haben, gezwungen sehen, zuzugeben, daß sie doch vorkommen mag; sie werden dann allerdings eine Einschränkung machen: dies sei ausschließlich bei primitiven Völkern der Fall.

Dann erzähle ich ihnen von meinen eigenen Erfahrungen mit der Traumkontrolle und von denen meiner Studenten in den Traumseminaren. Ich zeige ihnen ausführlich die Regeln der Traumkontrolle und rate ihnen, diese auch an sich selbst auszuprobieren. Selbst wenn sie dann sagen, daß es nicht gelinge, werden sie oft feststellen, daß sich ihre eigenen Träume ändern! Das erstaunt sie und sie meinen: „Nun gut — Sie können eben Ihre Träume kontrollieren und es gelingt Ihnen sogar in unserem eigenen Kulturbereich — aber soll man das überhaupt tun?"

Ja! Man soll — wenn man das möchte. Wer nicht bereit ist, sich auf diese Weise mit seinen Träumen auseinanderzusetzen, wird als Traumwesenheit von sich aus alle entsprechenden Hinweise verwerfen. Ein Versuch hat also noch niemandem geschadet. Wenn Sie aber bis in die Tiefen des Verständnisses, das Sie als Traumwesen von sich selber haben, diese Vorschläge annehmen, dann steht Ihnen der Weg zu einer völlig neuartigen Welt offen, einer Welt, die in Ihnen liegt — Ihre Innenwelt. Sie werden feststellen, daß hier Reichtümer erschlossen werden, von denen Sie sich bisher nichts hätten träumen lassen. Denn unsere Träume sind schon gestaltet, ohne daß wir darum wissen. Es ist schwer zu begreifen, wie unsere Träume in einem „reinen, unberührten" Zustand aussehen würden. Denn alles, was wir bisher über Träume gehört, alles was wir gelesen haben, alle Meinungen von Autoritäten, die wir uns zu eigen machen, all unsere Glaubensanschauungen und Erwartungen prägen unsere Träume.

Zu einem großen Teile sind unsere Träume *auch jetzt genau das,* was wir aus ihnen machen. Sie sind bereits irgendwie vorgeformt. Ich empfehle Ihnen, Ihre Träume nun wohlbedacht so zu gestalten, daß sie sich wohltuend für Sie auswirken müssen.

Auch in unserem Kulturkreis haben bereits einige die „Gestaltbarkeit" der Träume erkannt. Bei der therapeutischen Behandlung hört man von jenen Patienten, die einen Therapeuten der Freudschen Schule konsultierten, sie hätten Träume des Freudschen Typus, also solche mit vorwiegend sexuellem und aggressivem Symbolismus. Der gleiche Patient wird bei einem Jungschen Therapeuten Träume des Jungschen Typus mit Mandalas und Archetypen haben. Diese Veränderung ist nicht nur auf eine Verlagerung des Schwerpunktes bei der Interpretation zurückzuführen, sondern eine Wandlung des eigentlichen Trauminhaltes. Der Patient hat eben gelernt, seine Träume den Wünschen und Erwartungen des Therapeuten entsprechend zu gestalten.

Einige einsichtige Therapeuten, die erkannt haben, wie die bewußte Einstellung Träume zu gestalten vermag, haben ihren Patienten dadurch zu einer Besserung verholfen, daß sie deren Träume mit Vorbedacht beeinflußt haben. So zum Beispiel beim elfjährigen Johnny. Der Junge hatte viele Probleme, derentwegen er behandelt wurde. Eines der unangenehmsten war ein fürchterlicher Alptraum, indem ihn ein Monstrum verfolgte, das ihn manchmal packte und ihm Schmerzen zufügte. Achtzehn Monate lang — jede Woche zwei- bis dreimal — erwachte Johnny in Panik und rannte schreiend ins elterliche Schlafzimmer. Ohne Licht in seinem Schlafzimmer konnte er schon gar nicht mehr schlafen. Johnnys Therapeut, Dr. Leonhard Handler,[3] setzte sich den Jungen aufs Knie und sagte ihm, er könne ihm helfen, das Monstrum loszuwerden. Hier im freundlichen Sprechzimmer zwischen all den Büchern, sicher gehalten von den starken Armen des Mannes, vermochte der Knabe Mut und Vertrauen zu fassen. Nun sollte Johnny die Augen schliessen und sich vorstellen, daß das Monstrum hier zu ihm gekommen sei. Dr. Handler versprach dem Jungen, er würde ihm beistehen und ihm helfen, das Monstrum zu verscheuchen. Als Johnny, der die Augen krampfhaft geschlossen hielt, mit dem Kopf nickte und damit anzeigte, daß er das Monstrum sehe, hielt Dr. Handler den Jungen besonders fest und schlug mit ausgestreckter Hand knallend auf den Tisch, wobei er mehrmals hintereinander schrie: ,,Raus mit dir, du lausiges Monstrum, laß' meinen Freund Johnny in Ruhe!" Das wiederholte er immer wieder, während er den zitternden Knaben festhielt. Dann setzte er noch hinzu: ,,Verschwinde und bleibe weg — komm' ja nicht wieder, sonst hast du es mit mir zu tun! Du läßt meinen Freund Johnny von nun an in Ruhe!"

Bald tat es Johnny Dr. Handler nach. Laut und stürmisch schlug auch er heftig auf den Tisch und schrie: ,,Geh' weg und laß' mich in Ruhe!" Nun schaltete Dr. Handler das Licht aus. Johnny setzte an, zögerte erst kurz und schrie dann doch das Monstrum wieder furchtlos an. Das praktizierten die beiden eine gute Viertelstunde lang. Bevor Johnny an diesem Tage Dr. Handlers Praxis verließ, besprach er die Methode nochmals mit seinem neu gewonnenen Freund und versprach, das Monstrum gellend anzuschreien, falls es ihm wiederum erscheinen sollte. Als Dr. Handler eine Woche danach Johnny wieder traf und nach dem Monstrum fragte, sagte Johnny, er habe es zwar noch einmal gesehen, es aber dann so angeschrien, daß es im Handumdrehen verschwunden sei. Dr. Handler übte mit Johnny das Monster-Anbrüllen noch ein paar Minuten. In den folgenden sechs Monaten hatte Johnny nur noch zwei Alpträume, bei denen dieses Monstrum aber nicht mehr erschien. Normalerweise, d.h. ohne diese Behandlung, hätte der Knabe innerhalb dieser Zeitspanne zwischen 48 und 72 Alpträume erdulden müssen. Ihm ist es aber gelungen, das Traum-Monstrum zu verscheuchen. Glücklicherweise werden wir meistens nicht so oft wie Johnny von Alpträumen bedrängt. Aber wir können ähnliche und doch wesentlich weiter entwickelte Techniken erlernen, um mit den uns bedrängenden Alpträumen fertig zu werden. Auch Sie können, genau wie Johnny, bewußt Ihren Traumfeinden entgegentreten und sie besiegen.

Ein anderer Fall ist der von Margherita. In seiner Autobiographie beschreibt der italienische Schriftsteller Giovanni Guareschi [4] seine Bemühungen, seiner jungen Frau Margherita während einer Phase schwerer Störungen zu helfen. Margherita fühlte sich als Gefangene ihrer Träume. Zuerst beklagte sie sich darüber, daß sie ihre „unglücklichen Füße" durch endlose Straßen in der „Welt der Schatten, Wünsche und Ängste" (ihrer Träume) schleppen müsse, in der sie völlig allein sei. Guareschi riet ihr — sehr zu ihrem Mißvergnügen —, sich ein Fahrrad zu beschaffen. Er machte geltend, daß sie sich viel besser fühlen würde, wenn sie sich in ihren Träumen auf das Radfahren konzentrieren könnte, statt auf die beschwerlichen Fußmärsche achten zu müssen. Er hätte ihr ein Auto vorgeschlagen, wenn sie gewußt hätte, wie man einen Wagen steuert. Ein paar Tage später berichtete Margherita, sie habe sich in ihren Träumen ein Fahrrad erstanden und sei nun tatsächlich von ihren nächtlichen Ausflügen weit weniger ermüdet. Wieder eine Woche später aber fiel sie in eine tiefe Depression. Sie erzählte Guareschi, sie habe in ihren Träumen die Fußwanderungen wieder aufnehmen müssen, denn sie habe eine Reifenpanne gehabt. Guareschi drängte sie, den Schlauch zu flicken und sagte, wenn sie in ihren Träumen ein Fahrrad habe auftreiben können, dann könne sie auch Gummi und Klebstoff beschaffen oder eine Fahrrad-Reparaturwerkstatt finden. Margherita hielt dagegen, daß sie all das schon versucht habe; es sei aber aussichtslos, weil sie ja ganz allein sei. An dieser Stelle tat Guareschi etwas ganz Ungewöhnliches. Er lehrte Margherita im Wachzustand Fertigkeiten, damit sie sie bei ihren Traumproblemen anwenden könne. Zuerst führte er sie zu seiner Werkstatt in der Garage. Dort nahm er sein eigenes Fahrrad von der Wand und zeigte ihr, wie ein Reifen gewechselt wird. Nach mehreren ungeschickten Versuchen, gelang es Margherita endlich, den Reifenwechsel einwandfrei vorzunehmen. Das Gleiche machte er nach einigen Tagen noch einmal. Margherita mußte immer wieder die Reifen des Fahrrades wechseln. Sogar mit verbundenen Augen ließ er Margherita den Reifenwechsel vornehmen — er selber hatte im Militär einmal lernen müssen, das Maschinengewehr auf diese Art zu handhaben, und nun erinnerte er sich wieder daran. An den nächsten beiden Tagen schien sie völlig in Anspruch genommen zu sein, doch am dritten Tag verkündete sie triumphierend, daß es ihr gelungen wäre, das in den Träumen benutzte Fahrrad zu reparieren und daß es nun wieder fahrtüchtig sei. Mehrere Monate ging alles gut, schließlich aber begann Margherita wieder von ihrer geheimnisvollen Welt zu sprechen. Eines Nachts berichtete sie Guareschi unter Tränen, daß ihr im Traum beim Fahren auf einem engen Gebirgspfad das Fahrrad weggerutscht und sie in eine tiefe Schlucht gefallen sei, auf deren Grund sie nun schwer verwundet liege. Er bat sie, um Hilfe zu rufen, doch sie hielt das für hoffnungslos. Sie war völlig verzweifelt und glaubte, ihr Ende sei gekommen. Guareschi kaufte in aller Eile Handbücher über Bergsteigen. Er bat Margherita, sie mit ihm durchzuarbeiten. Sie fanden Bilder einer Gesteinsformation, ähnlich der, in der sie eingeschlossen war; sie studierten Anweisungen über besonders wichtige Kletterbewegungen an steilen Bergwänden und lernten sie auswendig. Margherita versuchte all das im Traum, doch im Geiste waren ihre Hände blutig und zerkratzt und sie fühlte, daß sie aufgeben und sterben müsse. In seiner schrecklichen Seelenqual bat Guareschi seine Patientin und Frau: „Schreie, schreie Tag und Nacht, versuche mich zu rufen. Höre nicht auf, nach mir zu rufen. Wer weiß, vielleicht höre ich dich." Später am gleichen Abend noch, war ihm, als höre er einen Schrei aus der Ferne. Er beeilte sich, nach Hause zu kommen, wo er Margherita fand, wie sie vor sich hin summend den Tisch deckte. Sie bestätigte, daß sie ihn im Traum gerufen habe. Endlich habe er sie gehört und sei im Traum am Rande der Schlucht erschienen und habe ihr ein langes Seil zugeworfen, das sie sich umgebunden habe. Daran habe er sie dann auf den sicheren Boden hinaufgezogen, erklärte Margherita heiter. „ . . . Ich mache mir nun keine Sorgen mehr, ich weiß jetzt, daß ich immer, wenn ich in Gefahr bin, nur dich zu rufen brauche und du mich hören und kommen wirst."

Bei den Versuchen, seiner emotional gestörten Margherita zu helfen, wandte Giovanni Guareschi wahrscheinlich ohne es zu wissen (und keineswegs systematisch) einige der grundlegenden Prinzipien der Traumkontrolle an. Es sind das Grundregeln, die nicht nur bei stark gestörten Patienten, sondern auch bei normalen Träumern angewandt werden können, die aus ihren Träumen größtmöglichen Vorteil zu ziehen wünschen. Dabei handelt es sich um Grundsätze, die auch Sie schon heute nacht anwenden können. Es sind Vorgehensweisen, die Ihnen Wege zu Ihrer Traumwelt eröffnen, auf denen Sie Hilfe finden, wenn Sie Sorgen haben, Wege, die Ihnen ungeahnte Freuden bereiten, wenn Sie frei von Sorgen sind.

In den folgenden Kapiteln werden diese Prinzipien eingehend besprochen, ebenso die „Regeln", die ich daraus abgeleitet habe, und die Art, wie sie anzuwenden sind. Zunächst aber möchte ich noch auf einige dieser Punkte hinweisen, die im Falle Margheritas zur Anwendung kamen. Am wichtigsten ist es, *im Traum den Gefahren entgegenzutreten und sie zu bezwingen.* Genau das lehrte Dr. Handler den kleinen Johnny, und genau das forderte Guareschi von seiner Frau Margherita. Er erlaubte Margherita nicht, sich mit den endlosen, einsamen Wanderungen abzufinden. Sie durfte auch nicht aufgeben in dem Moment, wo das Fahrrad kaputt ging, das sie als Fortbewegungsmittel benutzt hatte. Er beschwor sie schließlich auch, sich nicht auf dem Grund der unzugänglichen Schlucht aufzugeben, wo sie nach ihrem Sturz verletzt liegen geblieben war und sterben wollte. Guareschi drängte sie wiederholte Male, selbst aktiv zu werden, sich den Schwierigkeiten zu stellen und um Lösungen zu ringen. Wie Sie später noch ausführlich sehen werden, ist genau dies die Vorgehensart, welche die Grundlage zur Traumkontrolle sowohl bei den Senoi wie den Yoga-Systemen bildet. Beide, die Mitglieder des Senoi-Stammes wie auch die träumenden Yogis haben Furchtlosigkeit gegenüber Traumgebilden und positive Festigkeit gegenüber Traumproblemen in hohem Maße entwickelt. Wir können viel von ihnen lernen.

Ihre bewußten Gedanken können Ihr Traumleben tiefgreifend beeinflussen. Guareschi spürte dies offenbar, als er Margherita aufgrund seiner engen Beziehung zu ihr klar machte, daß sie ihr leidvolles Traumleben zu ändern imstande sei. Er drängte sie, ihre vorhandenen Fähigkeiten auszunutzen und z. B. radzufahren; er lehrte sie neue Fähigkeiten, so daß sie diese zur Lösung ihrer Traumprobleme einzusetzen vermochte. Er ließ sie praktisch üben, bis sie diese im wahrsten Sinne des Wortes blind auszuüben verstand. Guareschi verhalf Margherita zu einem guten, sicheren Neuanfang, von dem aus sie wieder weitergehen konnte. Zu beachten ist besonders, wie Guareschi Margherita mit Erfolg überzeugte, sich im Traum der Gefahr zu stellen und sie zu bezwingen. Und Margherita übertrug schließlich das Erfolgsgefühl auf ihr Tagesbewußtsein. Der Traumerfolg erzeugt im Wachzustand ein Gefühl des Selbstvertrauens in die eigenen Fähigkeiten. In späteren Kapiteln wird gezeigt werden, daß diese gefühlsmäßige Sicherheit für die eigenen Fähigkeiten Schwierigkeiten zu meistern und dieser Sinn für eine heitere Gelassenheit häufig aus positiven Traumerlebnissen erwachsen, welche die Wahrscheinlichkeit erhöhen, erfolgreich mit den Problemen des Alltags fertig zu werden. In dem Maße wie Sie üben und die Fähigkeit zur Traumkontrolle steigern, setzen Sie eine Entwicklung in Gang, die Sie ähnlich wie Margherita weiterbringen wird.

Zu beachten ist auch Guareschis nachhaltiges Drängen, Margherita solle bei ihren Traumproblemen um Hilfe rufen. Obgleich sie das lange Zeit für aussichtslos hielt, war Margherita schließlich doch in der Lage, die hilfebringende Gestalt Guareschis in ihren Träumen zu erblicken. Die Senoi nennen derartige hilfsbereite Traumbilder „Traumfreunde". Sie haben eine geradezu geniale Technik (im 5. Kapitel beschrieben) entwickelt, unzählige Traumfreunde zu gewinnen. Hilfreiche Möglichkeiten sind schon in Ihnen vorhanden, sie brauchen sie nur zu entdecken und zu nutzen. Am besten beginnen Sie damit, im Traum selber um Hilfe zu bitten.

Traumfreunde helfen Ihnen zuerst einmal bei der Lösung Ihrer Traumprobleme; dann gehen sie weiter und bieten Ihnen auch Lösungen für Schwierigkeiten des wachen Alltagslebens an. Sie können Ihnen Einfälle für künstlerische Kreationen verschaffen, die Ihr normales Vorstellungsvermögen weit übersteigen. Sie können sich sogar zu Helfern und Führern in Ihrem Leben entwickeln.

Johnny mit seiner Angst vor dem Traummonstrum und Margherita mit ihrer Furcht vor der einsamen Traumgefangenschaft benötigten Hilfe. Dr. Handler und Giovanni Guareschi brachten ihnen die nötige Hilfe. Nun möchten sich wohl viele Therapeuten gerne der Grundregeln der Traumkontrolle bedienen, um ihren Patienten zu helfen. Doch müssen auch die Patienten bestimmte Anstrengungen auf sich nehmen. Innerhalb der eigenen Traumwelt kann nur der Träumer selbst seine Handlungsweisen wählen. Und mit den entsprechenden Anweisungen vermag er diese Wahl überlegt zu treffen. Dieses Buch möchte dabei als Wegweiser dienen.

Der normale Träumer braucht keine therapeutische Unterstützung. Er mag sie wohl wünschen und Freude daran haben, er mag sie auch erhalten und zu seiner Entwicklung nutzen, doch hat er sie keineswegs nötig, um eine kreative Beziehung zu seinen Träumen aufzunehmen. Ohne äußere Unterstützung können Sie mit dem großen Abenteuer des kreativen Träumens beginnen, sobald Sie die Grundregeln der Traumkontrolle verstehen. Mit dem vorliegenden Leitfaden der Traumkontrolle als Führer, können Sie jederzeit aus gefährlichen Untiefen wegsteuern und Ihr Traumschiff zu exotischen Ländern lenken, zu neuartigen und wunderbaren Erfahrungen.

In den Traumlabors überall in der Welt beginnen die Schlafforscher die „Gestaltbarkeit" und „direkte Beeinflußbarkeit" der Träume festzustellen. Möglicherweise kennen Sie die 1953 gemachte Entdeckung, daß im Traumzustand fast ausnahmslos schnelle Augenbewegungen (engl.: Rapid Eye Movement = REM) auftreten. Eugene Aserinsky, ein junger höhersemestriger Student an der Universität Chicago, arbeitete unter der Leitung von Dr. Nathaniel Kleitman, eines Fachmannes auf dem Gebiet der Schlafforschung.[5] Sie untersuchten Schlafmuster bei neugeborenen Kindern und suchten nach der Ursache für die ruckartigen Augenbewegungen, die bei jedem Baby in regelmäßigen Abständen aufzutreten schienen. Um zu prüfen, ob solche Bewegungen auch während des Schlafes bei Erwachsenen auftreten, machten Aserinsky und Kleitman Nacht für Nacht sorgfältige Aufzeichnungen über das Schlafverhalten jener Erwachsener, die sich freiwillig zur Verfügung gestellt hatten. Man benutzte dabei einen Elektroencephalographen (EEG), ein Gerät, das Hirnwellen „aufschreibt".

Kleinste Potentialschwankungen des Gehirns werden durch Metallanschlüsse, die man außen an bestimmte Stellen des Kopfes der Versuchsperson anklebt, ermittelt und an das EEG-Gerät weitergeleitet, wo sie verstärkt werden. Das EEG-Gerät überträgt die ständigen elektrischen Veränderungen auf kleine mit Tinte gefüllte Federchen, die den wechselnden Gehirn-Rhythmus als Linien auf ein sich fortbewegendes Millimeterpapier zeichnen. Die entstehenden Aufzeichnungen zeigen ein Wellenlinienmuster, die Hirnwellen an. Eine oder mehrere Federn zeichnen die Schwankungen des elektrischen Gehirnpotentials auf, ein anderes Federchen vermerkt Änderungen der Muskelspannung und zwei weitere notieren die Bewegungen der Augen. Obwohl EEG-Geräte damals schon seit Jahren — auch bei Schlafstudien — benutzt wurden, hatten die Schlafforscher sie bisher nur dazu verwendet, kurze Schlafperioden von 20 bis 30 Minuten Dauer aufzuzeichnen. Man erachtete es als unnötig und als zu teuer, sie eine ganze Nacht arbeiten zu lassen. Man hatte keine Ahnung, was man damit alles verpassen sollte.

Aserinsky und Kleitman waren verblüfft, als sie feststellten, daß auch Erwachsene — genau wie Babies — während des Schlafes Perioden schneller Augenbewegungen zeigten. Die Erwachsenen konnte man während einer REM-Periode wecken und fragen, was sie gerade empfunden hätten. Fast in allen Fällen sagte dann eine schlaftrunkene Versuchsperson, sie sei mitten in einem Traum gewesen. Diese Entdeckung hatte sofort eine durchschlagende Wirkung, denn endlich war es möglich geworden, Träume wissenschaftlich zu beobachten und zu messen. Was für weitere Geheimnisse mochte der Traum wohl noch bergen? Traum- und Schlaflaboratorien entstanden in der ganzen Welt. 1973, zwanzig Jahre danach, gab es allein in den USA mehr als zwei Dutzend solcher Traumlabors. Das Erforschen der Träume hat sich zu einem bedeutsamen und beachtlichen naturwissenschaftlichen Untersuchungsfeld entwickelt — eine Forschung, die auch für Sie unmittelbar von Nutzen sein kann.

Forscher aus allen Erdteilen bestätigten bald einmal die Entdeckung von Aserinsky und Kleitman, daß Menschen ein zyklisches Schlafmuster haben. Der Durchschnitts-Erwachsene hat während eines normalen Schlafes in einer Nacht vier oder fünf REM-Perioden, die aus tieferen Schlafschichten auftauchen. Diese Perioden treten bezeichnenderweise alle neunzig Minuten während des Schlafes auf und haben jeweils eine ganz bestimmte Dauer, angefangen von einer kurzen 10-minütigen REM-Phase bis zu einer 30- bis 40-Minuten dauernden REM-Periode gegen Morgen. Alle Personen — ohne Ausnahme —, die untersucht wurden, wiesen periodische REM-Phasen auf. Zum ersten Mal lernten die Naturwissenschafter, daß *der Traum eine allgemein verbreitete nächtliche Erfahrung ist*. Die Menschen unterscheiden sich bloß darin, wie groß ihre Fähigkeit ist, sich ihrer Träume zu *erinnern* — aber daß sie träumen ist eine Tatsache. Wie schon erwähnt, haben Sie also Nacht für Nacht vier oder fünf Mal — insgesamt sind es gut eineinhalb Stunden — die Gelegenheit um eine Traumkontrolle verwirklichen zu können.

Die Schlafforscher entdeckten mit der Zeit immer mehr physiologische Veränderungen, die mit den REM-Perioden einhergehen: der Pulsschlag beschleunigt sich und wird unregelmäßig; die Atmung wird schneller und ungleichmäßig; der Blutdruck zeigt Schwankungen; Männer kommen zu völliger oder teilweiser Peniserektion (entsprechende weibliche Reaktionen konnten bisher nicht ermittelt werden); die großen Muskeln erschlaffen, während die kleinen des Gesichts oder der Finger vereinzelt zucken. Auch wurde bestätigt, was Tierfreunde, die bei ihren schlafenden Haustieren Zuckungen beobachtet haben, schon lange wußten, daß nämlich der REM-Schlaf auch bei Hunden und Katzen vorkommt. Tatsächlich erleben alle Säugetiere und sogar gewisse Vögel den REM-Schlaf. Ob aber die REM-Phasen bei Tieren von Träumen begleitet sind, ist noch ungewiß, wenn man auch in vielen Laboratorien [6] der Auffassung ist, daß auch Tiere träumen.

Bisher waren die Wissenschaftler in den Traumlaboratorien mehr an der Art des Träumens als an Inhalt oder Bedeutung der Träume interessiert. Heute aber setzt man den Träumer im Labor einer endlosen Reihe von Reizen aus, um seine Traumreaktionen zu untersuchen. Vom Standpunkt der Traumkontrolle aus gesehen haben die Forscher einige außerordentlich wichtige Ergebnisse erhalten. Zwei recht allgemeine Traumerfahrungen sind in den Traumlabors noch niemals aufgetreten (oder, falls doch, so selten, daß meines Wissens bisher nichts darüber berichtet wurde). Beim zivilisierten Menschen sind Alpträume ein allgemein verbreitetes Phänomen, doch ist man ihnen in den Labors noch nicht begegnet.[7] „Nasse Träume, die als nächtliche Ergüsse bezeichnet werden, wurden bisher ebenfalls noch nie beobachtet. Daß dem Manne im Traum Samen abgeht ist zwar eine allgemeine Erscheinung und tritt natürlich auch bei den jungen Studenten auf, die häufig als Versuchspersonen in Traumlabors herangezogen werden — aber nicht zu der Zeit, in welcher sie beobachtet werden. Es ist, als ob sich der Träumende dabei nicht ertappen lassen will. Er übt seinerseits bewußt oder unbewußt eine Art Kontrolle aus, welche die genaue Beobachtung gewisser persönlicher Betätigungen nicht gestattet. Das ist ein kleiner Hinweis auf die Kontrollen, die im Traum vorhanden sind.

In anderen Fällen sind die Träumer durchaus bereit, mit dem Versuchsleiter zusammenzuarbeiten. Sie lernen, während des Schlafes verschiedenartige Geräusche voneinander zu unterscheiden und auf Mitteilungen zu hören, die sie dann im Wachzustand wiederholen; oder sie lernen, dem Versuchsleiter im Schlaf durch Druck auf einen Knopf den Beginn ihrer Träume anzuzeigen oder auch Anweisungen zu befolgen, die ihnen während des Schlafes gegeben wurden. Einige Träumer haben gelernt, ihren inneren Bewußtseinszustand während des Schlafes zu erspüren und willentlich bestimmte Arten von Hirnwellen zu erzeugen. Folglich beeinflussen diese Träumer ihre Träume auf eine Weise, wie sie vom Versuchsleiter gefordert wurde. Es kann andererseits aber auch manchmal vorkommen, daß sich jemand hartnäckig weigert, überhaupt zu träumen oder nach einem Traum dessen Inhalt bekannt zu geben.

Früher nahm man an, daß sich körperliche Aktivitäten deutlich in willensmäßig ausgeführte und unwillkürlich ablaufende unterscheiden lassen. Wir können zwar unsere Arme bewegen, aber unsere Verdauung nicht beeinflussen. In den letzten Jahren hat man entdeckt, daß Abläufe, die man bisher für absolut unkontrollierbar gehalten hatte, tatsächlich beeinflußt werden können. Die moderne Wissenschaft beginnt zu entdecken, was Yogis seit Jahrhunderten beherrschen. Versuchspersonen haben gelernt, ihren Blutdruck zu steuern, die Säuresekretion im eigenen Magen zu beeinflussen oder die Frequenz der Alphawellen ihrer Gehirnströme durch Feedback-Techniken zu erhöhen.

In ähnlicher Weise können alle Menschen lernen, die eigenen Träume so zu kontrollieren und zu gestalten, daß sie sich hilfreich für sie auswirken. Sie brauchen sich nur dazu zu erziehen, sich selber genau zu beobachten, und Sie erhalten jene Hinweise, die Sie benötigen, um Ihre Träume zum eigenen Besten zu gestalten. Das vorliegende Buch will Ihnen diesen ungemein wichtigen Prozeß erläutern.

Sicher ahnen Sie schon etwas von den vorhandenen Möglichkeiten. Viele normale Träumer haben eine rudimentäre Art von Traumkontrolle erfahren. Wenn Sie schon einmal einen Angsttraum gehabt haben, bei dem Sie sich plötzlich selbst sagten: „Ich brauche doch keine Angst zu haben; das ist ja nur ein Traum. Wenn ich will, kann ich jederzeit aufwachen", dann haben Sie bereits ein paar Sekunden lang Traumkontrolle ausgeübt. Manche Träumer bedienen sich dieser Erkenntnis des Traumzustandes, um den Angstträumen durch Aufwachen zu entgehen; andere Träumer nutzen die Bewußtwerdung im Traumzustande, um das Thema des Traumes zu ändern, so daß sie nicht mehr geängstigt werden, oder sie verfolgen den Traum, falls er dennoch wie zuvor weitergeht, eher aufmerksam als weiterhin beängstigt zu sein. Der grimmige Tiger, der den Träumer verfolgt, verwandelt sich in ein schnurrendes Kätzchen; ein Hubschrauber erscheint, um den Träumer aus den kalten Fluten zu bergen, die sein sinkendes Schiff verschlingen und so fort.

Viele Träumer erfahren einen flüchtigen Bewußtseinsaugenblick. Gewöhnlich haben sie keine Ahnung davon, daß sich dieser Bewußtseinsmoment im Traum von einem einzigen Gedankenfaden aus über das ganze Traumgewebe ausdehnen läßt.

Der Träumer, dem es gelingt, sich vollständig seines Traumzustandes bewußt zu werden und diese Erkenntnis vollbewußt beizubehalten — eine nicht ganz leichte Aufgabe, die aber erlernt werden kann —, wird imstande sein, die Erfüllung seiner geheimsten Wünsche in seinen Träumen zu leben. Er kann „willentlich" den ihm liebsten Partner wählen, mit dem er zärtlich sich vereinen möchte; kann in seinen Träumen weit entfernte Länder besuchen, sich nach Wunsch mit jedem Wesen, sei es nun wirklich oder fiktiv, tot oder lebendig, unterhalten, Lösungen für schwierige Aufgaben des Alltags finden und künstlerische Schöpfungen entdecken. Dem Träumer, der fähig ist, in seinem Traumzustand „bewußt" zu werden, eröffnen sich ganze Welten spannender Abenteuer. Sowohl die luziden Träumer als auch die träumenden Yogis haben in hohem Grade die Fähigkeit erworben, bereits im Traumzustand sich ihrer Träume bewußt zu werden. Sie werden herausfinden, wie Sie deren Techniken bei Ihren eigenen Träumen anwenden können, um sich selbst das Tor zu dieser wunderbaren Erfahrung zu öffnen.

All das ist weit mehr als bloß ein Abenteuer. Die größte Überlegenheit des kreativen Träumers über den normalen Träumer besteht in der andauernden Gelegenheit, seine Persönlichkeit zu entfalten. Die Furchtlosigkeit vor Traumbildern, die der kreative Träumer von den Traumkontrollsystemen der Senoi, des Yoga und der luziden Träumer erlernt, gibt ihm ein Selbstwertgefühl, das sich in den Wachzustand des täglichen Lebens überträgt, und die Grundlage für selbstsicheres Auftreten und Handeln ist. Indem Sie die Prinzipien der Traumkontrolle anwenden, können Sie Ihren Traumzustand zu einem unterstützenden und hilfreichen Bewußtseinsbereich umwandeln. Durch Nutzung der im Traum empfangenen Problemlösungen und kreativen Gestaltungen werden Sie Ihr waches Leben ungemein bereichern. Und im gleichen Maße, wie sich diese Entwicklung fortsetzt, werden Sie mehr und mehr als Ganzheit in Erscheinung treten, als harmonische Einheit, die teilweise im Wachzustand, zum Teil aber auch im Traumzustand arbeitet, wobei eine gegenseitige Unterstützung und Entfaltung stattfindet.[8]

Der kreative Träumer entwickelt bei der Ausübung der

Traumkontrolle die Fähigkeit, einen gewissen Grad an Aufmerksamkeit und Konzentrationsvermögen zu erlangen. Er lernt, Traumbilder über eine lange Zeit hinweg festzuhalten. Wenn Sie diese Fähigkeit erlangen, werden Sie feststellen, daß Ihr Erinnerungsvermögen für Träume besser und lebhafter wird. Sie werden dann fähig sein, Ihre Aufmerksamkeit auf jene Aspekte Ihrer Träume zu lenken, die Sie besonders interessieren und sie in klaren, anschaulichen Bildern im Gedächtnis festzuhalten. Ihre Fähigkeit zu lebendiger Aufmerksamkeit, zielbewußter Konzentration und klarer Erinnerung wird auch in Ihrem wachen Leben voll zur Geltung kommen.

Der kreative Träumer verstärkt erheblich seine Kreativität für Problemlösungen und künstlerisch-schöpferische Ideen, denn er verfügt über umfassendere Möglichkeiten des Zuganges zu den großen Schätzen seiner im Laufe des Lebens angesammelten Erinnerungen und erworbenen Fähigkeiten als der normale Träumer. In wissenschaftlich noch nicht geklärter Weise ist in Ihrem Inneren jede Erfahrungseinzelheit Ihrer gesamten Lebensspanne aufgezeichnet. Was Sie auch immer gesehen, gehört, berührt, geschmeckt, gerochen, oder auf andere Weise mit den Sinnesorganen Ihres Körpers erspürt haben, ist durch Ihr Nervensystem gegangen und in Ihrem Gehirn gespeichert – und das seit dem Augenblick der Empfängnis. Wissenschaftler glauben an die Existenz einer solchen „Speicherung", denn unter bestimmten Bedingungen können sich Menschen an frühere Beobachtungen erinnern, was man nachprüfen und durch äußere Quellen oft genug bestätigen kann.

Viele Personen unter Hypnose vermochten längst vergessene Einzelheiten aus ihrer Säuglingszeit wieder ins Gedächtnis zurückzurufen. Patienten, die während einer Operation narkotisiert gewesen sind, konnten unter Hypnose wortgetreu Gespräche wiedergeben, die während der Operation zwischen Ärzten und Schwestern geführt worden waren. Maurer[9] konnten unter Hypnose über bestimmte Ziegelsteine erstaunlich genaue Einzelheiten angeben, die später durch Nachprüfen *an Ort und Stelle* bestätigt werden konnten – obwohl sie die betreffende Mauer mehrere Jahre zuvor errichtet hatten. Was auch immer uns widerfahren mag, es wird ins Gedächtnis aufgenommen.

Das Gehirn scheint alle Gesichtspunkte unserer Erfahrungen in winzigen, genauen Einzelheiten zu speichern. Normalerweise sind solche Details nicht besonders wichtig, und wir konzentrieren uns nur auf das, was für unsere täglichen Arbeiten und Betätigungen notwendig ist. Wir achten z. B. auf den täglichen Aktienkurs ohne uns mit den tausend anderen Zahlen zu belasten, die ihm vorausgingen.

Natürlich stellen diese unendlich vielen Erinnerungsfakten einen unermeßlich reichen Schatz dar — ein lebenslanger Vorrat an schöpferischen Möglichkeiten —, aus dem wir beliebig schöpfen können. Das Gedächtnis läßt sich nicht nur vollumfänglich abrufen, wenn wir die reinen Fakten haben möchten, sondern es besteht auch die Möglichkeit, die einzelnen Erinnerungen so miteinander zu verknüpfen, daß sie in einer neuen Form erscheinen.

Viele dieser Erinnerungs-Einzelheiten erscheinen ungebeten als Traumbilder. Andere verwirklichen sich nur dann im Traum, wenn sie gerufen werden. Sie können Ihre Träume absichtlich dazu benutzen, den unbegrenzten Erinnerungsspeicher anzuzapfen um daraus Erinnerungen in jeder gewünschten Zusammensetzung als Traumbilder hervorzubringen.

Und hier noch ein Wort der Vorsicht: Wie bei allen abenteuerlichen Reisen, hat auch die Erforschung des Traumlandes seine Gefahren, wenn sie auch nur gering sind. Wer kreatives Träumen nicht für eine gute Möglichkeit hält, um sich mit seinen Träumen zu befassen, läßt es einfach unversucht. Wie früher schon erwähnt, wird jeder, der ohne innere Bereitschaft kreativ zu träumen versucht, den gewünschten Anklang und Widerhall nicht finden. Es tut aber niemandem weh, wenn er es versucht. Wer großen Kummer hat, mag vielleicht im kreativen Träumen Hilfe finden, das muß aber nicht der Fall sein. Wer jedoch ständig von Alpträumen geplagt wird, sich gewöhnlich nur schwer an seine Träume erinnert oder feststellt, daß plötzlich die Traumtätigkeit ausgesetzt hat, der sollte fachliche Hilfe in einer Klinik oder bei einem Therapeuten suchen. Die örtlichen Krankenhäuser und Universitäts-Abteilungen für Psychologie und Psychiatrie oder andere Beratungsstellen können hier Empfehlungen geben. Jeder hat hin und wieder einen Alptraum oder er hat Zeiten, in denen er keine Träume zu haben meint, doch wenn solche Zustände anhalten, sind sie Gefahrensignale, die beachtet werden müssen.

Kreatives Träumen bietet uns einen sicheren Weg für die innere Reise zur Bewußtseinserweiterung als die rauhe Straße der Drogen, die so viele Menschen von heute einschlagen. Der kreative Träumer kann gefahrlos jede Nacht mehrmals die gleichen Empfindungen einer ins Unermeßliche ausgeweiteten persönlichen Energiefülle erfahren, die der Drogenbenutzer zu erzeugen sucht.

Ein innerlich zum kreativen Träumen bereiter Mensch, der die Grundregeln der Traumkontrolle erlernt, stellt oft fest, daß er schubweise Fortschritte macht. Einige Konzepte gehen schnell ein, andere *scheinen* Monate lang unverdaut zu bleiben, treten dann aber zu einem späteren Zeitpunkt unerwartet in lebhaften Einzelheiten in Erscheinung. Beharrlichkeit ist wichtig.

Unser Gehirn verfügt nicht nur über eine großartige Speicherkapazität, es besitzt auch viele weitere Fähigkeiten. Es wird schon seit langem behauptet, und die Wissenschaft beginnt es heute zu bestätigen, daß wenigstens ein paar Menschen über Hirn-Funktionen verfügen, dank derer sie Informationen auch ohne die bekannten Sinnesorgane empfangen und aussenden können.[10] Heute läßt es sich noch nicht abschätzen, wie weit diese Fähigkeiten reichen und was noch alles dahinter stecken mag.

Wenn Sie kreativ zu träumen vermögen, erreichen Sie den größten Sieg Ihres Lebens. Sie werden Ihr Konzentrations- und Erinnerungsvermögen stärken. Sie werden die Fähigkeit entwickeln, mit beängstigenden und schreckenerregenden Traumsituationen fertig zu werden, und all das wird sich auf den Bereich Ihres wachen Alltags übertragen. Sie werden im Traum erfreuliche Abenteuer erleben, sich selbst besser verstehen, die Einzigartigkeit Ihrer Persönlichkeit staunend erleben und für die täglichen Probleme Unterstützung und Hilfe erfahren. Sie erlangen die Fähigkeit, nützliche Dinge und solche von erhabener Schönheit herzustellen, die beide den Stempel Ihrer Persönlichkeit tragen und die Welt bereichern helfen. Und all das ist vielleicht nur der Anfang ...

Zweites Kapitel

Was wir von Träumern aus früheren Zeiten lernen können

Kreativ träumen können Sie schon heute nacht. Beginnen Sie auf der einfachsten Stufe der Traumkontrolle und planen Sie den allgemeinen Inhalt Ihrer Träume. Die in späteren Kapiteln beschriebenen fortgeschrittenen Techniken sind zwar möglicherweise die hilfreichsten, doch können Sie schon jetzt gute Ergebnisse erzielen. Träumer früherer Zeiten nutzten ihre Träume auf besondere Weise, um Antworten auf Fragen zu erhalten und um von Krankheiten geheilt zu werden.

Stellen Sie sich einmal vor, Sie seien ein Grieche aus alten Zeiten, damit Sie erleben, wie es damals war:

Sie schleppen sich mühsam eine staubige Landstraße entlang — als Pilger auf dem Weg zum Heilungstempel in Epidauros. In Ihrem Sack tragen Sie ein paar Dinge: etwas zu essen und einige Gaben für den Gott Asklepios. Viel brauchen Sie ja nicht, denn sobald Sie im Heiligtum sind, werden Sie fasten oder nur wenig essen und besonders alle Nahrungsmittel meiden, durch die Träume verhindert werden — Wein, Fleisch, bestimmte Fische und Saubohnen. Von Beginn der Pilgerreise an haben Sie auf jede geschlechtliche Vereinigung verzichtet und Sie werden bis zum Ende Ihres Tempelaufenthaltes weiterhin enthaltsam bleiben. Nach Ihrer Ankunft baden Sie im kalten Wasser der Quellen, um den Straßenstaub abzuwaschen und sich gründlich zu säubern. Nun werden Sie versuchen, Ihren Geist ebenso zu reinigen wie den Körper, denn über dem Eingangstor steht geschrieben: „Rein muß der sein, der diesen wohlriechenden Tempel betritt. Rein sein heißt, nur heilige Gedanken denken."[1]

Sicher wird die lange Reise all die Mühen wert sein, denn

Sie sind in letzter Zeit bekümmert und beunruhigt gewesen. Da Sie seelisch aus dem Gleichgewicht geraten sind, wurde Ihr Körper anfälliger für Krankheiten, so daß eines Tages unbemerkt Krankheitskeime einzudringen vermochten. Jetzt müssen Sie die gesundheitliche Störung rasch bekämpfen, damit sie nicht noch größeren Schaden anrichtet.

Nun sehen Sie schon in der Ferne die geheiligten Haine des Tempeltales, hören die Vögel, fühlen die frische Brise und atmen den süßen Duft der Blumen ein. Je nach Laune werden Sie lieber baden wollen, bei sportlichen Betätigungen oder bei den Spielen und Tänzen in den öffentlichen Anlagen mitmachen. Das alles stellt den inneren Rhythmus Ihres Körpers wieder her. Die Schönheit der Kunst, die Musik und die Spiele wecken Ihre Lebensfreude. So vielen ist hier schon geholfen worden! Die in Steinplatten eingemeißelten wunderbaren Heilungen des Gottes sind überall im Heiligtum verstreut anzutreffen.

Wie Sie um die nächste Straßenbiegung gehen, erblicken Sie über den Baumwipfeln die Spitze der Rotunda. Dahinter sind die steinernen Sitze des Theaters. Bald werden Sie den Haupttempel erreicht haben, in dem die riesengroße, aus Elfenbein und Gold gestaltete Statue des Asklepios steht. Hier werden Sie niederknieen, eingehüllt von den Weihrauchdüften des Tempels, die Sie einatmen und hören die Hymnen und Gesänge der Priester. Es ist sehr wohl möglich, daß Sie sich schon nach der Erfüllung der vielen vorgeschriebenen rituellen Handlungen derart wohl fühlen, daß Sie die Eukoimisis — den Schlaf im „Abaton", der öffentlich nicht zugänglichen Schlafhalle — nicht mehr mitzumachen brauchen. Nur wenn der Gott Ihnen im Traum erschienen ist und Sie eingeladen hat, dürfen Sie den sonst nicht zugänglichen Schlafraum betreten, um einen persönlichen Heiltraum von Asklepios zu empfangen. Schon greifen Sie in die Tasche, um ein paar Weizenkuchen herauszunehmen, die Sie der heilenden Gottheit opfern möchten. Sie beschleunigen Ihre Schritte und fühlen bei all diesen Gedanken, daß Ihnen schon wesentlich leichter um's Herz geworden ist . . .

Ein paar Tage später: Sie stehen vor dem Tempel in der Abenddämmerung, zur „Stunde der heiligen Lampen". Sie haben alle vorgeschriebenen rituellen Handlungen getreulich erfüllt, haben sich gereinigt, Ihre Geschenke dargebracht und den Lehren der Priester gelauscht. Gesundheitlich geht es Ihnen schon besser, Sie fühlen sich aber noch nicht in einem wirklich harmonischen Gleichgewicht. Vergangene Nacht sahen Sie in einem Traum eine nebelhafte Gestalt, die Ihnen zunickte. Obgleich das Traumbild undeutlich war, schien die Gestalt ein bärtiger, in einen Mantel gehüllter Mann zu sein, der einen Stab hielt und Sie aufforderte zu kommen — dann erwachten Sie. Sie sind jetzt sicher, daß der Gott Sie eingeladen hat, und auch die Priester haben die Genehmigung erteilt: noch diese Nacht schlafen Sie im „Abaton". Im flackernden Fackelschein flehen Sie wie die anderen Pilger zu Asklepios, jedem den heilenden Traum zu gewähren, den er so sehr erhofft. Dann gehen Sie in die dürftigen Schlafgemächer, die geheimnisvoll im Fackelschein liegen. Sie legen sich auf ein Schaffell, das noch die Flecken des Blutopfers trägt. Im dämmerigen Licht beobachten Sie aufmerksam die Bewegungen der großen gelben Schlangen, die sich windend über den Boden gleiten. Sie wissen zwar, daß sie nicht giftig sind, aber es sind so viele, und sie sind enorm groß. Sie erinnern sich, daß die Schlangen von Gott genährt und gepflegt werden und lassen Ihr Haupt auf das flockige Schaffell zurückfallen, denn die Luft ist schwer vom Weihrauch. Der Tempeldiener schreitet durch die Säulenhallen, löscht die Fackeln und mahnt die Pilger, daß es Zeit zum Schlafen sei. In der stillen Dunkelheit hören Sie nur noch im Geiste den Widerhall der Hymnen und das leise Rascheln der gleitenden Schlangen.

Es wird Sie nach dem eben gelesenen keineswegs wundern, daß Tausende solcher Pilger unter diesen Umständen den prophezeiten Traum erfahren haben. Die Pilger waren nicht nur beeindruckt von den Ritualen; sie wollten außerdem die Priester zufriedenstellen und geneigt machen — und ihre Freunde widmeten ihnen große Aufmerksamkeit, wenn sie den „richtigen" Traum mitteilen konnten. Wie man es ihnen gesagt hatte, so geschah es, und genau so, wie sie es *erwartet* hatten, träumten die meisten Pilger sehr lebhaft vom Gott Asklepios. Oft sah er seiner Statue ähnlich, manchmal kam er als Knabe oder sogar in Tiergestalt. Aber wie er auch aussehen mochte, stets berührte er die leidenden Pilger und heilte sie oder sagte ihnen zumindest, wie sie die Heilung erlangen könnten und welche weiteren Opfer sie darbringen sollten. Wenn die Pilger am Morgen erwachten, fühlten sie sich erfrischt und wohl und begannen sogleich ihre Traumerfahrungen auszutauschen.

Diese besondere Art der Traumnutzung wird „Traum-Inkubation" genannt. Die gegebene Beschreibung ist kennzeichnend für die Traum-Inkubation im alten Griechenland, doch wechselte die Praxis von Land zu Land, von Tempel zu Tempel und von Zeit zu Zeit. Historiker sind der Ansicht, daß in der alten Welt 300 bis über 400 Tempel[2] zu Ehren des Gottes Asklepios bestanden. Diese Tempel wurden fast 1000 Jahre lang benutzt (vom Ende des 6. Jahrhunderts v. Chr. bis zum Ende des 5. Jahrhunderts n. Chr.). Die Traum-Inkubationen geben uns Hinweise, die uns helfen, die richtige Einstellung zu unseren eigenen Träumen zu gewinnen.

Die Träumer des Altertums nahmen mancherlei Handlungen vor, die zur Erzeugung der gewünschten Träume unnötig sind. Unter Traum-Inkubation verstand man damals, daß man zu einem geheiligten Platz zu gehen habe, um dort von einem Gotte einen nützlichen Traum zu erhalten, daß es also erforderlich sei, geheiligte Plätze und Götter zu haben. Man[3] vermutet, daß die Praxis der Inkubation ursprünglich vor allem Sterilität heilen sollte, denn viele Priester haben damals angenommen, daß eine Art geschlechtliche Vereinigung mit einem Gott oder einer Göttin stattfindet, wenn der Pilger im Tempel schläft; manchmal wurde sogar eine körperliche geschlechtliche Vereinigung in Form der geheiligten Prostitution ausgeführt. Man glaubt, daß die zahlreichen Heilkulte der alten Welt aus der Behandlung sexueller Unzulänglichkeiten hervorgegangen sind. (Wenn das zutrifft, dann hat die heilige Schlange des Asklepios vielleicht eine zusätzliche symbolische Bedeutung — wie in der Psychoanalyse — als männliches Geschlechtsorgan, in diesem Falle als ein Teil des Gottes.). Später wurde die Inkubation auch für andere Zwecke angewendet: 1. um Rat bei Schwierigkeiten zu erhalten oder 2. um von Leiden und Gebrechen verschiedenster Art geheilt zu werden. Die Bemühungen moderner Therapeuten, Träume für die Behandlung von Krankheiten zu nutzen, gehen wahrscheinlich auf diese alten Praktiken zurück.

Sie selber werden weder an einen bestimmten Gott glauben müssen, noch an einen geheiligten Ort zu gehen brauchen, um eine Traum-Inkubation zu bewirken. Aber was sind nun die zur Herbeiführung eines gewünschten Traumes grundsätzlich notwendigen Bedingungen?

Das erste Erfordernis ist, *einen Ort aufzusuchen, wo Sie vom Gegenstand Ihres gewünschten Traumes nicht abgelenkt werden.* Die alten Griechen fanden solche Plätze in ihren Traum-Inkubations-Tempeln und an heiligen Zufluchtstätten: Bauten von erhabener Schönheit, gewöhnlich inmitten großartiger landschaftlicher Umgebung, weit weg vom Getriebe des geschäftigen Lebens. Als ich solche geheiligten Plätze 15 Jahrhunderte nach ihrer rituellen Benutzung besuchte, lagen sie noch immer heiter und friedlich inmitten von Olivenhainen und zwischen großen Platanen. Auch die alten Assyrer, Ägypter und Chinesen bauten ihre Traum-Inkubations-Tempel in ähnlich friedlichen Gefilden. Man ist überzeugt, daß sogar Angehörige primitiver Stämme sich in der Hoffnung, heilbringende Träume zu empfangen, in einsame Höhlen zurückgezogen haben, um auf den Gräbern ihrer Vorfahren oder auf Fellen von geopferten Tieren zu schlafen.[4]

Jeder Ort, wo es Ihnen leicht fällt, sich friedlich und entspannt zu fühlen, ist geeignet: Ihr Lieblings-Bergpfad, eine geschützte Bucht oder ein ruhiges Plätzchen in einem Park. Selbst der kleinste Winkel hinterm Haus, das Wohn- oder das Schlafzimmer (wenn es sich gegen Störungen abschirmen läßt) sind geeignet. Die meisten Arten intensiver Konzentration setzen voraus, daß sich der Praktizierende dem geschäftigen Alltag entzieht, und daß die Möglichkeit besteht, äußere Störungen fernzuhalten. Gerade moderne Therapeuten versuchen häufig eine solche anheimelnde, heitere und störungsfreie Umgebung herzustellen.

Ein friedliches Plätzchen kann man auf vielerlei Weise schaffen. Yogis, die ihre Aufmerksamkeit ganz der Umwelt entziehen und selbst inmitten größter äußerer Geschäftigkeit sich meditierend nach innen versenken können, gelangen auf diese Weise aus sich selbst heraus zu einem eigenen stillen Zentrum. Religiöse Menschen erreichen manchmal dasselbe bei der Verrichtung inniger Gebete mitten in einer lauten Umgebung. Ihnen aber wird es, wenigstens in der ersten Zeit, leichter fallen, eine Umgebung zu finden, die auch äußerlich ruhig ist, als sich eine innere, friedvolle Stille zu schaffen. Wenn Sie beides zustandebringen, sowohl äußere Ruhe wie inneren Frieden, umso besser.

Haben Sie einen friedlichen Ort gefunden, so ist der nächste Schritt die *klare Formulierung des beabsichtigten Traumes*. Die Priester des Asklepios haben dem Pilger beschrieben, was er beim Schlaf im besonderen Tempelschlafraum zu erwarten hatte. Stelen (aufrecht stehende Steinplatten mit Inschriften) waren im Tempelbereich aufgestellt.[5] Ihre Inschriften gaben Auskunft über die Leiden früherer Pilger und die Heilträume, die ihnen im Tempel zuteil geworden waren. Der Pilger sprach auch mit anderen über deren Heilträume und so erhielt er eine klare Vorstellung von dem, was er erwarten durfte. Moderne Werbung gibt es nicht erst seit heute, und Hypnotiseure sind nicht die einzigen, die Suggestion anwenden.

Besonders wichtig ist somit die Tatsache, daß damals eine starke Erwartungshaltung erzeugt wurde. Tausende von Pilgern haben gemäß Überlieferung die prophezeiten Heilungs- und Weisungsträume gehabt. Dieses Phänomen könnte als Folge äußerer Suggestionen abgetan werden, als Einfluß der Reinigungsriten, der Opfergaben, der Zeremonien, der Schönheit, der Handlungen, der priesterlichen Einwirkung, der Musik, des Weihrauchs, der Erfahrungen der Freunde und der geheimnisvollen Stimmung. Die gleiche Wirkung läßt sich erzielen, wenn man sich nur vorstellt, daß man einen bestimmten Traum haben wird. Wer seine Absicht klar formuliert, erhält dann den gewünschten Traum. Das aber begründet den Verdacht, daß eine *selbst-erzeugte Suggestion* wohl ebenso kraftvoll, wenn nicht noch stärker wirkt, als ein äußerer Einfluß. Was ein Mensch glaubt, das wird er träumen!

Die alten Griechen waren nicht die einzigen, deren Träume wunderbare Heilungen brachten. Die alten Hebräer, Ägypter, Inder, Chinesen, Japaner und Moslems, sie alle praktizierten die Traum-Inkubation. Christen erblicken ihre eigenen Heiligen in heilenden Träumen und den Japanern mag Yakushi (der Herr des Heilens) als Mönch in Heilträumen erscheinen — und das ist bis zum heutigen Tag so. Jeder Gläubige erwartet, seinen eigenen Gott zu schauen. Einige[6] meinen, die oft verschwommene Gestalt in Heilträumen sei der Jungsche Archetypus des Heilers, der Erlöser und göttliche Arzt. Sie glauben, daß es einer der tiefst empfundenen Wünsche des Menschen sei, eine allmächtige, helfende und heilende Kraft zu finden. Ein Träumer, der seinen Gott schaut, leiht ihm nur das Aussehen eines bestimmten Heiligen oder eines Gottesbildes allgemeiner Vorstellung; die Identifikation mit Asklepios oder mit Sankt Michael tritt erst später auf, wenn der Träumer erwacht ist — es ist eine Zuordnung, die beim Rückblick auf das, was im Traum erfahren wurde, vorgenommen wird.

Meines Erachtens aber ist die Vorstellung, die man von Gott hat, schon vor dem Traumbild vorhanden, also *vorgeprägt und vorbestimmt* durch die Erwartungshaltung des Träumers. Deswegen ist es so ungemein wichtig, daß Sie den gewünschten Traum klar und deutlich formulieren, damit Ihre zukünftige Traumerfahrung noch intensiver gestaltet wird.

Entweder kann man als Träumer den beabsichtigten Trauminhalt selber bestimmen oder die Traumbilder werden einem von außen aufgezwungen. Ein Hypnotiseur, der seinen ganzen Einfluß einsetzt, um jemandem klare, überzeugende Suggestionen zu geben, die den Trauminhalt bestimmen sollen, beeinflußt mit Vorbedacht. Ein Psychoanalytiker dagegen prägt die Träume seiner Patienten oft ganz unbeabsichtigt. Bei den meisten werden die Träume unbemerkt durch die Kultur und Gedankenwelt, in der man lebt, geformt.

Der Mensch ist in hohem Grade beeinflußbar. Wenn ich meinen Studenten beschreibe, wie sie ihre eigenen Wunschträume herbeiführen können, und es gelingt ihnen, dann reagieren sie damit oft mehr auf meine Suggestionen als auf ihre eigenen. Sie wissen noch nicht, daß jeder seine eigenen Suggestionen formulieren und mit bemerkenswerter Wirksamkeit ausführen kann. Der folgende Schritt ist für die Herbeiführung von Träumen von grundlegender Wichtigkeit: Entscheiden Sie sich klar und deutlich für einen gewünschten Traum. Indem Sie das tun, engen Sie Ihr Bewußtseinsfeld ein und schalten ablenkende Traummöglichkeiten aus. Greifen Sie irgend ein Thema heraus, über das Sie träumen wollen. Zum Beispiel: „Ich wünsche mir einen Traum, der mir sagt, was ich tun muß, um . . ." (eine besondere Situation), oder: „Mein Traum soll mir sagen, was ich tun muß, damit ich mich besser fühle!" oder: „Ich wünsche einen Traum, in dem ich fliegen kann." *Wählen Sie ein ganz bestimmtes Traumthema.*

Es steht Ihnen frei, jedes beliebige Traumbild hervorzurufen, das Ihrem Wunsche entspricht. Voller Zuversicht werden Sie ein Bild wählen, das wohltuend auf Sie wirkt. Hippokrates, der alte griechische Arzt (ca. 460–360 v. Chr.), glaubte, daß das Erscheinen von Sonne, Mond und Sternen im Traume dem organischen Zustand des Träumers entspreche. Wenn die Sterne im Traum hell leuchten und ihren natürlichen Bahnen folgen, so bedeutet das, daß der Körper des Träumers gesund ist. Werden aber die Sterne durch Wolken verdunkelt, verlassen sie ihre vorgeschriebenen Bahnen oder kommt es gar zu einer kosmischen Katastrophe, so bildet sich im Körper des Träumers eine Krankheit aus. In seiner *Abhandlung über Träume* schreibt er z. B.:

> *Es ist ein Zeichen von Krankheit, wenn der Stern im Traum dunkel erscheint und wenn er sich entweder nach Westen oder abwärts zur Erde bewegt oder ins Meer fällt, oder wenn er aufwärts steigt. Die Aufwärtsbewegung kündigt vermehrte, gesteigerte Flüssigkeitsabsonderungen im Kopfbereich an; eine Bewegung zum Meer hin, bedeutet eine Erkrankung des Darmtraktes; eine nach Westen weist auf einen wachsenden Tumor . . .*[7]

Träume, in denen sich Krankheitssymptome anzuzeigen scheinen, bevor sie noch im Wachzustand wahrnehmbar sind, nennt man „prodromisch"[8] (vom griechischen Wort *prodromos* = Vorbote, Vorläufer).

Hippokrates führte ferner aus, daß wenn gewisse Traumsymbole Krankheiten anzeigen, andere als Symbole für die Gesundheit gelten können. Diese Traumbilder (strahlender Sonnenschein, hell leuchtende Sterne, mächtige Ströme oder blendend weiße Gewandung) können zu therapeutischen Zwecken benutzt werden.

Gewisse moderne Psychotherapeuten, wie der Franzose Robert Desoille mit seiner „gelenkten Tagtraum"-Therapie, behandeln Patienten mit einer ähnlichen Technik. Sie suggerieren dem in tiefer Entspannung liegenden, aber wachen Patienten Traumsymbole, die heilkräftig wirken, und leiten ihn durch einen sogenannten „Gesundheit bringenden Tagtraum". Bei anderen, modernen Therapiemethoden läßt man den tief entspannten, aber immer noch wachen Patienten sich eine Szenenfolge vergegenwärtigen und veranschaulichen, die als besonders „heilkräftig" gestaltet wurde. Kein Therapeut aber fordert meines Wissens seine Patienten auf, *in ihren Träumen selber hilfreiche Bilder hervorzurufen*. Hier ist eines von vielen Gebieten, auf denen wir von den alten Traditionen lernen können.

Sie brauchen nicht zu warten, bis Sie krank sind, um die Hilfe Ihres ganzen Selbstes (einschließlich des sogenannten Unterbewußtseins) in Anspruch zu nehmen, um Ihre Gesundheit zu stärken. Sie können sich selbst Traumbilder suggerieren, von denen Sie annehmen, daß sie eine gute Gesundheit widerspiegeln und dadurch Ihr Wohlergehen fördern. Veränderungen in Ihren Träumen können Ihre Einstellung verwandeln, was sich wiederum auf Ihre körperliche Gesundheit auswirkt. Die Fähigkeit, Ihre Träume zu ändern, gibt Ihnen mehr Macht über Ihr innerseelisches Leben und überträgt sich schließlich auch auf Ihr Verhalten im Alltag.

Inzwischen werden Sie einen friedlichen, stillen Ort gefunden haben, wo Sie sich auf die Herbeiführung eines besonderen Traumes konzentrieren können. Das Nächste ist, *daß Sie Ihre Absicht in einem prägnanten, positiven Satz zusammenfassen.* Es genügt nicht, sich einfach zu sagen: „Ich denke, ich will mal versuchen, in dieser Nacht einen Traum vom Fliegen zu haben." Sagen Sie stattdessen: „Heute nacht fliege ich im Traum." Dieser Satz beinhaltet eine klar umrissene Formulierung. Der für den Traumzustand verantwortliche Teil Ihres Wesens ist wie ein widerspenstiges, schwer zugängliches Kind, das zwar liebenswert, empfindsam und sehr einfallsreich ist, aber doch Schwierigkeiten bereitet. Geben Sie daher Ihre Anweisung bestimmt, kurz, klar und positiv.

Menschen haben seit jeher versucht, Träume durch eine Art ritueller Formel herbeizuführen: Traum-Inkubationsformeln finden sich schon in Aufzeichnungen, die etwa 3000 v. Chr. entstanden sind. Die ersten vier Zivilisationen — der mittlere Osten,[9] die Ägypter, die Inder und die Chinesen — haben alle Aufzeichnungen[10] über ihre Traumauffassungen und den Methoden zur Traumerzeugung hinterlassen.

Die alten Assyrer verrichteten ein bestimmtes Gebet, um gute Träume herbeizuführen und üble zu vermeiden. Tontafeln, die man in der königlichen Bibliothek des Assyrer-Königs Assurbanipal (Regierungszeit 668–626 v. Chr.) in Ninive fand, enthalten folgendes Ritual:

> *Mein gnädiger Gott, stehe mir bei*
> *... Mein freundlicher Gott wird mich erhören:*
> *Gott Mamu meiner Träume,*
> *Mein Gott, sende mir günstige Kunde.*[11]

Auch das islamische Volk hatte ein Gebetsritual, von dem viele Forscher annehmen, daß es eine Art Traum-Inkubation darstellt, die allerdings einen Schlaf an geheiligter Stätte nicht erfordert. Dieser Brauch, *istiqâra*[12] genannt, besteht im Rezitieren eines bestimmten Gebetes vor dem Einschlafen in der Erwartung, im nächtlichen Traum eine Antwort zur Lösung eines schwierigen Problems zu erhalten. Zusätzlich benutzten das Volk in Kurdistan und die Derwische (ein moslemischer Asketen-Orden) eine mit Wein (mang) vermischte Droge, um im Schlaf Visionen zu erzeugen. Drogen sind aber *nicht* erforderlich, um Träume hervorzurufen.

Um Antworten im Traum zu erhalten, bedarf es keiner Drogen oder einer bestimmten konfessionellen Weltanschauung. Die *istiqâra*-Form der Traum-Inkubation läßt sich leicht anwenden, wenn folgende entscheidend wichtigen Elemente zur Auslösung des gewünschten Traumes beachtet werden: 1. Er muß kurz und bündig formuliert werden. 2. Bejahen Sie die Tatsache, daß sich Träume herbeiführen lassen. 3. Konzentrieren Sie geduldig und beharrlich Ihre Aufmerksamkeit auf den gewünschten Traum. Anstelle eines Gebetes formulieren Sie selbst in klaren Worten den gewünschten Trauminhalt. Wiederholen Sie dieselben Worte oder einen ähnlichen Satz öfter und konzentrieren Sie Ihre Gedanken auf deren Inhalt. Antworten, die Sie auf diese Weise im Traum erhalten, haben gegenüber einfachen, gedanklichen Überlegungen den Vorteil, daß sie den gesamten Bereich ihrer mentalen und emotionalen Quellen mobilisieren.

Während Sie sich Suggestionen für den gewünschten Traum geben, sollte Ihr Körper tief entspannt sein. Es gibt viele brauchbare Entspannungsmethoden. Die Entspannung ist deshalb derart wichtig, weil der Geist bei entspanntem Körper wesentlich aufnahmefähiger ist, und Sie Ihre Gedanken besser konzentrieren können. Manchmal wird die Entspannung durch hypnotische Suggestionen von außen bewirkt, etwa durch einen Hypnotiseur oder durch Einnahme von Drogen. Letzteres sollte man gerade beim Versuch, bestimmte Träume hervorzurufen, unbedingt vermeiden, weil Drogen, einschließlich Alkohol, die REM-Phasen im Schlaf unterdrücken, so daß weniger Träume erinnert werden. Manchmal erfolgt die Entspannung unter der Leitung eines Therapeuten. Bei der „systematischen Desensitivierungs-Therapie" wird der Patient vor Beginn der Behandlung in der „progressiven Entspannung" unterwiesen und bleibt während der ganzen Behandlungsdauer in entspanntem Zustand. Beim autogenen Training lehrt man den Patienten sechs Standard-Übungen, die ihm helfen, „seinen Körper als eine ruhende, schwere und warme Masse"[13] zu empfinden, bevor er zu meditativen Übungen schreitet.

Sie können selbst lernen, sich tief zu entspannen (was ich als Vorteil ansehe, weil Sie dann Ihre eigene Methode haben, über die Sie jederzeit verfügen können). Eine grundlegende Übung im Yoga ist die Savasana-Übung (die „Stellung des toten Mannes"), bei der ein Zustand vollkommener Entspannung erreicht wird. Der Übende legt sich mit geschlossenen Augen flach auf den Boden und läßt seinen Körper von den Zehen her angefangen nach oben fortschreitend vollständig erschlaffen. Zuerst spannt er sich kurz an und beginnt dann systematisch eine Muskelgruppe nach der anderen völlig zu entspannen, bis der ganze Körper leblos erscheint. * Diese Stellung wird zwischen die anderen Yoga-Übungen eingeschaltet, um die Blutzirkulation wieder zu normalisieren; auch wird sie nach Beendigung der Übungen sowie vor der Meditation ausgeführt. Diese Yoga-Stellung ist etwa 4000 Jahre älter als alle anderen Entspannungstechniken. Lehrer für Selbsthypnose[14] empfehlen stets, die Entspannung mit einem besonderen Symbol in Verbindung zu bringen (z. B. mit einer bestimmten Zahl, einem Codewort oder einem erfreulichen Bild, wie das Liegen an einem sonnigen Badestrand). Manchem bringt die Entspannung im Bett kurz vor dem Einschlafen den gewünschten schläfrigen Entspannungszustand.

Wiederholen Sie im entspannten, schlaftrunkenen Zustand mehrmals den für den beabsichtigten Traum vorbereiteten Satz. Wenn Sie den Trauminhalt klar umrissen haben, beginnen die Antworten zu kommen — oft auch dann, wenn Sie Ihre Absicht nur undeutlich ausgedrückt haben. Die besten Resultate erhält man durch Wiederholung des Satzes. Manche empfehlen, „ihn wie ein Wiegenlied ständig zu wiederholen".[15] Mary Arnold-Forster, eine sehr erfolgreiche moderne Expertin für die bewußte Auslösung eines bestimmten Traumes, dachte tagsüber mehrfach an den gewünschten Traum, und ebenso kurz vor dem Einschlafen. Zum Beispiel pflegte sie sich mehrmals am Tag zu sagen: „Heute nacht fliege ich im Traum. Heute nacht fliege ich. Heute nacht fliege ich." Ihr Wesen im Traumzustand reagiert auf Gedanken, die oft wiederholt werden, leichter als auf solche, die nur einmal geäußert werden.

Eine andere hilfreiche Methode der Traum-Induktion ** be-

---

*(Anm. des Übersetzers: Zum Selbststudium besonders geeignet ist das Buch von Dennis Boyes, *Autogenes Yoga. Tiefenentspannung im Liegen*. 1976 Scherz-Verlag, Bern)

**(lat.:*inductio* = Veranlassung, Auslösung, Hineinführung, „Bewirkung" — hier: *Praktik einen bestimmten, gewünschten Traum hervorzurufen*. Anm. des Übersetzers.)

steht darin, *sich den gewünschten Traum so vorzustellen, als ob er bereits ablaufen würde.* Sehen Sie ihn so, als würde er jetzt geschehen..Machen Sie sich ein lebhaftes Bild von ihm. Fühlen Sie ihn, als sei er schon Wirklichkeit. Und nachdem Sie sich den Traum ausgemalt haben, stellen Sie sich den Erfolg bildlich vor. Wie William James, der Vater der Amerikanischen Psychologie, sagte: „Tue so, als ob . . ." Versuchen Sie, sich einen Film vorzustellen, der Sie zeigt, wie Sie sich fühlen, wenn Sie den im Traum verlangten Rat oder die Linderung Ihrer Beschwerden erhalten haben.

Die Meinung der alten Griechen, daß *alle* Krankheiten auf geistige Ursachen zurückgehen, ist anfechtbar; doch ist gewiß, daß die *meisten* Krankheiten daher kommen. Hypnotiseure können allein durch Suggestion jedes Krankheitssymptom erzeugen. Es ist auch bekannt, daß Yogis nur durch Selbstsuggestion Krankheitssymptome sowohl hervorrufen als auch zum Verschwinden bringen können. Sogar moderne Ärzte wissen, daß 60 bis 80 Prozent aller Krankenhausbetten mit Patienten belegt sind, deren Krankheiten nicht *nur* körperlichen Ursprungs sind. Kenntnisse der psychosomatischen Medizin sind bei der modernen Behandlung von entscheidender Bedeutung. Vorstellungen, die Sie im Geiste hegen, beeinflussen den Zustand Ihres Körpers sehr stark.

Es sind nicht allein äußere Umstände, die Probleme verursachen, sondern es ist auch die Art, *wie* wir *über* die äußeren Umstände *denken.* Wir können „aus dem Himmel eine Hölle und aus der Hölle einen Himmel" machen. Wir wählen uns unsere Gedanken selber aus.[16] Nur indem Sie eine positive Haltung einnehmen und sich selbst schon in der gewünschten Situation sehen, können Sie Hilfe erlangen. Entspannen Sie sich und malen Sie sich klar die erwünschten Verhältnisse als realisierte Wirklichkeit aus. Fühlen Sie die damit verbundene Freude. Machen Sie nicht den möglichen Vorteil durch negative Gedanken oder Einwände zunichte. William James sagte, daß das Unbewußte jedes Bild realisiert, das im Geiste festgehalten und vom Glauben getragen wird. Und dies bringt uns zum letzten Schritt: zum Glauben.

Wie Sie schon wissen, brauchen Sie nicht an einen Gott zu

glauben, um an den Wohltaten der Traum-Inkubation teilzuhaben. Sie brauchen nur zu glauben. *Der Glauben kann in allem sein.* In jeder Kultur, in jedem Glauben und zu jeder Zeit haben Träume Antworten auf Probleme und Heilungen von Krankheit gebracht. Die Kraft, Rat zu erteilen oder wirklich zu heilen, kommt aus dem Inneren des Träumers selbst und nicht von außen, von einem bestimmten Gott. Der *Glaube* ist es, der die Erzeugung der Träume möglich macht.

Der Glaube auf den ich hier dränge, ist in Wirklichkeit das unbedingte Vertrauen in sich selbst. Sie können die Quellen Ihres eigenen Inneren durch die Anwendung der in diesem Buch beschriebenen inneren Prozesse erschließen und anwenden. Wenn Sie an einen bestimmten Gott glauben, können Sie ihm Ihre Bitten vortragen; wenn Sie an die Weisheit des Unbewußten oder Ihres Traumzustandes glauben, richten Sie Ihre Bitten dorthin. Wir müssen daran glauben, daß wir Antworten erhalten, dann bekommen wir sie auch.

Und sobald der gewünschte Traum eingetreten ist, sollten Sie seine Aussage und deren Weisheit prüfen und ihre Anwendbarkeit erwägen.

Wir haben bisher gesehen, wie man die Träume der folgenden Nacht plant. Mit den erhaltenen Träumen können Sie nun weiterarbeiten, damit Sie noch erfolgreicher werden. Es wird unter anderem hilfreich sein, *das Gespräch mit den Wesenheiten, die in Ihren Träumen erschienen sind, weiterzuführen.* Das ist nicht so weit hergeholt, wie es scheint. Während Sie am Morgen noch schläfrig im Bett liegen, können Sie über Ihre Traum-Begegnungen nachdenken. Wählen Sie eine Figur, die Ihnen rätselhaft vorkommt, beschwören Sie ihr Bild herauf und stellen Sie ihr sofort eine Frage. Sie werden überrascht feststellen, wie schnell Ihnen eine Antwort in den Sinn kommt. In einem meiner Träume z. B. kratzte ein fremd aussehendes, hundeartiges Tier meine Hand. Dieses Traumwesen gab mir Rätsel auf, zumal es zu einer Zeit auftauchte, in der ich nur selten von solchen Dingen träumte. Schlaftrunken stellte ich mir das Tier vor und fragte es: „Warum hast du mich gekratzt?" Blitzartig schoß mir der Gedanke durch den Kopf: „Ich wollte dich nicht verletzen, ich wollte dich nur auf mich aufmerksam machen." Diese Antwort ließ mich nachdenklich werden und führte schließlich zu einer Selbsteinsicht. Sie können Ihren Traumgestalten Fragen jeder Art stellen, so z. B.: „Wer bist du?" oder: „Warum tust du das so oder so?" Die Antworten, die einem dann in den Sinn kommen, sind oft ebenso unerwartet wie aufschlußreich.

Auch kann man statt einer einzigen Wesenheit das Traumbild als Ganzes befragen. Zum Beispiel war ich einmal überwältigt von der Fülle des gebotenen Traummaterials. Als ich wach wurde, fragte ich mich: „Träume, warum überhäuft ihr mich so?" Die mentale Antwort kam schnell und war unerwartet: „Wir möchten dir sagen, wie wichtig wir sind." Diese Technik ist eine einmalige Art, mit *sich selbst* zu sprechen. Bedenken Sie immer: All Ihre Träume und Traumhandlungen sind ja Sie selbst.

Wenn Sie sich abends zum Schlafen hinlegen, kann es vorkommen, daß Traumbilder aus jenen Träumen wieder erscheinen, die Sie erst vor kurzem gehabt haben. Dann können Sie die Gelegenheit benutzen, die Traumfiguren statt am Morgen noch *vor* dem Einschlafen zu befragen, solange Sie im schlaftrunkenen Zustand sind.

Wenn Sie in der Befragung Ihrer Traumbilder genug Erfahrung haben, werden Sie feststellen, daß Sie ihnen auch während des Traumes Fragen stellen und Antworten erhalten können. Eine meiner Schulfreundinnen sagte einmal im Traum zu mir: „Weißt Du eigentlich, daß ich für Dich nichts anderes als Sex bedeute?" „Äh . . . nein", antwortete ich. „Hast Du denn nicht bemerkt, daß ich in Deinen Träumen immer kurze Hosen trage?" sagte sie in einem Ton, der mir zu verstehen geben sollte, wie töricht ich gewesen war, diese Tatsache zu übersehen. Als ich erwachte, wurde mir klar, wie recht sie hatte. Es spielt keine Rolle, ob Sie Ihre Träume als Ganzes befragen oder nur einzelne Traumgestalten, oder ob Sie Ihre Fragen vor, nach oder während des Traumes stellen. Wichtig ist, daß Sie beginnen, sich mit Ihren Träumen zu unterhalten.

Die Gestalt-Therapeuten empfehlen, über die Befragung der Traumgestalten noch hinauszugehen. Sie schlagen vor, die Rolle eines jeden Traumelementes — sei es nun eine Person oder eine Sache — selbst zu spielen. Dieses Rollenspiel beruht auf der

Annahme, daß jedes Bild im Traum ein Teil Ihrer selbst ist. Viele Autoren haben die Arbeitsweise der Gestalt-Psychologie[17] eingehend beschrieben, deshalb beschränke ich mich hier auf eine Zusammenfassung. Der Träumer versetzt sich in Gedanken reihum an die Stelle jedes einzelnen seiner Traumbilder, indem er sich das Traumgeschehen entweder im Geiste vorstellt oder es bewußt in einer Art Gruppensitzung ausführt. Im letzteren Falle setzt sich der Träumer jeweils wenn er eine andere Person darstellt auf einen anderen Stuhl. Der Träumer handelt und spricht so, wie er sich vorstellt, daß seine Traumfiguren handeln und sprechen *würden,* bis zwei widerstreitende Charaktere klar hervortreten. Von diesen wird eine, die dominierende, (in der Fachsprache „Topdog" genannt) den anderen vorschreiben, was sie zu tun und zu lassen haben. Dem „Topdog" steht der „Underdog" gegenüber, einer, der sich ständig entschuldigt und sich stets zu rechtfertigen und zu verteidigen sucht. Diese beiden widersprüchlichen Wesensarten des „Topdog" und des „Underdog" stellen den inneren Konflikt des Träumers dar. Bei der Gestalt-Therapie muß er jetzt als „Underdog" gegen den „Topdog" antreten und ihm seine Bedürfnisse klar und überzeugend darlegen. Wenn sich der „Underdog"-Teil seines Selbstes behaupten und durchsetzen kann, wird seine Persönlichkeit dadurch bereichert und vollkommener. Er formt eine Gestalt (ein „Ganzes"). Wenn Sie so mit Ihren Träumen arbeiten, werden Sie viele interessante Einsichten gewinnen.

Die Gestalt-Therapeuten betonen, daß es wichtig ist, den Traum in der dargelegten Weise nachzuerleben. Der Träumer wird dazu angehalten, seinen Traum in der Gegenwartsform zu erzählen oder aufzuschreiben, so als spiele sich alles im Augenblick ab. Deshalb sind übrigens auch die meisten Träume in diesem Buch in der Gegenwartsform erzählt. Den Unterschied werden Sie sofort merken, wenn Sie Ihre eigenen Träume *wie eine soeben ablaufende Handlung aufzeichnen.* (Mehr über Traumaufzeichnungen im 8. Kapitel.)

Denken Sie viel über Ihre Träume nach, vergegenwärtigen Sie sich das Traumgeschehen und befragen Sie Ihre Traumfiguren. Sie werden bald einmal feststellen, daß bestimmte positive Traumsymbole immer wieder auftauchen. Ein freundlicher

Drache mag erscheinen oder ein starker Mann mit gewaltigen Armmuskeln. Vielleicht sehen Sie auch eine weise Göttin, ein wunderbares Schmuckstück oder ein herrliches Ornament, oder ein seltsames Vogel-Tier fliegt an Ihnen vorbei — ungewöhnliche und interessante Erscheinungen werden Ihnen begegnen. Sie stellen hervorbrechende positive Aspekte Ihres Selbstes dar.[18] (Im 9. Kapitel werden wir darauf zurückkommen.) Je häufiger Sie sich mit diesen ungewöhnlichen und erfreulichen Bildern beschäftigen, desto größer ist die Wahrscheinlichkeit, daß diese wiederkehren und andere positive Symbole auftreten. Versuchen Sie, mit Ihren Traumbildern auch im Wachzustand zu arbeiten. Sie können sie malen, zeichnen, in Ton modellieren, aus Holz schnitzen, in Stein hauen und als Stickmuster verwenden. Damit verstärken Sie wiederum Ihre Fähigkeit, zukünftige Träume zu beeinflussen.

Auch indem Sie Freunden laufend Ihre Träume erzählen, helfen Sie mit, Ihre zukünftigen Träume zu gestalten. Von Mohammed wissen wir, daß er Träume für sehr wertvoll hielt. Jeden Morgen ließ er sich von seinen Schülern deren Träume mitteilen. Er offenbarte Ihnen den geheimsten Sinn und berichtete auch von seinen eigenen Träumen. Diese Praxis ähnelt derer der Senoi, die sich beim Morgenessen gegenseitig ihre Träume erzählen, wie wir im 5. Kapitel sehen werden. In den von mir geleiteten Seminaren über Kreatives Träumen habe ich die außerordentlich starke Wirkung erlebt, welche die eigene Schilderung von Träumen auf deren Gestaltung ausübt.

Die Fähigkeit, Träume zu induzieren, läßt sich ferner steigern, wenn Sie *im wachen Zustand Beobachtungen anstellen oder sich mit Aktivitäten befassen, die zu Ihrem Wunschtraum in Beziehung stehen.* Erinnern Sie sich, wie Dr. Handler im Wachbewußtsein mit Johnny eine Monsterjagd veranstaltete, und wie Guareschi seine Frau Margherita lehrte, Fahrradreifen zu wechseln und Berge zu erklettern, damit sie ihre Traumprobleme bewältigen konnte. Beide erlernten im Wachzustand Fähigkeiten, die es ihnen ermöglichte, so zu träumen, wie es ihre Therapeuten wünschten. Mary Arnold-Forster, die erfolgreich ihre Träume immer wieder zu beeinflussen wußte, beachtete regelmäßig all das ganz besonders, worüber sie träumen wollte. Beispielsweise fand sie heraus, daß es günstig war, tagsüber fliegende Vögel zu beobachten, wenn man im Traum zu fliegen wünschte. (Wir werden später auf Mary Arnold-Forsters bemerkenswerte Methoden näher eingehen.)

Sie werden feststellen, daß man eine gewisse Zeit braucht, um die Fähigkeit der Traum-Induktion zu entwickeln, die zwar durchaus erlernbar ist, aber doch einige Übung erfordert. Ein Forscher[19] machte den ungewöhnlichen Versuch, bei Kindern zu messen, wie lange sie brauchen, um einen bestimmten Traum hervorzurufen. Das Ergebnis erbrachte eine mittlere Zeitspanne von *fünf Wochen*, die kürzeste war zwei Wochen. Da Kinder beeinflußbarer sind als Erwachsene, werden wir wohl noch etwas länger brauchen. Wichtig sind Geduld, Beharrlichkeit und Ausdauer. Es gibt aber auch Techniken, wie jene der Senoi, die sich schneller erlernen lassen und eher zum Erfolg führen.

Wir haben gesehen, daß sich die Träume entweder durch bestimmte Verhaltensweisen formen lassen, die man vor dem Einschlafen anwendet (man formuliert z. B. eine bestimmte Absicht) oder erst nach dem Aufwachen, also nach dem Traumgeschehen (dann können die Traumfiguren befragt werden usw.). Meine eigenen Erfahrungen bei der Anwendung dieser Methode waren aufregend und reich an neuen Erkenntnissen. Fast jeder Traum, den ich mir gewünscht habe, ist früher oder später auch erschienen. Nicht in jedem Falle enthält der beabsichtigte Traum alle Einzelheiten, die ich mir gewünscht habe, doch geschieht das immerhin recht oft. Manchmal erscheinen dafür andere noch interessantere Traumbilder. Besonderen Erfolg hatte ich in der Erzeugung von Flugträumen, luziden Träumen und Konfrontationsträumen. Die besonderen Techniken, die zur Erlangung dieser Art von Träumen notwendig sind, werden in den folgenden Kapiteln beschrieben.

Ich bin immer so vorgegangen, daß ich vor dem Einschlafen einen stillen Ort aufgesucht habe, gewöhnlich mein Schlafzimmer. Dann versetze ich meinen Körper in einen Zustand tiefer Entspannung. Mir sind verschiedene Entspannungstechniken bekannt, denn in meiner Ausbildung zur Therapeutin habe ich die „progressive Entspannung" gelernt, um sie später meinen Patienten beibringen zu können und als Yoga-Anfängerin lernte ich dann Savasana (die „Stellung des toten Mannes"). Kürzlich experimentierte ich auch mit Transzendentaler Meditation. Während ich mich im entspannten Zustand befinde, suggeriere ich mir manchmal gesundheitsfördernde Sätze wie: „Ich fühle mich entspannt", „ich fühle mich wohl" und „ich fühle mich erfrischt und ausgeruht." Einen eigentlichen Heilungstraum habe ich jedoch noch nicht versucht.

Einmal, im Alter von 17 Jahren, erblickte ich aber dennoch mein Bild, das ich mir von Gott gemacht hatte, in einer Art Heilungstraum. Er erschien als mächtige Gestalt am Himmel, geformt aus rosarot und bläulich gefärbten Wolken. Seine Arme hielt er mit gefalteten Händen hoch über seinem Haupt. Sein Rumpf ragte aus einer Wolkenspirale heraus, sein Körper war muskulös, er hatte einen Bart und trug eine Krone. Bedauerlicherweise fertigte ich nur eine Skizze dieses Bildes an. Die Deutlichkeit dieser Erscheinung steht in krassem Gegensatz zu den sonst bei Heilträumen häufig beschriebenen Gestalten. Gewöhnlich werden die Traumbilder als verschwommen und undeutlich bezeichnet. Wer jedoch eine klare Vorstellung von einem Gott oder einem Heiligen hat, wird viel eher sein Traumbild deutlich sehen. Wenn heute religiöse Figuren in meinen Träumen erscheinen, so sind es gewöhnlich Götter, oder — häufiger noch — Göttinnen, die ihren Ursprung in meinen ganz persönlichen Neigungen haben, d.h. idiosynkratisch sind und weniger stereotype oder archetypische Bilder.

In meinen Traumaufzeichnungen finden sich zahlreiche Träume, die auf meinen physischen Gesundheitszustand hinweisen. In einem dieser Träume ziehe ich einem kleinen Kind einen Pullover aus, der am Hals hängen bleibt, so daß ich daran zerren muß. Ich wache auf mit einem starken Schmerz im Nacken, der von einem verspannten Muskel herrührt, einem Schmerz, den ich vor dem Einschlafen nicht gehabt habe. Dieser Traum schilderte einen körperlichen Zustand, der gleichzeitig mit dem Traumgeschehen aufgetreten sein mochte. Es läßt sich unmöglich sagen, ob der Schmerz den Traum ausgelöst oder die Traumhandlung den Schmerz verursacht hat oder ob die Traumhandlung den sofort darauf einsetzenden Schmerz zum voraus anzeigen wollte.

Ein anderes Mal gebe ich mir im Traum einen medizinischen Rat. Ein Rückenmuskel bereitet mir Schmerzen, die ich am Abend nur schwach verspürt hatte. Jetzt im Traum leide ich darunter und sehe ein Ärzte-Team meinen Fall besprechen. Sie kommen zum Schluß, daß die Anwendung von Wärme das Beste sei. Natürlich erwies sich das als die allein wirksame Maßnahme gegen den heftigen Schmerz, der entstanden war und noch mehrere Tage anhielt.

Im allgemeinen ist meine Gesundheit ausgezeichnet. Wenn das einmal nicht der Fall sein sollte, finde ich fast ausnahmslos die Krankheit in meinen Träumen dargestellt. Ein neuerliches Symbol ist mir der Zustand meiner Traumpflanzen — seit ich im wachen Leben zu gärtnern angefangen habe. Sind sie welk oder krank, so ist auch meine körperliche Verfassung nicht in Ordnung; stehen sie in voller Blüte und entwickeln Knospen und Sprößlinge, so ist meine Gesundheit ebenfalls gut. Beim Aufzeichnen und Bearbeiten Ihrer Träume werden auch Sie feststellen, wie Träume Ihre körperliche Verfassung symbolisieren. Dieses Wissen ermöglicht es Ihnen, sofort vorbeugende Maßnahmen zu ergreifen oder eine angemessene Behandlung durchzuführen.

Haben Sie gelernt, Ihre Träume zu beeinflussen, dann können Sie diese wegen Ihres Gesundheitszustandes zu Rate ziehen und jene Empfehlungen, die Ihnen gut erscheinen, annehmen und ausführen. Sie vermögen sogar die Kräfte Ihres Körpers zu mobilisieren, um sich auf natürliche Weise zu heilen, wie dies die Träumer der alten Zeiten taten.

Über die Verbesserung der körperlichen Gesundheit hinaus können Sie auch durch Trauminduktion die unermeßlichen, ungenutzten Hilfsquellen Ihres ganzheitlichen Wesens anzapfen, um Ihre Alltagssorgen zu bewältigen. Denken wir wieder daran, daß der gewaltig große Erinnerungsschatz eines jeden Menschen ständig weiter anwächst. Deshalb sollten Sie sich möglichst viele positive Erfahrungen erschließen: Bücher lesen, Filme anschauen, Musik hören, interessanten Menschen begegnen, neue Betätigungsbereiche erobern, Ausflüge machen und in ferne Länder reisen. Alles wird aufgezeichnet und ist Ihnen in Ihren Träumen verfügbar, entweder in seiner ursprünglichen Form, oder aber umgestaltet und kombiniert zu einem völlig neuen Traumgebilde. Wenn Sie in der Traumerzeugung Erfahrung haben, können Sie Ihre Träume befragen und Antworten erhalten, die Ihnen im wachen Leben nicht in den Sinn kommen würden. Sie können auf *alle* Ihre Kenntnisse zurückgreifen. Alle Ebenen Ihres Wesens werden für die Lösung von Schwierigkeiten und für kreative Schöpfungen verfügbar. Sie entwickeln sich zu einer ganzheitlichen Persönlichkeit und brauchen nicht bloß ein Teil dessen zu bleiben, was Sie sein könnten.

Gehen wir nun daran, die bisher herausgearbeiteten Grundregeln der Trauminduktion anzuwenden, die wir bei den Träumern früherer Zeiten gefunden haben. Nachstehend eine Zusammenstellung der wesentlichsten Punkte.

Was wir von den Träumern aus früheren Zeiten lernen können
Eine Zusammenfassung:

1. Suchen Sie sich einen Ort außen oder innen an dem Sie sich friedlich fühlen und nicht abgelenkt werden.
2. Formulieren Sie genau, was Sie träumen wollen.
3. Fassen Sie Ihre Absicht in einem kurzen, klaren und positiven Satz zusammen (eine Traum-Aufgabe).
4. Entspannen Sie Ihren Körper vollständig.
5. Wiederholen Sie den Satz im entspannten, schlaftrunkenen Zustand mehrmals — laut oder leise (tun Sie das wenn möglich auch tagsüber). Konzentrieren Sie Ihre Gedanken darauf.
6. Stellen Sie sich Ihren Traum lebhaft vor, als ob er sich bereits abspiele. Malen Sie sich aus, wie Sie sich fühlen, wenn Sie das Gewünschte geträumt haben.
7. Glauben Sie unerschütterlich daran, daß Ihr Unbewußtes den gewünschten Traum hervorbringt.
8. Arbeiten Sie mit Ihren Träumen.
    a. Stellen Sie den Traumfiguren oder dem Traum als Ganzes Fragen während Sie noch schläfrig sind.
    b. Befragen Sie wenn möglich die Traumbilder schon, während des Träumens.
    c. Versuchen Sie den „Topdog" und den „Underdog"

aus Ihren Träumen zu bestimmen, und vertreten Sie die Bedürfnisse des „Underdogs" klar und überzeugend.

d. Schreiben oder erzählen Sie Ihre Träume stets in der Gegenwartsform.

e. Achten Sie besonders auf positive idiosynkratische Traumbilder, d.h. solche, die Ihnen ganz persönlich etwas bedeuten und Ihren innersten Neigungen entsprechen.

f. Arbeiten Sie mit bestimmten Traumbildern auch im Wachzustand — Sie können sie malen, zeichnen usw.

g. Erzählen Sie Ihre Traumerlebnisse anderen Menschen, die daran interessiert sind.

9. Stellen Sie Beobachtungen an, die mit dem gewünschten Trauminhalt in Beziehung stehen, und beschäftigen Sie sich besonders kurz vor dem Einschlafen damit.

10. Trauminduktion (die Herbeiführung von bestimmten Träumen) ist lernbar aber es braucht Zeit und Übung. Wenn Sie nicht sofort Erfolg haben, geben Sie nicht auf — versuchen Sie es immer wieder.

Drittes Kapitel

Was wir von kreativen Träumern lernen können

Sie können in Ihren eigenen Träumen Kreatives entdecken. In etwa ähnlicher Weise wie bei Inkubationsträumen sind Sie imstande bewußt Träume schöpferischen Inhaltes herbeizuführen oder solche, die Ihre Probleme lösen. Wenden Sie eine Technik an, bei der Sie *den allgemeinen Trauminhalt bestimmen,* so suchen Sie in diesem Falle nicht nach einem Rat zur Heilung, sondern nach einem kreativen Traumerleben. Sie besitzen dann in Ihren Träumen Ihre eigene Muse, eine ständig sprudelnde Quelle der Inspiration.

Früher sind die meisten kreativ Schaffenden ganz zufällig auf die Traum-Inspiration gestoßen. Sehr oft arbeiteten sie konzentriert an einer Sache und plötzlich lieferte Ihnen der Traum einen entscheidenden Hinweis von großem Nutzen. Einige dieser Traumerzeugnisse sind berühmt geworden, zum Beispiel Coleridges Gedicht „Kubla Khan". * Gelegentlich tritt ein kreativer Traum einfach auf, ohne daß der Träumer sich im Wachzustand mit dem betreffenden Gedanken befaßt hätte. Die meisten schöpferischen Menschen wissen gar nicht, daß es möglich ist, kreative Träume bewußt herbeizuführen.

Wir können eine Menge über die Durchführung unseres kreativen Schaffens aus Träumen lernen, wenn wir uns das Geschehen bei früheren kreativen Träumern genauer ansehen; denn bei uns spielt sich der gleiche Vorgang ab. Wie wir noch sehen werden, können wir unser geistiges Traumwesen um ein kreatives Produkt bitten, Material aus dem riesigen, in uns gespeicherten Schatz an Lebenserfahrung entnehmen, es zu ori-

* (Anm. des Übersetzers: viele Beispiele sind in C.A. Meier, Die Empirie des Unbewußten (1968 Rascher, Zürich) auf den Seiten 18 bis 52 zu finden.)

ginellen Formen neu kombinieren und es uns schließlich selbst in einem Traum präsentieren. Wird es der Bestseller dieses Jahres werden? Ein moderner Rembrandt? Eine neue Mondscheinsonate? Natürlich, je vielfältiger und interessanter das Material ist, das wir zuvor in uns aufgenommen haben (wie bei der Programmierung eines Computers) und über je mehr Fähigkeiten wir verfügen, umso größer ist unsere Chance, ein wertvolles Ergebnis zu erhalten. Die Möglichkeit dazu ist immer vorhanden, wenn wir mit dem kreativen Träumen beginnen.

Auch ganz gewöhnliche Träumer — d.h. jene von uns, die noch nicht Dichter, Romanschriftsteller oder Wissenschaftler sind — können die gleichen Techniken anwenden, wie die großen schöpferisch Arbeitenden. Auch Sie können mit kreativen Erzeugnissen aufwarten, die aus dem Reichtum Ihrer inneren Hilfsquellen stammen. Wir brauchen keineswegs Dichter oder Künstler zu sein. Mit was wir uns auch immer beschäftigen, wir können schöpferische Lösungen in unseren Träumen finden. Diese werden meistens weit origineller ausfallen als alles, was durch normale Gedankentätigkeit im Wachzustand entsteht.

Das Bemühen um eigene kreative Lösungen hat nicht nur den Vorteil größerer Originalität, sondern führt auch zur Einswerdung unseres Wesens im Wach- und im Traumleben. Je mehr Symbole wir aus unserem Traumleben nutzen, desto eher können wir unsere einzigartige Persönlichkeit entwickeln und ihr Ausdruck verleihen.

Kreatives Träumen geschieht auf zweierlei Weise: Zum einen erblickt der kreative Träumer das schöpferische Erzeugnis als Ganzes im Traum, zum anderen liefert der Traum nur die Stimmung oder eine Idee, aus der sich dann im Wachzustand etwas Kreatives entwickelt. Solche Traumschöpfungen können das Ergebnis von bewußt herbeigeführten kreativen Träumen sein oder ungewollt entstehen, einem also „einfach zufallen".

Nachfolgend möchte ich die Träume zweier Autoren besprechen, die durch Opiumgenuß ausgelöst wurden. Das soll aber nicht heißen, daß das Opium kreative Träume *verursacht* — im Gegenteil. In diesen Fällen führte das Opium letztlich zu Schreckensträumen und zur *Un*fähigkeit, nützliche Arbeit zu leisten. Die Begabung zu bemerkenswerten Träumen, ist in der

Persönlichkeit des Träumers begründet. In ihm müssen schon viele Erfahrungen vorhanden sein bevor interessante Träume entstehen können. Kreative Träume sind durchaus auch ohne Verwendung von Drogen erreichbar — das werden viele spätere Beispiele zeigen. Tatsächlich entdeckten Forscher[2] neuerdings, daß Schriftsteller und Studenten denen man LSD gegeben hatte, unter der Wirkung der Droge Arbeiten lieferten, die weit unter dem Durchschnitt lagen. Wir beschäftigen uns hier mit dem *Ablauf* des kreativen Träumens. Die mißbräuchliche Verwendung von Drogen hat darauf kaum einen Einfluß, dafür aber auf den Träumer, der mit schwerwiegenden Folgen rechnen muß.

Eine der grundsätzlichen Regeln zur Herbeiführung kreativer Träume besteht darin, daß man sich mit den Dingen beschäftigt, von denen man träumen möchte — bis zu den letzten paar Sekunden vor Eintritt des Schlafes. Dieser Regel werden wir immer wieder begegnen und finden sie bestätigt beim englischen Dichter Samuel Taylor Coleridge (1772—1834), als er seine berühmte Trauminspiration erfuhr.

An einem Sommernachmittag im Jahre 1798[3] vertrieb sich der junge Dichter müßig die Stunden in seiner strohgedeckten Hütte in einer ländlichen Gegend im Westen von England. Träge durchblätterte er die Seiten eines Geschichtsbuches mit dem Titel *Purchas His Pilgrimmage*. Er hatte sich seit kurzem angewöhnt, Opium in Form von Laudanum einzunehmen, und nun verspürte er Lust, davon zu trinken. Deshalb griff er nach dem bereitgestellten, gefüllten Glas und trank es aus. Er mußte tief gähnen, als er gerade die Worte las: „Hier befahl Khan Kubla, einen Palast zu bauen ..." Kaum hatte er die Seite umgeschlagen, schlossen sich seine Augen und sein Kopf sank vornüber, so daß die dunklen Locken über sein Gesicht fielen und sich bald sachte bei jedem Atemzug des Schlummernden hin und her bewegten. Die goldenen Strahlen der Nachmittagssonne spielten auf seiner Wange. Als er drei Stunden später wieder erwachte, erinnerte er sich und schuf die wunderbar erhabenen Verse seines Gedichtes „Kubla Khan" mit den „Höhlen ohne Maß und Plan" und der „sonnenlosen See".

In diesem Fall fiel Coleridge das schöpferische Erzeugnis in vollem Umfang direkt im Traum zu. Coleridge schätzte, daß das Original des Gedichtes wohl an die 200 bis 300 Zeilen umfaßt habe und betonte, daß „alle Bilder vor ihm als *Dinge* emporgestiegen"[4] seien zusammen mit den entsprechenden Beschreibungen — ohne daß er sich im Geringsten habe anstrengen müssen. Beim Niederschreiben wurde er bei der 54. Zeile von einem Besucher in geschäftlichen Angelegenheiten unterbrochen. Man kann sich seine Enttäuschung vorstellen, als er eine Stunde später die Niederschrift wieder aufnehmen wollte und dann feststellen mußte, daß der ganze Rest des Gedichtes nur so dahingeschmolzen und bloß noch ein Fragment übrig geblieben war.

Obwohl Coleridges „Kubla Khan" eine Bildersprache aufweist, die stark an drogenbedingte Erfahrungszustände erinnert — die außergewöhnlichen Veränderungen des Raumgefüges und das Aufwallen und Versiegen der Bilderflut —, kann man sein Meisterwerk nicht einfach als Drogenerfahrung abtun. Denn viele haben schon dank Opium Dämmerzustände gehabt, aber nur wenige sind mit einem großartigen Gedicht aufgewacht. Coleridge besaß die erforderliche Fähigkeit. Einige tastende Versuche der endgültigen Fassung des Gedichtes wurden in seinen Notizheften früherer Jahre gefunden, aber erst Coleridges Traum brachte die besonderen, leicht nebulösen Bilder hervor und verwob sie zu einem einheitlichen Ganzen.[5]

Als Coleridges Biograph[6] eine eingehende Untersuchung der Werke Coleridges unternahm, erlebte er ebenfalls einen Traum von „Kubla Khans Freudendom". Jede intensive Beschäftigung mit irgendeiner Sache wird höchstwahrscheinlich einen entsprechenden Traum zur Folge haben. Das kann auch Ihnen geschehen, wenn Sie dieses Buch lesen.

Ein anderer Dichter, der Engländer Thomas de Quincey (1785—1859) zeigt, was alles an Negativem geschehen kann, wenn jemand nicht weiß, wie er den Inhalt eines Traumes positiv beeinflussen kann. In den *Bekenntnissen eines englischen Opiumessers* beschreibt de Quincey die Veränderungen seines Traumlebens, als er opiumsüchtig wurde. Seine Träume wurden nach und nach immer quälender. Am Anfang seiner schweren Sucht begannen vermehrt hypnagogische Halluzinationen während des Einschlafens aufzutreten. Was er sich in der Dunkelheit vor dem Schlafengehen ausmalte, übertrug sich auf seine Träume, so daß er sich fürchtete, sich überhaupt noch etwas vorzustellen. Unbeschreiblich „tiefsitzende Ängste und düstere Schwermut", wurden immer mehr zu Begleitumständen seiner Träume. Er fühlte sich selbst „hinabsteigen in Klüfte und lichtlose Abgründe, in immer größere Tiefen, aus denen jemals wieder aufzusteigen aussichtslos erschien. Auch beim Erwachen hatte ich nicht das Gefühl, wieder heraufgestiegen zu sein".[7] De Quincey stellte fest, daß sich sein Raum- und später auch sein Zeit-Gefühl verzerrten: „Manchmal schien mir, als ob ich in einer einzigen Nacht 70 oder 100 Jahre gelebt hätte . . . " Der Inhalt seiner Träume wechselte von Palästen und Städten zu Gewässern und dann zu Tausenden von menschlichen Gesichtern „flehentlich bittenden, zornigen, verzweifelten". De Quinceys Träume wurden in zunehmendem Maße paranoid, wobei ein Malaye sein Feind war, der ihn verfolgte, und der Orient die landschaftliche Umgebung für seine Torturen. Das ging einher mit Empfindungen tropischer Hitze und stechendem Sonnenlicht. Moralischer Skrupel, geistige; seelische und körperliche Furcht befielen ihn zu wiederholten Malen in seinen Träumen, und über allem lag ein Hauch von Ewigkeit und Unendlichkeit, das ihn so sehr bedrückte, daß er ausrief: „Ich erwachte in Kämpfen und schrie laut – ‚Ich will nie mehr schlafen!' "[8]

Das sind natürlich keine Veränderungen, wie wir sie in unserem eigenen Traumleben herbeiführen möchten. Viele der Traumqualen de Quinceys sind direkt der Drogeneinnahme zuzuschreiben. Dennoch hätte er die Auswirkungen bekämpfen können, wäre er in der Traumkontrolle geschult gewesen. Traumängste und -leiden können beseitigt werden in dem Maße, wie Sie Ihre Träume kontrollieren lernen. Die Fähigkeit, Trauminhalte bewußt zu verändern, läßt sich lernen, und das ist das Geheimnis der Bewältigung von Alpträumen. Sowohl die Senoi als auch die wachbewußt träumenden Yogis haben diese Fähigkeit sehr stark entwickelt. Ihre Methoden hätten de Quincey bei seinen entsetzlichen Träumen geholfen. Nun können sie Ihnen eine Hilfe gegen beängstigende Träume sein.

Schöpferische Menschen wie de Quincey vermögen für ihre

Arbeit, die Stimmung und den allgemeinen Inhalt aus ihren Träumen zu gewinnen, oder sie können gar wie Coleridge ein vollständiges Werk im Traum erhalten. Es kommt auch vor, daß im Traum selbst der Auftrag erteilt wird, zu schreiben. Sokrates,[9] der berühmte griechische Philosoph (ca. 470–399 v. Chr.), berichtete von einem solchen Traum an dem Tage, als er das über ihn gesprochene Todesurteil mit dem Leeren des Schierlingsbechers vollstreckte. Ganz allgemein wurden die Werke vieler Schriftsteller von ungeplanten kreativen Träumen beeinflußt.[10]

Kreative Träume sind durchaus nicht auf schriftstellerische Werke beschränkt. Der Engländer William Blake (1757–1827),[11] zugleich Kupferstecher, Maler und Dichter, schuf viele Kunstwerke von traumartiger Schönheit. Auf der Suche nach einem billigen Mittel zum Stechen der Illustrationen zu seinen Liedern ist ihm im Traum sein verstorbener jüngerer Bruder Robert erschienen, um ihm ein Verfahren zum Kupferstechen anzugeben. Er prüfte die Angaben sogleich auf ihre Richtigkeit nach und fand sie bestätigt – dann wandte er das Verfahren an. Wer an Geistererscheinungen glaubt, wird annehmen, daß der verstorbene Robert im Traum seinen Bruder besucht hat, während andere den Vorgang eher mit der Arbeitsweise des Unbewußten begründen. Egal wie die Erklärung auch sein mag, Tatsache bleibt, daß William Blake im Traum auf eine einzigartige Lösung gestoßen ist. Beachten Sie aber auch hier wieder, daß er intensiv auf der Suche nach einer Lösung gewesen ist, bevor ihm die Antwort im Traum erschien.

Auch die Musik verdankt einige berühmte Stücke ungeplanten kreativen Träumen. Giuseppe Tartini (1692–1770), der italienische Violinist und Komponist, erzählt, er habe im Alter von 21 Jahren in einem Traum seine Seele dem Teufel vermacht. In diesem Traum händigte er dem Teufel seine Fidel aus:

> *Aber wie groß war mein Erstaunen, als ich ihn darauf mit vollendetem Können eine Sonate spielen hörte, deren Schönheit den kühnsten Flug meiner Vorstellungen bei weitem übertraf. Ich fühlte mich entzückt, entrückt und*

> *bezaubert; mein Atem stockte und ich erwachte. Ich ergriff sofort meine Geige und versuchte, die Klänge, die ich gehört hatte, nachzuspielen. Doch vergebens. Das Stück, das ich dann komponierte, die „Teufelssonate", ist zwar das beste, das ich je geschrieben habe, doch kommt es bei weitem nicht an das heran, das ich in meinem Traume spielen hörte!*[1,2]

In Tartinis Traum ist zwar die Sonate *(Trillo del Diavolo)* vorhanden, doch ist es ihm nicht möglich, den Aufbau ganz genau zu seiner vollen Zufriedenheit wiederzugeben, obwohl er sofort versucht hat, das Gehörte wiederzuerinnern. So ist es auch vielen anderen ergangen. Wenn Sie nach einem kreativen Traum aufwachen, aber zu müde sind, ihn aufzuschreiben, sich auf die andere Seite drehen und wieder einschlafen — in der Meinung, es sei am nächsten Morgen noch früh genug, dann ist Ihnen und vielleicht sogar Ihrer Nachwelt Wertvolles verloren gegangen.

Auf dem Gebiet der Anthropologie wurde vom Assyrologen Hermann V. Hilprecht eine verblüffende Traum-Entdeckung gemacht. Professor Hilprecht versuchte, die Keilschrift auf zwei Achat-Bruchstücken, die man in Tempelruinen gefunden hatte, zu entziffern. Noch spät am Abend des Jahres 1893 überlegte er sich, ob die Achatstücke möglicherweise Teile von verschiedenen Fingerringen sein konnten. Das eine Bruchstück glaubte er der Cassitischen Periode (ca. 1700 v. Chr.) zuordnen zu dürfen, doch das andere ließ sich nicht genauer bestimmen. Um Mitternacht endlich ging Hilprecht zu Bett, er hatte immer noch keine Lösung gefunden — und dann träumte er:

> *Ein großer schlanker Priester aus dem alten vorchristlichen Nippur, der etwa 40 Jahre alt und mit einer einfachen Abba bekleidet war, führte mich zur Schatzkammer des Tempels. Er ging mit mir in einen kleinen, fensterlosen Raum mit niedriger Decke, in dem eine große hölzerne Truhe stand. Bruchstücke von Achat und Lapislazuli lagen verstreut auf dem Boden herum. Hier wandte er sich mir zu und sagte: „Die beiden Fragmente, welche du getrennt*

auf den Seiten 22 und 26 veröffentlicht hast, gehören zusammen und waren keine Fingerringe. Und das ist ihre Geschichte: König Kurigalzu (ca. 1300 v. Chr.) sandte einst dem Tempel von Bel zusammen mit anderen Gegenständen aus Achat und Lapislazuli einen mit einer Inschrift versehenen Votiv-Zylinder aus Achat. Dann wurde uns Priestern plötzlich befohlen, für die Statue des Gottes von Ninib ein Paar Achat-Ohrringe anzufertigen. Wir waren sehr bestürzt, denn wir hatten kein Achat-Rohmaterial mehr zur Hand. Um den Befehl ausführen zu können, blieb uns nichts anderes übrig, als den Votiv-Zylinder in drei Stücke zu zersägen, so daß wir drei Ringe erhielten, von denen jeder einen Teil der Original-Inschrift trug. Die beiden ersten dienten als Ohrringe für die Götterstatue. Die zwei Fragmente, die dir so viele Schwierigkeiten bereiteten, sind Teile davon. Wenn du sie zusammenfügst, so wirst du meine Worte bestätigt finden. Aber den dritten Ring habt ihr bei euren Ausgrabungen nicht gefunden und ihr werdet ihn auch niemals finden." Dann verschwand der Priester . . . Ich erwachte plötzlich und erzählte sofort meiner Frau den Traum, um ihn ja nicht zu vergessen. Am nächsten Morgen — einem Sonntag — nahm ich mir die beiden Fragmente wieder vor und prüfte sie im Lichte dieser Enthüllungen. Zu meinem Erstaunen fand ich alle Einzelheiten des Traumes auf das Genaueste bestätigt, wenigstens soweit die Mittel zur Bestätigung in meinen Händen lagen. Die Original-Inschrift auf dem Votivzylinder lautet: ,,Dem Gott Ninib, Sohn des Bel, seinem Herrn, hat Kurigalzu, Pontifex von Bel, dieses gestiftet."[14]

Hilprecht hatte zur Zeit seines Traumes nur mit Zeichnungen der Bruchstücke gearbeitet. Sobald es ihm möglich war, ging er ins Museum von Konstantinopel, wo die echten Fragmente lagen. Man hatte sie dort in verschiedenen Kästen untergebracht, da man ja nicht wußte, daß sie zusammengehörten. Hilprecht stellte fest, daß sie genau zusammenpaßten und fand so in jeder Hinsicht die im Traum gegebenen Angaben bestätigt. War das nun Hellsehen, Vorherwissen, Magie oder ein lebhaftes Zusammenspiel von Folgerungen eines brillianten Kopfes, der sich in ein ungelöstes Rätsel des Altertums vertieft hatte?

Dieser ungewöhnliche Traum wurde zuerst 1896 in den *Proceedings of the Society for Psychical Research* veröffentlicht, weil die Traum-Einzelheiten bestätigt werden konnten, und damit die Möglichkeit einer außersinnlichen Wahrnehmung gegeben war. Auch diese Schlussfolgerung ist möglich. Es mag so oder anders sein, zu beachten ist auf jeden Fall, daß ein 3000 Jahre altes Rätsel im Traum seine Lösung fand, und daß der Träumer sich bis kurz vor dem Einschlafen in seine Arbeit vertieft hatte.

Der Grundsatz, daß eine ernsthafte Auseinandersetzung mit einer bestimmten Sache für das Zustandekommen eines kreativen Traumes von ausschlaggebender Bedeutung ist, zeigt sich auch bei August Kekulé und Otto Loewi, deren Träume die betreffenden Wissenschaftszweige sehr stark beeinflußt haben. Der deutsche Chemiker August Kekulé hatte jahrelang versucht, die Molekularstruktur des Benzols zu bestimmen. Er berichtet, daß er an einem kalten Abend des Jahres 1865 schläfrig vor einem prasselnden Kaminfeuer saß und folgenden Traum hatte:

> *„Wieder gaukelten die Atome vor meinen Augen. Kleinere Gruppen hielten sich diesmal bescheiden im Hintergrund. Mein geistiges Auge, durch wiederholte Gesichte ähnlicher Art geschärft, unterschied jetzt größere Gebilde von mannigfacher Gestaltung. Lange Reihen, vielfach dichter zusammengefügt; alles in Bewegung, schlangenartig sich windend und drehend. Und siehe, was war das? Eine der Schlangen erfaßte den eigenen Schwanz und höhnisch wirbelte das Gebilde vor meinen Augen. Wie durch einen Blitzstrahl erwachte ich; auch diesmal verbrachte ich den Rest der Nacht, um die Konsequenzen der Hypothese auszuarbeiten."*[15]

Dieser Traum führte Kekulé zur Erkenntnis, daß die Benzol-Struktur ein geschlossener Kohlenstoffring ist, eine Entdeckung, welche die moderne Chemie revolutionierte. Kekulé schloß seine Rede, die er am 11. März 1890 anläßlich einer 25-Jahr-Feier der Entdeckung der Benzolformel im Rathaus der Stadt Berlin hielt, mit den Worten: „Lernen wir träumen, meine Herren, dann werden wir vielleicht die Wahrheit finden."[16] Hätte Freud seine Traumdeutung statt 1900 schon im Jahre 1865 geschrieben, dann wäre Kekulé möglicherweise die Idee gekommen, die Schlange als Sexualsymbol aufzufassen, und der Chemie wäre damit eine wesentliche Entdeckung verloren gegangen. Man achte auch hier darauf, daß Kekulé sofort nach dem Aufwachen sich hinsetzte, um die Folgerungen für das chemische Verständnis der Benzolstruktur aus seinem Traum zu ziehen.

Vor der Veröffentlichung seiner Entdeckung im Jahre 1921 wurde allgemein angenommen, daß die Übertragung von Nervenimpulsen auf die direkte Ausbreitung elektrischer Wellen zurückgehe. Loewi kam dann schon 1903 in einem Gespräch mit seinem damaligen Kollegen Fletcher der Gedanke, daß die Enden der Nerven vielleicht chemische Überträgersubstanzen enthalten könnten, die Übertragung also nicht mittels elektrischer Wellen geschehe. Damals aber sah Loewi keinen Weg, um die Richtigkeit seiner Überlegungen beweisen zu können, und der Gedanke entfiel ihm völlig. Erst 1920 tauchte er wieder auf:

„In der Nacht vor dem Ostersonntag jenes Jahres wachte ich auf, drehte das Licht an und warf einige Notizen auf ein winziges Stück dünnen Papiers. Dann schlief ich wieder ein. Es fiel mir um sechs Uhr morgens ein, daß ich in der Nacht etwas höchst Wichtiges niedergeschrieben hatte, ich war aber nicht imstande, das Gekritzel zu entziffern. In der folgenden Nacht, um drei Uhr, kam der Gedanke wieder. Es war der Entwurf eines Experiments, um zu bestimmen, ob die Hypothese der chemischen Übermittlung, die ich vor siebzehn Jahren geäußert hatte, richtig war oder nicht. Ich stand sofort auf, ging in das Laboratorium und führte einen einfachen Versuch — dem nächtlichen Plan gemäß — mit einem Froschherzen durch . . . Seine Ergebnisse wurden der Grundstein zur Theorie der chemischen Übermittlung des nervösen Impulses."[17]

Die Tatsache, daß Loewi in zwei aufeinanderfolgenden Nächten vom Froschherz-Experiment träumte, entspricht einer von Schlafforschern[18] erst kürzlich gemachten Entdeckung, die in der Fachsprache als „laterale Homologie" bezeichnet wird, was bedeutet, daß ein bestimmter Trauminhalt dazu neigt, zu einem späteren Zeitpunkt wiederzukehren. Loewi hatte beim ersten Mal derart unklare Aufzeichnungen gemacht, daß er die Traumidee nicht mehr aus seinem Gekritzel herauszulesen vermochte. Als der Traum wiederkam, ließ er sich die Gelegenheit nicht noch einmal entgehen und — wie Tartini, der sofort nach seiner Violine griff — sprang er aus dem Bett und eilte in sein Labor, um die Traumidee zu prüfen. Meine Methode der Traumaufzeichnung die im 8. Kapitel beschrieben ist, wird Ihnen helfen, wichtige nächtliche Gedanken festzuhalten.

Es stellte sich im Fall Loewi heraus, daß er 1918, zwei Jahre vor dem Traum am Ostersonntag, ein ähnliches Experiment in einem ganz anderen Zusammenhang durchgeführt hatte. Dieser Versuch, sagt Loewi, war eine „wesentliche Vorbereitung"[19] für das endgültige Experiment und lieferte deshalb einen wichtigen Bestandteil. Im Traumzustand wurde dieses Experiment mit der Vorahnung verbunden, die er 17 Jahre zuvor gehabt hatte — und beides zusammen gab ihm schließlich die Idee für eine experimentelle Bestätigung seiner Hypothese der chemischen Nervenimpulsübertragung. Bemerkenswert daran ist die offensichtlich wunderbare Fähigkeit des Traumzustandes, Gedanken und Ereignisse, die sich über eine ganze Lebensspanne verteilen, zu einer einzigartigen Entdeckung zu verknüpfen.

Sie haben nun bei den spontan auftretenden kreativen Träumen gesehen, wie wichtig es ist, sich in eine Sache zu vertiefen und mit ihr auseinanderzusetzen. Bei einem bewußt herbeigeführten kreativen Traum wird diese vertiefte Auseinandersetzung absichtlich vollzogen.

Wenden wir uns jetzt von jenen „glücklichen" Träumern, deren kreative Gestaltungen ganz unbeabsichtigt aufgetreten sind, denen zu, die ihre Träume und die damit gegebenen Schöpfungen bewußt hervorgerufen haben.

Erinnern Sie sich nochmals an Thomas de Quincey, dessen Träume, durch Opiumgenuß beeinflußt zuerst freundlich waren und sich später zu Schreckensträumen wandelten. Der britische Autor Robert Louis Stevenson (1850—1894) beschreibt eine entgegengesetzte Entwicklung seines Traumlebens. Als Kind litt er unter qualvollen Alpträumen, aber als Erwachsener unterhielt er sich allnächtlich mit faszinierenden Träumen. Diese glückliche Wendung scheint in dem Augenblick eingetreten zu sein, als es ihm gelungen war, seine Träume zu kontrollieren.

Stevenson[20] beschrieb in seinen Memoiren die Entwicklung seines Traumlebens. Als Kind, so schreibt er, habe er sich geweigert einzuschlafen, weil er Angst vor den entsetzlichen Träumen hatte, die auf ihn einstürmten. Voller Schrecken sei er aus solchen Träumen erwacht — „die Gardinenstange umklammernd und die Knie bis zum Kinn hochgezogen".[21] Als er älter wurde, verloren seine Träume etwas von ihrer Grauenhaftigkeit, waren aber immer noch erbärmlich. Später als Medizinstudent in Edingburgh wurde er derart oft von Alpträumen geplagt, daß er einen Arzt aufsuchte und um Rat fragte, worauf sich seine Träume nach und nach normalisierten.

Schließlich gelang es Stevenson, eine dramatische Veränderung in seinem Traumleben herbeizuführen. Er hatte sich nämlich angewöhnt, sich vor dem Einschlafen zu seinem Vergnügen mit selbstgedachten Geschichten zu unterhalten, die er beliebig veränderte, abbrach oder weiterspann. Als er seine Freude am Erzählen von Geschichten später zu seinem Beruf machte, suchte er ganz bewußt nach druckreifen und gewinnbringenden Erzählungen. Und die Alpträume verschwanden. Ob er nun wach war oder schlief, sie — die er die „Heinzelmännchen" seiner Träume nannte — waren stets damit beschäftigt schöne Geschichten zu erfinden. Besonders wenn er in Geldnöten war, entdeckte er folgendes:

> „Sofort beginnen die Heinzelmännchen sich an derselben Suche zu beteiligen, und arbeiten die ganze Nacht lang. Und die ganze Nacht lang spielen sie ihm haufenweise Geschichten auf ihrer beleuchteten Bühne vor. Er hat keine Angst mehr, erschreckt zu werden — das fliegende Herz und der vor Schrecken gelähmte Körper gehören

der Vergangenheit an. Applaus, wachsender Applaus, wachsendes Interesse und Frohlocken über seine eigene Gescheitheit (denn ihm gelten die Achtungsbezeugungen) — und schließlich ein Sprung ins Wache mit dem jubelnden Ausruf: „Ich hab's — das schreibe ich!"[22]

Wie verschieden ist doch Stevensons Erwachen von dem Aufschrei Quinceys: „Ich will nie mehr schlafen!"[23]
Manchmal war Stevenson beim näheren Betrachten der Geschichte nach dem Erwachen enttäuscht, wenn er feststellen mußte, daß sie unverkäuflich war. Doch oft genug erfanden seine immer wachen „Heinzelmännchen" bessere Geschichten, als er sie selber hätte gestalten können. Stevenson erwähnt auch, daß sie ihm „eine Geschichte Stück für Stück erzählen, wie ein Fortsetzungsroman, wobei sie ihn die ganze Zeit hindurch über dessen Ausgang im Ungewissen lassen".[24] Das Wirken dieser „Heinzelmännchen" verleiht seinem Traumzustand eine große innere Geschlossenheit.
Der seltsame Fall des Dr. Jekyll und Mr. Hyde ist eine berühmte Erzählung, die zum Teil von Stevensons „Heinzelmännchen" erdacht worden ist. Stevenson sagt dazu:

„Ich hatte schon lange versucht, eine Geschichte über dieses Thema zu schreiben: den Körper als Träger für jenes starke Gefühl des doppelten Daseins des Menschen darzustellen, das zuzeiten jedes denkende Geschöpf überwältigt".[25]

Er hatte schon früher ein Manuskript über dieses Thema verfaßt, es dann aber, weil er damit nicht zufrieden war, zerrissen. Als dann eines Tages das Geld knapp wurde, fing er wieder an, über das Thema nachzudenken.

„Zwei Tage lang lief ich herum und zerbrach mir den Kopf, um eine passende Handlung zu finden und in der zweiten Nacht träumte ich die Szene am Fenster, und dann eine Szene, die sich in zwei aufteilte, in der Hyde, der wegen eines Verbrechens verfolgt wird, das Pulver einnahm

und sich in der Gegenwart seiner Verfolger verwandelte. Alles übrige schrieb ich im Wachzustand, obwohl ich glaube, auch dabei in Vielem das Wesen meiner Heinzelmännchen zu spüren".[26]

Stevenson betont, er habe die mechanische Arbeit der Niederschrift besorgt, und sie in die besten Worte und Sätze gekleidet, die er sich ausdenken konnte, er habe auch die Feder gehalten und am Schreibtisch gesessen, „was ungefähr das Schlimmste gewesen sei", er habe die Manuskripte eingepackt und frankiert. Das alles berechtige ihn, sich als Mitbeteiligten am Unternehmen zu betrachten, doch den „Heinzelmännchen" gelte seine Anerkennung für den Hauptverdienst seiner schriftstellerischen Tätigkeit.

Für angehende kreative Träumer gibt es bei der Schilderung von Stevensons Traumleben viele wichtige Punkte zu beachten. Zunächst einmal brachte er es fertig, den schreckeinflößenden Traumbildern entgegenzutreten, und sie in ein kooperatives „kleines Völkchen" von Traumfreunden umzuformen. Im 5. Kapitel werden Sie sehen, wie die Senoi solche Umwandlungen planmäßig vollziehen. Anscheinend ist Stevenson von sich aus auf diese Technik gestoßen, was auch bei anderen gelegentlich der Fall gewesen ist. Auch Sie können Ihre eigenen Traumfreunde schaffen, die für Sie arbeiten.

Stevenson hat sich — wie viele andere kreative Träumer — zutiefst mit seinem Thema beschäftigt: „Zwei Tage lang lief ich herum und zerbrach mir den Kopf . . ." Beachten Sie die Zeitspanne: zwei Tage. Sie werden später sehen, wie entscheidend diese zwei Tage sind. Es ist durchaus möglich, daß es eine Mindestzeitdauer gibt, in der sich ein Träumer in sein Problem vertiefen muß. Bei mir und bei den Traumseminarteilnehmern konnte ich oft beobachten, daß es eine gewisse Zeit braucht, bis bestimmte Regeln der Traumkontrolle „einsinken".

Der regelmässige Erfolg, den Stevenson beim Produzieren von verkäuflichen Traumgeschichten hatte, ist nur zum Teil auf die Tatsache zurückzuführen, daß er sich intensiv mit seinem Thema beschäftigte. Ausserdem plante er den Trauminhalt ganz bewußt und stellte sich bestimmte Aufgaben, die er im

Traum gelöst sehen wollte. In dem Maße wie Stevenson seine Fähigkeit zur Traumkontrolle weiter entwickelte, wurden die gewünschten Geschichten zu gewohnheitsmäßigen Traum-Antworten. Der britische Schriftsteller Aldous Huxley[27] beneidete Stevenson um seine „Heinzelmännchen", doch kann jeder von uns seine Träume so gestalten, daß sie ihm dienen. Hierfür müssen wir allerdings unsere bewußten Fähigkeiten trainieren. Mit steigender Traumkontrolle wird es Ihnen möglich sein, kreative Träume hervorzurufen, die weit über das hinausgehen, was Sie jetzt für möglich halten.

Auch Künstler haben zahlreiche Werke geschaffen, die auf ihren Traumeingebungen beruhen, und manche haben gezielt Träume von Gemälden herbeigeführt. Ein auf Ostasien spezialisierter Anthropologe[28] vermutet, daß die meisten fabulösen Monster, die in der östlichen Malerei dargestellt werden, auf Traumeingebungen beruhen. Er bringt Beispiele berühmter altchinesischer Malereien[29], die durch geplante Träume inspiriert worden sind.

Auch Sie können Ihr Traumwesen dazu bringen, Ihnen ungewöhnliche Bilder zu präsentieren. Das ist allein von Ihrer Begabung, kreativ zu träumen, abhängig. Sie setzen sich mit dem Gegenstand, von dem sie träumen wollen, auseinander, geben dem Traum eine ganz bestimmte Aufgabe, träumen ihn und halten ihn nach dem Erwachen in aller Deutlichkeit so lange im Gedächtnis fest, bis Sie ihn auf irgendeine Weise aufgezeichnet haben. Diese Fähigkeit, Träume mit kreativen Bildern hervorzubringen, haben die Angehörigen des Senoi-Stammes hoch entwickelt. Sie werden im 5. Kapitel erfahren, wie es möglich ist, andauernd kreative Träume zu erhalten.

Ganz gewöhnliche Träumer können sich selbst darin üben. Der Dichter erträumt Poesie, der Geiger hört Violinmusik, der Mathematiker löst Gleichungen. Der Poet träumt *nicht* von mathematischen Formeln (wenigstens nicht sehr oft!). Beinahe alle bisher angeführten trauminspirierten Erfindungen und Entdeckungen — seien sie nun geplant oder ungeplant gewesen — stammen von Träumern, die sich im Alltag mit den betreffenden Sachgebieten beschäftigt haben. So kann auch jeder andere Kreativträume aus *seinem* Schaffensbereich hervorbringen.

Auch Sie können durch diesen Prozeß der Trauminduktion auf eine Idee kommen, z. B. für ein Forschungsprojekt in Ihrem Büro, eine originelle Einrichtung für das Kinderzimmer, einen neuen Werbeslogan oder einen modischen Kleiderentwurf. Wenn eine Idee originell ist, dann ist sie kreativ, egal auf welchem Anwendungsgebiet. Sie können kreative Träume auf Ihrem eigenen Interessensgebiet herbeiführen, um was es sich auch handeln möge.

Manchmal haben auch normale Menschen „künstlerische" Träume. Wenn dies geschieht, so hat der Traum eine besondere persönliche Bedeutung. In meinen eigenen umfangreichen Aufzeichnungen sind viele kreative Träume enthalten, die meistens ungewollt auftraten und mich zum Teil wegen ihres überraschenden Auftauchens und ihres ungewöhnlichen Inhaltes in Erstaunen versetzten.

Ich bin keineswegs eine Dichterin. Am nächsten kam ich dieser Berufung, wenn ich gelegentlich ein paar Verse für eine Geburtstagskarte zusammenreimte. Doch bei einigen seltenen Gelegenheiten erschienen in meinen Träumen Gedichte, die soweit ich es beurteilen kann, durchaus originell sind. Ihren Wert kann ich nicht beurteilen (obgleich ich weiß, daß sie nicht an „Kubla Khan" heranreichen), doch ist der emotionale Widerhall, den sie in mir wecken, außerordentlich stark. So war ich einmal wegen persönlichen Schwierigkeiten in melancholischer Stimmung. Der peitschende, heftige Regen draußen paßte so richtig zu meiner jämmerlichen Gemütsverfassung. Unglücklich ging ich ins Bett. In diesem Augenblick erhielt ich einen Anruf von meinem geliebten Mann, der mich getröstet einschlafen ließ. In dieser Nacht träumte ich folgendes:

Ein ziemlich seltsamer, doch schöner Traum. Ich versuche, in einer Drogerie eine Medizin zu erhalten, doch alle Läden sind geschlossen. Dann bin ich in der Küche im Hause meiner Mutter (wo ich meine Kindheit verlebte). Alles ist mit einer dicken Staubschicht bedeckt. Ich streiche mit dem Finger über eine Pflanze und bin bestürzt, wie staubig sie ist. Ich höre jemanden die Kellertreppe heraufkommen. Die Tür öffnet sich und mein

Mann steht vor mir. Er hat einen silbergrauen Bart, trägt einen silbergrauen Seidenanzug und sieht ganz wunderbar silbergrau aus. In seinen Händen hält er eine sehr schöne Perserkatze mit glänzendem Fell, das sorgfältig gebürstet ist. Er kommt nahe an mich heran, und ich habe den Eindruck von Größe. Er erzählt mir von einem entzückenden Gemälde mit einem Mädchen und einer Katze darauf, ähnlich der, die er in den Händen hält. Dann fängt er an, ein Gedicht vorzutragen, das wunderschön tönt; und während ich angestrengt versuche, es zu behalten, wache ich auf — immer noch sind einige Zeilen davon in meinem Gedächtnis. Ich bin verblüfft, daß mitten aus all dem Schmutz, der Häßlichkeit und dem Durcheinander in diesem Haus gerade aus dem Keller — dem schlimmsten Teil — soviel Schönheit kommt:

Durch die überschwemmte Stadt,
   Hör' meinen Ruf;
Durch den schneidenden Schmerz,
   Hör' meinen Ruf;
Durch den stürmischen Dschungel
   Hör' meinen Ruf;
Ich bin Dein Berg . . .
   Montevideo.

Dieses Gedicht berührt mich derart tief, daß ich noch heute — Jahre danach — bis ins Innerste ergriffen werde, wenn ich es lese. Doch ist es wahrscheinlich nicht die Schönheit der Verse (wie schon gesagt, bin ich nicht fähig, sie zu beurteilen), sondern das Wunderbare, die Stärke, die aus dem Innern hervorquillt, um äußere Not zu lindern. Ich weiß nicht, was ein Dichter oder ein zum Poeten Berufener mit weit größerem Talent als dem meinen, im gleichen Traum mit denselben Empfindungen hätte alles zustandebringen können. Dieser Traum hat eine große Ähnlichkeit mit denen der Senoi, wovon ich aber damals noch nichts wußte. Der Keller, wo Schmutz, Unordnung und Kälte am größten sind, — der Keller, bewohnt von Ratten, so groß wie Katzen, die Löcher in die Türen nagen und nachts in die Küche kriechen, um unsere Nahrungsmittel aufzufressen. Das Traumbild, das aus dem Keller dieses Hauses emporsteigt, könnte entsetzlich sein . . . aber es wird geprüft und für gut befunden, und es birgt Gaben, die noch viel schöner sind. Ich brauche meinen Traumliebhaber nicht einmal um ein Geschenk zu bitten, wie es die Senoi tun. Dieser Traum befriedigt mich zutiefst. Man beachte, daß ich mich in diesem Fall nicht darauf konzentriert hatte, ein Traumgedicht zu schaffen, aber aus den Gefühlen, die mich stark beschäftigten, gestaltete sich das Gedicht.

Bei einer anderen Gelegenheit träumte ich folgendes:

Zusammen mit meiner jüngsten Tochter kaufe ich in einem Geschäft ein paar Lebensmittel ein. Wir stehen Schlange an der Kasse und bemerken, daß der Verkäufer uns betrügt, indem er bereits bezahlte Ware nochmals berechnet. Das geschieht, weil die Person hinter uns ihren Einkauf mit dem unsrigen durcheinandergebracht hat, so daß wir gezwungen waren, unsere Sachen in verschiedene Einkaufswagen umzuladen. Der Kassierer berechnet uns statt zwei Dollar drei Dollar. Da werde ich wütend und beschwere mich. Dann packe ich den Mann und sage, wir würden ihn im Badezimmer aufhängen und seinen Körper mit Federn kitzeln. Schließlich nehme ich ihn und fliege mit ihm bis zur Decke des Raumes hinauf, der die Größe eines Ballsaales angenommen hat. Die bunten Dekorationen an der Decke kann ich gut sehen. Ich schleudere den Kerl herum und werfe ihn aus großer Höhe hinunter — er zerplatzt in Stücke. Aus meiner luftigen Position verkünde ich:

So sei's — zerplatze!
Wer ärgert mich durch Mark und Bein,
der soll zu Brei zerquetschet sein!

(„So sei's", 10.7.70)

Die eigentliche Quelle meines Ärgers und meiner Beanstandung war mir nach dem Aufwachen sofort ersichtlich und die Reaktion schien mir durchaus gerechtfertigt. Der Ausruf drückte mein augenblickliches Gefühl kurz und bündig aus. Interessant ist, daß eine Notiz in meinen Aufzeichnungen darauf hinweist, daß ich gerade ein Traumgedicht von Dorothy Parker gelesen hatte (es wird später zitiert). Das mag wiederum den Gedanken ausgelöst haben, ein eigenes Traumgedicht zu verfassen, ohne daß ich dies bewußt geplant hätte.

In meinen Aufzeichnungen finden sich noch andere Traum-Verse, die manchmal sogar von Musik begleitet gewesen sind. Nun bin ich aber noch viel weniger eine Musikerin als Dichterin, und doch höre ich zuweilen in meinen Träumen Gesang von unübertrefflicher Schönheit, daß meine Traumpersonen zu Tränen gerührt sind. Vielleicht sind es Erinnerungen an die vielen Opern, die ich erleben und genießen durfte. Mit Sicherheit kann ich das aber nicht sagen, denn mir fehlt die Fähigkeit, die Melodien nach dem Aufwachen in Notenschrift festzuhalten. Die Musik verklingt und löst sich mit dem neuen Tageslicht auf. Einmal sang ich im Traum eine großartige Arie, die ich niemals zuvor gehört hatte: ,,Celia Delwa Fawcett". Nur ein schwaches Echo blieb von ihr nach dem Erwachen übrig. Würde ich mir die Fertigkeit aneignen, gehörte Musik in Noten umzusetzen, dann wäre es mir zweifellos möglich, die verwehenden Melodien einzufangen.

Ich behaupte nicht, daß ein normaler Träumer Gedichte und Gesänge im Traum bewußt hervorrufen sollte (das ist allein seinem Wunsch überlassen), aber ich meine, daß gerade die Wort- und Klanggebilde, welche spontan in den Träumen auftreten, einen ganz persönlichen Wert besitzen und besondere Beachtung verdienen. Wie wir im nächsten Kapitel sehen werden, spielten im Leben der amerikanischen Indianer die Traumlieder eine sehr wesentliche Rolle. Diejenigen Traumgesänge, die ein jugendlicher Indianer in der für ihn außerordentlich wichtigen Übergangszeit zum Erwachsenen, d. h. während der Initiationszeit, in seinen Traumvisionen hörte, wurden zu seinem lebenslangen, persönlichen Besitz. Auf sie griff er zeitlebens bei besonders großen Belastungen (z.B. bei Kämpfen) zurück, und sie benutzte er auch, um die Kraft seines eigenen Schutzgeistes zu beschwören. Das läßt sich leicht verstehen, wenn man bedenkt, wie groß die emotionale Macht des Traumgesanges auf den Träumer ist. *Beachten Sie Gedichte und Lieder, die in Ihren Träumen erscheinen, ganz besonders.* Sie können Ihnen helfen, mit Ihrer eigenen, inneren Kraftquelle in Verbindung zu kommen.

Einer meiner musikalisch begabten Studentinnen gelang es nach der Teilnahme an einem Seminar über kreatives Träumen, die vorher nicht faßbaren Traummelodien festzuhalten. Obwohl sie immer noch träumte, sie würde leere Notenblätter finden oder ganze Lieder hören und sie gleich wieder vergessen, gelang es ihr zum ersten Male, einige Melodien zu behalten und sogar Lyrisches zu komponieren. Sie entdeckte, daß die Traummusik ihre verschiedenen Stimmungen zum Ausdruck brachte; die Melodien waren oft in Moll, wenn sie traurig und verzweifelt war, oder aufgewühlt, wenn sie sich ärgerte, und bei sehnsuchtsvoller Stimmung wehmütig. In einigen Ihrer Träume wurde sie selbst zur Musik, während die Noten „auf mich herabfielen wie Perlen aus Wein und Schweiß". Ihre Lieder, die sie mit Gitarrenbegleitung in der Gruppe vortrug, waren lieblich und besaßen noch ein wenig von dem fremden, traumartigen Klang ihres Ursprungs. Sobald Sie selber Lieder und Gedichte im Traum erleben, werden Sie die außerordentlich emotionale Kraft verspüren, die von ihnen ausgeht.

Meine Seminarteilnehmer schreiben auch wunderbare Geschichten, die aus ihren Träumen entstehen. Eher seltener liefert ihnen der Traum die vollendete Fassung. Ersteres scheint doch leichter zu gelingen. Aber auch diese Arbeiten sind originell und von hoher Qualität.

Künstlerisch begabten Studenten gelang es ganz besonders, im Traum erschaute Bilder wiederzugeben. Einige der Studenten berichteten, daß sie im Traum durch Kunstgalerien gingen, an denen wunderbare Gemälde hingen, die sie nach dem Erwachen versuchten nachzumalen. Wieder andere planten den allgemeinen Inhalt solcher Träume voraus und sagten sich beispielsweise: „Heute nacht will ich etwas Kreatives träumen" oder „ . . . etwas Künstlerisches" oder „ . . . einen ungewöhnlichen Entwurf." Oft stellten sie dann fest, daß das Gewünschte als Teil eines Traumgeschehens auftrat — und nach dem Aufwachen festgehalten werden konnte.

Meine eigenen Traumaufzeichnungen sind voll von ungewöhnlichen künstlerischen Gestaltungen. — Ich sehe in meinen Träumen Malereien, Skulpturen, Bilderbücher, sowie eigenartige Formen und Symbole, die sich nirgendwo einordnen lassen. Eine gewisse künstlerische Ader besitze ich schon, weshalb diese Traumbilder nicht unbedingt überraschen, doch übersteigt der Umfang bei weitem alle meine Bemühungen um die Kunst im Wachzustand. Ich sollte wohl anbetrachts dieses immer wiederkehrenden Traumthemas tagsüber wesentlich mehr Zeit für die Kunst aufwenden.

Auch hier ist es jedem normalen Träumer selbst überlassen, ob er künstlerische Gestaltungen in seinen Träumen bewußt hervorrufen möchte oder nicht. Doch wird er wahrscheinlich feststellen, daß auch ohne Absicht manchmal erstaunliche, idiosynkratische, d. h. ganz persönliche und nur ihm allein zugehörige Bilder in seinen Träumen auftreten. Solche Traumbilder haben eine außerordentlich große Bedeutung, worüber im 9. Kapitel näheres ausgeführt werden soll.

Über die Lösung von Problemen berichteten meine Studenten weniger häufig, als über künstlerische Traumkreationen. Vielleicht spielt es eine Rolle, daß sich eher künstlerisch veranlagte Studenten für die Traumseminarien interessieren. Immerhin berichteten aber einige wenige Studenten, im Traum mathematische Probleme gelöst zu haben, die sie im Wachzustand nicht zu lösen vermochten. Andere wiederum stellten als Folge vermehrter Traum-„Praxis" fest, daß ihre Fertigkeiten sich verbessert hatten. So fand eine Studentin, die im Traum den Tennisaufschlag geübt hatte, daß sich anderntags beim Spiel ihre Geschicklichkeit verbessert hatte. Ähnlich ist auch die Erfahrung des professionellen Golfers Jack Nicklaus,[30] dem es gelang, sein Spiel nach einem Leistungstiefstand wieder beträchtlich zu steigern — und zwar wegen eines Traumes, in welchem er den Golfball besser zu schlagen vermochte, weil er den Schläger anders als sonst hielt. Diese veränderte Griffhaltung übernahm er beim nächsten Spiel und erreichte damit seinen alten „Schwung" wieder. Träume können somit sehr praktische kreative Lösungen vermitteln, wie sie auch Gestaltungen der Schönen Künste hervorbringen können.

Über Problemlösungen im Bereich ihrer persönlichen Beziehungen berichteten die Studenten häufig, besonders wenn sie die Senoi-Technik angewandt hatten. Im 5. Kapitel sind viele diesbezügliche Beispiele angeführt.

Als klinische Psychologin interessierte mich besonders, welche Wirkung das Bewußtsein auf Träume ausübt. Deshalb versuchte ich bei mir ganz bestimmte Traumarten auszulösen. Ob meine Bemühungen erfolgreich gewesen sind, können Sie anhand des 2. Teiles des Buches selbst beurteilen. (Für mich persönlich sind diese Erlebnisse ein gewaltiges Abenteuer und eine große Hilfe gewesen).

Diejenigen Studenten, welche die in diesem Buch dargelegten Methoden angewendet haben, berichten von ähnlichen Erfahrungen — eine Erschließung einer neuen Welt, die sie bislang kaum gekannt hatten, und an der sie bloß am Rande beteiligt gewesen waren; eine Welt, die nach und nach ihre Schrecken verlor und immer schöner wurde. Eine fantastische Welt in uns: „Diamantengefilde" im eigenen Hinterhof, „blaue Vögel" in den Baumwipfeln und seltene Blumen in den Gärten.

Das Aufschreiben Ihrer Träume und die Schulung Ihres Erinnerungsvermögens an das Traumgeschehen bedeutet für Sie einen ersten Schritt zur vollumfänglichen Erschließung Ihrer kreativen Fähigkeiten. Und wenn Sie lernen, Ihre Traumbilder zu beeinflussen, werden Sie in immer größerem Ausmaß die in uns allen noch brachliegenden inneren Anlagen nutzen können.

Bruchstücke kreativer Schöpfungen sind überall zu finden — besonders in unserem Innern. Alles ist schon vorhanden, wir brauchen es nur wieder zu einer *neuen* Kombination zu verknüpfen. Daran hindert uns einzig die Gewohnheit, die Dinge immer in der gleichen altvertrauten Weise zu sehen.

Während der Kindheit wird uns die Fähigkeit, Dinge anders zu sehen, oft ausgetrieben. Wir lernen, uns zu benehmen und „in der richtigen" Weise zu antworten, bis unser Denken nur noch innerhalb *allgemein akzeptierter* Bahnen verläuft. Die Spontaneität, die nötig ist, damit neue Ideen entstehen können, erstarrt. Mit etwas Glück haben wir uns noch einen kleinen Rest bewahren können.

Kreatives Denken ist uns aber immer noch zugänglich, nämlich in unseren Träumen. Hier werden oft und leicht altvertraute

Bilder auf gänzlich ungewohnte Weise zusammengestellt, — und Seltsames als wohlvertraut angenommen. Das ist Kreativität; wenn wir sie bloß erkennen und die Möglichkeiten nutzen würden! Kreativität, die verlernt oder unterdrückt wurde, kann wieder erlernt werden und aufbrechen.

In vielfacher Hinsicht erinnern die Grundregeln der Traumkontrolle, die wir bei den kreativen Träumern herausgearbeitet haben, den bekannten Stufen des kreativen Prozesses,[31] was im Grunde selbstverständlich ist. Der Träumer, der sich intensiv mit etwas beschäftigt, das ihn interessiert, hat bereits die ersten drei Bedingungen erfüllt: 1. Er ist motiviert zum kreativen Tun; 2. er hat schon einschlägige Kenntnisse gesammelt und 3. er hat erste Versuche unternommen, dieses Material zu einem Ganzen zu verbinden. Im Traumzustand wird diese Auseinandersetzung einfach weitergeführt. Man fühlt, daß die Lösung in der Luft liegt, und die erleuchtende Antwort kommt — entweder schon während des Traumes oder gleich nach dem Aufwachen. Das sind die Stufen 4, 5 und 6 des kreativen Prozesses.

Die Tatsache allein, daß ein Träumer einen „Super-Traum"[32] hat, bedeutet noch nicht, daß es sich um die *richtige* Lösung handelt. Gar manche herbe Enttäuschung haben Träumer erfahren, wenn sie bei Tageslicht ihre nächtlichen Offenbarungen gelesen haben. So Dorothy Parker, die geträumt hatte, sie habe die Antwort auf alle Probleme der Welt erhalten. Als sie am folgenden Morgen die in der Nacht rasch hingekritzelten Notizen vornahm, las sie folgendes: „Hoggimann, higgimann, Männer sind halt polygam; higgimann, hoggimann, und die Frauen monogam." Alle „Super-Träume" bedürfen der Prüfung und der Bestätigung.

Je größer und vielseitiger die persönlichen Erfahrungen des kreativen Menschen sind, desto größer ist seine Aussicht auf eine neue Kombination zu stoßen. Wir haben in unseren Träumen Zugang zum großen Schatz aller gespeicherten Erlebnisse und Kenntnisse unseres gesamten Lebens. Unsere Träume verfügen über alle diese Erfahrungen und nicht nur über einzelne Teile davon. Wir sollten auch weiterhin unseren Erfahrungsbereich auszudehnen trachten. Doch das was wir schon jetzt in unserem Inneren tragen, ist unendlich viel umfangreicher, als wir gemeinhin wissen. Aus der bunten Vielfalt der Erinnerungen, der Bilder und Empfindungen können wir einzelne Teile zusammenfügen, die nur uns allein gehören. Wissenschaftler haben die Kreativität auf verschiedene Weise definiert, doch stimmen sie grundsätzlich darin überein, daß Kreativität „der Prozeß ist, bei dem neuartige Formen gebildet und zum Ausdruck gebracht werden".[33] Bei diesem kreativen Prozeß können Ihre Träume Sie auf jedem gewünschten Interessengebiet wirksam unterstützen.

Wenn das eigene Traumleben berücksichtigt wird, steigt die Wahrscheinlichkeit beträchtlich, Kreatives in Form künstlerischer Gestaltungen oder in der Art von Problemlösungen zu erhalten. Und je größer Ihr Geschick im kreativen Träumen ist, desto häufiger treten sie auf. Die Erzeugung der Traumsymbole und deren Benutzung im Wachzustand bedeutet wesentlich mehr als nur die Schöpfung eines bestimmten Gebildes. Das alles hilft Ihnen außerdem, sich selbst zu vervollkommnen. Im wahrsten Sinne des Wortes besteht die größte kreative Leistung Ihres Lebens in der Schöpfung Ihres einmaligen Selbstes.

Was wir von kreativen Träumern lernen können

Zusammenfassung

1. Verhindern Sie angsterzeugende Träume durch Schaffung positiver Traumbilder, die für Sie arbeiten.
2. Erschließen Sie sich einen möglichst weiten Erfahrungsbereich auf den verschiedensten Gebieten durch Reisen, Lesen, Kunstbetrachtungen, Musikhören, Studium und Arbeit — erleben Sie die äußere Welt und erfühlen Sie die innere. Nehmen Sie alles auf, denn alles findet in Ihnen seinen Niederschlag.
3. Vertiefen Sie sich in Ihr spezielles Interessengebiet, und machen Sie sich alles einschlägige Material zugänglich: Bücher, Filme, Vorlesungen und direkte Beobachtungen. Versuchen Sie Ihr Thema sinnvoll zu gestalten. Verschaffen Sie sich alles Nötige, und lassen Sie sich vollständig

davon ausfüllen. Lassen Sie sich von Ihrem Interesse und Ihren intensiven Gefühlen durchdringen.
4. Erwerben Sie sich über das gewählte Interessengebiet besonders gute Kenntnisse. Auf diese Weise erlangen Sie die notwendigen Voraussetzungen zur Schaffung eines kreativen Produktes im Wachen oder Schlafen. Alle Einzelheiten, die für die Lösung eines Problemes notwendig sind, müssen schon in Ihnen vorhanden sein. Ihre Träume werden Ihnen dann helfen, sie neu zu kombinieren.
5. Richten Sie Ihre gesamte Aufmerksamkeit für einige Tage — mindestens zwei oder drei — ausschließlich auf Ihr spezielles Interessengebiet. Arbeiten Sie daran bis kurz vor dem Schlafengehen. Das wirkt wie eine Art Suggestion, davon zu träumen. Zusätzlich können Sie noch ganz bestimmte Traum-Anweisungen geben.
6. Wenn Sie einen kreativen Traum hatten, dann vergegenwärtigen Sie ihn sich sofort nach dem Aufwachen. Halten Sie ihn möglichst schnell in irgendeiner Form fest: schreiben Sie ihn auf, malen Sie ihn, spielen Sie ihn durch oder führen sie ihn aus. Stellen Sie sich alles bildlich vor, während Sie ihn in eine konkrete Form umsetzen.
7. Achten Sie besonders auf sich wiederholende Träume und auf idiosynkratische, d. h. ganz persönliche Trauminhalte.
8. Hilfreich können auch folgende Punkte sein:
   a) Üben Sie kreatives Denken. Betrachten Sie alltägliche, wohlvertraute Dinge auf eine ganz neue Art. Suchen Sie Ähnlichkeiten zwischen ganz verschiedenen Dingen zu erkennen. Befreien Sie sich vom eingleisigen Denken.
   b) Nehmen Sie sich Zeit und Ruhe für kreatives Arbeiten.
   c) Bringen Sie zuerst einmal etwas hervor — beurteilen Sie es erst später. Ideen dürfen niemals gerade in dem Augenblick beurteilt werden, in dem sie im Entstehen sind.
   d) Bleiben Sie beharrlich dabei, Symbole in Ihren Träumen entstehen zu lassen und sie zu nutzen, vor allem die positiven Sinnbilder und die hilfreichen Gestalten. Das wird Ihnen helfen, die eigene Persönlichkeit zu vervollkommnen und das Auftreten kreativer Bildungen wahrscheinlicher machen.

e) Entwickeln Sie sich im kreativen Träumen immer weiter, und erwerben Sie sich fortgeschrittene Kenntnisse, wie sie im 2. Teil des Buches beschrieben sind.

Viertes Kapitel

Was wir von träumenden Indianern lernen können

Durch richtige Nutzung Ihrer Träume lassen sich die eigenen Kräfte entwickeln. Das ist vor allem dann der Fall, wenn Sie sich auf ganz bestimmte Art mit Ihren Träumen auseinandersetzen, denn auf diese Weise werden Ihre bereits vorhandenen Fähigkeiten immer weiter anwachsen. Von den amerikanischen Indianern und ihrer Art, mit Träumen umzugehen, können wir sehr viel lernen, um unsere Begabungen in den Träumen zu steigern.

Bei allen amerikanischen Indianerstämmen * wird den Träumen eine ganz besondere Bedeutung zugeschrieben. Die Weißen trafen bei ihrer Ankunft in Amerika nahezu eine Million Indianer.[1] Die Eingeborenen lebten in verschiedenen Gebieten des riesigen Landes, in sehr unterschiedlichen Klimazonen und hatten sehr verschiedene Lebensweisen. Entdecker und Siedler stießen zuerst auf Indianer aus den östlichen Wäldern. Darunter waren die Irokesen, die vom Maisanbau und der Jagd auf Hirsche lebten. Ein anderer Stamm, die Ojibwas, fristete sein Dasein im kalten Nord-Osten und jagte Kanibus und Elche. Wieder andere Stämme weiter im Süden, wie die Cherokesen bauten Tabak an und errichteten Erdwälle. Als die Spanier im 17. Jahrhundert ankamen, brachten sie auch Pferde mit, die sich schnell über die Prärien verbreiteten. Deshalb trafen die Siedler später auf Indianergruppen wie die Cheyennen, die mit ihren neu erworbenen Tieren in die Prärien gezogen waren, um die dort herumstreifenden Büffelherden zu jagen. Siedler im trockenen Südwesten stießen auf die Pueblo Indianer, die in großen, terassenförmig angelegten Dörfern wohnten, deren Häuser aus

---

* Alle in diesem Kapitel gemachten Hinweise gelten für die amerikanischen Indianerstämme als Gesamtgruppe.

luftgetrockneten Ziegeln gebaut waren — sie trieben Ackerbau und züchteten Schafe. Einige Indianer lebten einfach vom Sammeln wilder Pflanzen und Früchten; die Navajos webten auch Decken und fertigten Silberschmuck an. Als die Siedler weiter nach Westen zogen, fanden sie Stämme, wie die Shoshonen, welche sich hauptsächlich von Eicheln und anderen Samen ernährten, sowie einige wenige, die geröstete Heuschrecken aßen. Als die Siedler die milde Küste im Nordwesten erreichten, trafen sie auf reiche Indianerstämme wie die Kwakiutl, die aus den kalten Strömen reichlich Lachs fischten und sogar Wale fingen, Beeren sammelten und wunderschöne Schnitzereien aus Zedernholz herstellten. Diese Indianerstämme zeigten beträchtliche Unterschiede in Sprache, Sitte und Lebenshaltung, wie das auch heute noch der Fall ist. Einen Glauben aber teilten sie alle: die Überzeugung, daß das Traumleben von überragender Bedeutsamkeit sei.

Die Art und Weise, wie man sich in den indianischen Kulturen der Träume bediente, war unterschiedlich. Träume bildeten oft einen Teil des religiösen Systems. Sie ermöglichten es, dem Träumer mit übernatürlichen Geistwesen zu verkehren und Stärke von ihnen zu erlangen. Oft waren Träume auch ein Teil des sozialen Systems, wobei dem Traumdeuter ein besonderer Status und eine bestimmte Aufgabe zugesprochen wurde. Träume benutzte man fast allgemein, um die Zukunft vorauszusagen. Man verfügte über Rituale, um schlechte Träume abzuwehren und gute zu ermutigen. Manchmal wurden Träume beigezogen, um psychologische Probleme zu meistern. Es war dies eine Art primitiver Psychotherapie, bei der Träume entweder Wünsche offenbarten oder Anweisungen gaben, gewisse Heilungsrituale vorzunehmen. Jeder Stamm hielt seine Art der Traumnutzung für die wichtigste.

Das Studium der Verwendungsarten der Träume in den ungemein komplizierten Kulturen der amerikanischen Indianer ist eine Lebensaufgabe, die Beachtung verdient. Hier kann ich nur einige wenige wichtige Punkte herausgreifen, die direkt auf unser eigenes Traumleben anwendbar sind. Viele Praktiken, deren sich die amerikanischen Indianer bedienten, wären zur Erzeugung Ihrer gewünschten Träume an sich unnötig, und sind zudem in manchen Fällen sogar schädlich für das seelische und körperliche Gleichgewicht. Wir wollen solche nachteiligen Praktiken vermeiden und nur die vorteilhaften üben.

Als erstes gilt der Grundsatz, daß Menschen, die glauben, *Träume seien wichtig und sogar notwendig, um im Leben zu bestehen, hilfreiche Träume erhalten werden und sich an sie erinnern können.* Im Gegensatz zum modernen Menschen des Westens besaßen die Indianer diese Einstellung. Lassen sie mich von einem erdachten Ojibwa-Knaben[2] mit dem Namen „Fußspur eines Bären" erzählen, damit Sie sehen, was ich meine.

„Fußspur eines Bären", hier kurz Fußspur genannt, ist etwa 13 Jahre alt. Seit seinen frühen Kindertagen haben seine Eltern ihn stets angehalten zu träumen. Wenn es in dem mit Binsen bedeckten Wigwam dunkel geworden ist, und die Mutter die weiche Rehfelldecke um Fußspur legt, streicht sie mit ihrer warmen Wange über die seine, um ihm eine gute Nacht zu wünschen. Nie versäumt sie es, ihren Knaben zu ermahnen, still zu liegen und an etwas Nettes zu denken, damit nur gute Träume kommen. Der Vater hat schon Stille geboten und ein Gebet um „dicken" (tiefen) Schlaf verrichtet, damit der Junge nicht erwache, bevor sein Traum vorüber ist.

Die Eltern machen sich Sorgen, denn schon bald kommt die Zeit, da sich Fußspur darüber klar werden muß, was er aus seinem Leben machen will. Er muß sich darauf vorbereiten, eine Vision zu erhalten; ein großer Traum zählt im Leben weit mehr als alle irdischen Güter. Ohne ihn wäre Fußspurs Leben ein Fehlschlag. Doch mit ihm gewinnt er das Anrecht auf jede bedeutende Stellung in der Stammesgemeinschaft, – er kann Jäger, Fischer, Medizinmann und Zauberer oder sogar Krieger werden. Auch andere Kräfte äußern sich in einem visionären Traum, – die Fähigkeit, die Zukunft vorauszusagen oder in der Liebe glücklich zu werden.

Zeit seines Lebens hat man den Knaben aufgefordert zu träumen, sich auf seinen *großen* Traum vorzubereiten. Während der letzten Monate hat er oft am Morgen gefastet — manchmal sogar den ganzen Tag über. Er weiß, daß sein knurrender Magen ihm hilft, sich für seinen Schutzgeist (*Manido*) bereit zu machen. Jetzt kann es jederzeit geschehen, daß Fußspur von ihm aufgesucht wird — aber erst dann, wenn seine Seele wach und offen genug ist. Kann Fußspur die bevorstehende Prüfung nicht bestehen, so wird er keinen persönlichen Schutzgeist haben, der ihn mit übernatürlichen Kräften ausstattet. Er braucht also unbedingt einen großen Traum!

Bis jetzt hat Fußspur mit einer „geborgten" übernatürlichen Kraft gelebt. Da seine Eltern keinen Traum gehabt hatten, der ihnen den Namen ihres Sohnes offenbart hätte, baten sie einen Freund, der berechtigt war, Namen zu verleihen, ihrem Sohn Pate zu sein. Dieser Pate wählte für den Knaben einen Namen nach einem Erlebnis aus seinem eigenen großen Traum, den er als Jüngling erfahren hatte. Dieses besondere Traumereignis brachte er in eine kurze Wortfolge, die er so rätselhaft verschlüsselt hielt, daß sich daraus nicht der ganze Traum ersehen ließ. Dann gab er dem Knaben den Namen „Fußspur eines Bären" und schenkte ihm eine Bärentatze. Die Mutter hing sie an den Traggurt der Wiege, wo das kleine Knäblein sie mit seinen Händchen zum Schwingen bringen konnte. Als er dann gehen lernte, legte man die Bärentatze zusammen mit anderen wertvollen Dingen in einen gewebten Beutel. Aus diesem konnte sie dann der Knabe jederzeit herausnehmen, wenn er fühlte, daß er wieder etwas von der Stärke seines Paten nötig hatte. Jahrelang haben Fußspur und sein „Namensgeber" Geschenke ausgetauscht, aber jetzt ist der Knabe alt genug, um sich seine eigenen Kraftquellen erschließen zu können.

Im Frühling hat nun einer der Ältesten des Dorfrates geträumt, daß die Zeit für das Pubertäts-Fasten gekommen sei. Jeder trifft seine letzten Vorbereitungen, und auch Fußspur ist dabei. Er muß fasten gehen, solange er noch „rein" ist, d. h. solange er noch keinen geschlechtlichen Kontakt gehabt hat. Seine Eltern begleiten ihn bis zu einem einsamen Ort im Bergwald nahe der Baumgrenze. Hier bauen sie zusammen in einem hohen Baum ein „Nest", wozu etwa viereinhalb Meter über dem Boden Stangen quer über die Äste gelegt werden, so daß eine Plattform entsteht. Hier oben soll Fußspur während mehrerer (bis zu zehn) Tagen bleiben, bis er eine Vision hat. Hinabsteigen darf er nur zur Verrichtung der Notdurft. Es ist ihm erlaubt, einige Schlückchen Wasser aus dem Lederbeutel zu trinken und ein paar getrocknete Bohnen zu essen. Aber er weiß zu gut, daß seine Verpflegung wenig genug ist, um am Leben zu bleiben. Er schaut seinen Eltern nach, bis sie im Wald verschwunden sind und bleibt allein zurück. Zitternd vor Furcht und Erregung wartet er auf seinem luftigen Sitz.

Fußspur konzentriert sich mit aller Kraft auf seinen persönlichen Wunsch, Medizinmann zu werden. Er denkt darüber nach, stellt sich vor, wie er seinem Volk helfen wird, wenn er Mitglied der Medizin-Gesellschaft (*Midewiwin*) geworden ist. Stunden vergehen. Manchmal kann er die weichen Tritte von Tieren hinter den duftenden Fichten hören. Warme Sonnenstrahlen tanzen auf seinem Gesicht, und sanft streicht der Wind über die Fransen seines Hemdes. Dann dämmert es, die Nacht kündigt sich an, und der Junge beginnt unruhig zu werden.

Und was wird sein, wenn der Geist niemals kommt? Darf er sich keine Hoffnungen machen? — Daß er leiden muß, wenn der Geist erscheinen soll, das weiß er. Der Hunger zehrt an ihm. Vielleicht sollte er sich — wie das andere Knaben schon getan haben — ein Glied vom kleinen Finger abhacken, damit der Geist zu ihm kommt. Oh — möge er doch bald kommen! Mit der schwarzen Nacht kriecht auch die Angst in ihm hoch. Er weint und betet zugleich, schreit, bis er entkräftet auf den rauhen Stangen in Schlaf fällt.

Das Knacken eines Zweiges weckt Fußspur am nächsten Morgen. Mühsam öffnet er seine vom Weinen noch geschwollenen Augen, blickt hinunter und sieht das sorgenvolle Gesicht seiner Mutter. Vorsichtig fragt sie nach seinen Träumen, aber er kann sich an keine erinnern. Er fühlt sich schwach, aber die Morgendämmerung und die Nähe seiner Mutter lassen ihn wieder aufleben. Er wird durchhalten. Um keinen Preis darf er jetzt von seiner Mutter etwas zu essen annehmen, selbst wenn sie es ihm anbieten würde. Das würde seine Erfolgsaussichten zunichte machen, und er müßte sie deswegen verachten. Neben ihr erscheint jetzt der Vater und erinnert ihn daran, daß er sich vor dem Traumbesuch eines üblen Geistes hüten muß — statt dessen soll er nach einem mächtigen Schutzgeist Ausschau halten, einem vierfüßigen Tier oder einem Vogel. Fußspur hat das alles schon oft gehört. Wenn ein besonderer Segen auf ihm ruht, wird er die Sonne oder den Donner als Schutzgeist erhalten — und selbst der Mond ist mächtiger als ein Schutzgeist in Tiergestalt. Er weiß, daß sein Vater einen ungünstigen Traum zunichte machen kann, indem er ihm mit einem Zedernholzmesser die Zunge abschabt und es anschließend ins Feuer wirft. Er weiß um die Gefahren, die ein mächtiger Schutzgeist bringen kann, — besonders wenn er die Kräfte eines Medizinmannes anbietet. Dann wird er mit einer kürzeren Lebensdauer rechnen müssen und muß viele Verpflichtungen und Einschränkungen auf sich nehmen — aber er wird dafür mächtig sein.

Der zweite Tag von Fußspurs Isolation ist angebrochen, denn seine Eltern sind bald wieder gegangen. Er fühlt sich etwas schwindlig, verwirrt und benommen, beginnt aber dennoch mit seinen Gebeten und flehentlichen Bitten. Zwischendurch schluchzt er auf, schläft ein, wacht wieder auf und versucht es von neuem ... und nochmals ... und immer wieder ...

Am Ende des dritten Tages ist Fußspur in einem merkwürdigen Zustand. Ihm ist mehr als schwindlich, er meint fast zu schweben. Nur selten dringen die stechenden Hungergefühle bis in sein Bewußtsein vor, denn sein Geist scheint in eigentümlicher Weise mit Gesichten und Geräuschen beschäftigt zu sein, die um ihn herum und doch wieder in ihm selber sind. Bilder geraten in sein Blickfeld und verschwinden wieder. Wir mögen uns fragen, ob er schläft und träumt, oder ob er wach ist und halluziniert, aber das stört ihn keineswegs, denn die Indianer kümmern sich nicht um solche Unterscheidungen — nur die „Vision" zählt.

Fußspur liegt in seinem Schlupfwinkel und weint leise vor sich hin — plötzlich hört er auf. Da ist jemand. Vor lauter Angst sträuben sich seine Nackenhaare. Langsam wendet er den Kopf. Ein alter Mann! Dicht neben ihm. Aber sein Blick ist voller Güte. Große Weisheit spricht aus seinen Zügen. Sanft berührt er Fußspurs heiße Stirn und sagt: „Mein Enkelkind, ich bin gekommen, weil ich Mitleid mit dir habe. Was möchtest du?" Mit zitternder Stimme antwortet Fußspur: „Oh, Meister, ich würde gerne in dein Wigwam kommen. Gewähre mir diese Ehre." „Dann komm ..." Der alte Mann dreht sich um und schwebt mit wehenden Kleidern hinab in ein kleines Zelt.

Fußspur klettert unsicher hinterher. Es ist dunkel im kleinen Zelt, das gerade groß genug ist, beide aufzunehmen. Und doch spürt Fußspur genau, daß noch eine dritte Person anwesend sein muß. Draußen kommen Winde auf, die das ganze Zelt durchschütteln, es peitschen und beuteln. Laut kreischen sie auf, wie sie das Zelt in die Höhe heben und es in die andere Welt hinwegtragen. Der alte Mann drückt Fußspur eine Wurzel in die Hand. „Halte sie 21 Monate lang fest", sagt er und fängt an, langsam im Kreis herum zu gehen. Fußspur folgt ihm. Wieder und wieder gehen die drei Gestalten im Kreis herum. Der alte Mann gibt fremdartige, rhythmische Laute von sich, ein Grunzen, und dann ruft er immer wieder „Himmel, Himmel". Mit einem gewaltigen Aufschrei wirft er seine Arme hoch und brüllt: „Öffne den Himmel von der Mitte aus!" Alles beginnt sich zu drehen, die Winde wirbeln herum, und Fußspur wird fortgerissen, in einer Spirale nach oben getragen und immer weiter fortgeblasen — bis er sich mit einem Ruck in seinem Schlupfwinkel wiederfindet, auf dem Rücken liegend. Durch die belaubten Zweige hindurch blickt er in den Himmel hinauf. — Er ist gekommen, der Große Medizinmann ist wahrhaftig gekommen! Nie mehr wird Fußspurs Leben wie früher sein.

Fußspur weiß genau, was die Zukunft bringen wird. Der Große Medizinmann wird ihm noch dreimal im Traum erscheinen und stets noch eine zweite Gestalt bei sich haben. Es ist der Geist *Mikinaks*, der Großen Schildkröte. Die nächsten beiden Träume werden in der Westlichen Region stattfinden, doch der letzte dann auf der Erde. In diesem wird ihn der Meister lehren, das Beschwörungszelt zu bauen. Fußspur wird mit allergrößter Sorgfalt jedes Zeichen und jeden Hinweis befolgen müssen. Erst nach 21 Monaten darf er mit den Beschwörungen beginnen. Die Wurzel, die ihm der Meister übergeben hat, wird er am Fuße des Baumes finden. Er wird sie stets bei sich tragen und zusammen mit seinen Traumliedern verwenden, um den Meister zu sich zu rufen oder um in gefährlichen Zeiten seine Kraft zu beschwören. Er darf die neugewonnene Macht aber nicht allzuoft anwenden, sonst verbraucht sie sich zu schnell.

Fußspur wird diesen Traum niemandem erzählen, auch seinen

Eltern nicht, denn es ist sein eigener Traum, sein Großer Traum, seine ganz persönliche Quelle der Kraft. Sie werden das Ergebnis sehen, wenn er mit den Beschwörungen beginnt und ihre Schlüsse ziehen, wenn er später die Erlaubnis erträumt, Namen zu verleihen und dann kleine Teile seines Großen Traumes für Namen verwendet. Weitere Hinweise werden ihnen die neuen Zeichen geben, die er an seinen Kleidern tragen wird. Und sie werden ihm sogar zuhören, wenn er seinen Traumgesang murmelt, um seine Kraft herbeizurufen. Seine Worte wird er jedoch undeutlich aussprechen, damit sie nicht zu verstehen sind. Er wird die Geheimnisse seines Traumes niemals preisgeben, denn das würde seine Macht und sein Leben bedrohen. Seine Eltern werden das respektieren und ihm raten, sich darauf zu konzentrieren, noch mehr darüber zu träumen und zu versuchen, mit seinem *Manido* zu sprechen (vielleicht eine Art primitiver Gestalt-Unterhaltung mit dem Traumbild).

Zwischen den Träumern der alten Zeiten und den träumenden Indianern bestehen viele Ähnlichkeiten. Beide haben die Wichtigkeit der Träume kennengelernt und wissen, welche Träume nötig sind, um Erfolg zu haben. Beide sind einem starken kulturellen Druck ausgesetzt, um sogenannte „kulturgemäße Träume",[3] d. h. Träume, die von der Gemeinschaft verlangt werden, hervorzubringen. Moderne Psychologen würden sagen, der passende Traum sei „erzwungen" worden, da ihm hohe Anerkennung gezollt wurde, so daß sich die Wahrscheinlichkeit, ihn zu träumen, erhöhte. Sowohl die Träumer der Antike als auch die indianischen Träumer hatten im Falle des richtigen Traumes große Wertschätzung und Vorteile zu erwarten. Erhielt man die richtige Antwort, den richtigen Traum, so folgten Gesundheit, Reichtum oder Macht. Wenn gesellschaftliche Stellung und Anerkennung vom richtigen Traum abhängen, wird dieser wahrscheinlich auch eintreten. Unsere Gesellschaft verlangt keine kulturgemäßen Träume, noch bietet sie für Träume gesellschaftliche Bewunderung. Nur Sie selber können sich zu eigenen Wunschträumen ermutigen, weil diese Ihnen Beglückung bringen.

Ihre Belohnung für kreatives Träumen besteht in der Freude über Ihre Träume, Ihren kreativen Schöpfungen oder Ihrer zunehmenden Fähigkeit ein ausgefülltes Leben zu führen. Eine einzige erfolgreiche Konfrontation mit einem furchterregenden Traumgegner verleiht Ihnen die Zuversicht, die Probleme Ihres wachen Lebens zu meistern, und wird Sie ermutigen, mehr solche Träume zu haben. *Für Ihre Träume können Sie sich selbst die Belohnung verschaffen, die Ihnen die Gesellschaft nicht gibt. Fassen Sie Ihre Träume als wichtig und wertvoll auf, und sie werden Ihnen eine Hilfe sein.*

Als die Indianer unter den Einfluß unserer Kultur gerieten, begannen ihre kulturgemäßen Träume zu verschwinden. Untersuchungen[4] der vorgefundenen Trauminhalte derjenigen Indianer, die unserer Kultur ausgesetzt waren, haben ergeben, daß die kulturgemäßen Träume immer seltener auftraten und stattdessen immer mehr nur von ganz persönlichen Problemen geträumt wurde. Daraus läßt sich eine weitere Grundregel ableiten, die besagt, daß ständige Ermutigung, aktiv zu träumen, notwendig ist. Indianische Träumer werden wie die Träumer der Antike schon von Kindheit an ständig zum Träumen angehalten. *Wir können uns selbst immer wieder dazu ermutigen, von einer gewünschten Sache zu träumen — dann werden wir diesen Traum auch haben.*

Jeder Träumer, der seine Träume für wichtig und wertvoll hält, wird sich wahrscheinlich an seine Träume erinnern und sie nutzen können. Tatsächlich fand man heraus, daß in Kulturen, die Träume für wichtig halten, die Trauminhalte eher mit den allgemeinen Vorstellungen in Einklang stehen als solche, die damit nicht übereinstimmen.[5] In solchen Gesellschaften haben Traumereignisse eine Beziehung zum Alltagsleben. Betrachten Sie nämlich Ihre eigenen Träume als Unsinn, dann werden sie mit aller Wahrscheinlichkeit auch dementsprechend ausfallen, falls Sie sich überhaupt daran erinnern können. Betrachten Sie dagegen Ihre Träume als wertvoll, dann werden sie sich auch mehr und mehr als Werte erweisen. Es ist Ihnen also möglich, bereits vorhandene und in Ihnen angelegte Fähigkeiten allein dadurch weiterzuentwickeln, indem Sie sich auf Ihre Träume richtig einstellen. *Je wichtiger Ihnen die Träume sind, desto eher werden sie für Ihr Alltagsleben bedeutsam.*

Dieses Ziel haben die indianischen Träumer in weit höherem Maße erreicht, als wir bisher herausgefunden haben. Die Träumer der Antike und andere kreative Träumer haben nur den allgemeinen Inhalt ihrer Träume geplant, wogegen ein Indianer dazu angehalten wurde, den Trauminhalt in aller Ausführlichkeit vorauszuplanen. Das haben wir bei Fußspur gesehen, der genau wußte, daß einer, der Medizinmann werden wollte, *vier* Träume ganz besonderer Art mit Gestalten von bestimmter Eigenart, in einer zum voraus bekannten Umgebung und in einer festgelegten Ordnung haben muß. Von einem, der Krieger werden wollte, wurde erwartet, daß er davon träume, das Recht zur Organisation einer Kriegspartei zu haben. Er mußte dann jeden einzelnen Schritt des Kriegszuges in einer Reihe von Träumen erkennen und sehen, welchen Weg man zu nehmen hatte, wo das Lager aufgeschlagen werden sollte, wo man Nahrung finden konnte, wieviele Feinde sterben würden und wieviele eigene Männer dabei umkommen werden — und anderes mehr. Wer an einem Kriegszug teilnehmen wollte, hatte seine Träume zur Begutachtung vorzulegen, bevor er die Erlaubnis zur Teilnahme erhielt. Viele Forscher[6] sind überzeugt, daß die meisten der bis in die Einzelheiten hinein vorgeschriebenen Träume tatsächlich erlebt und nicht etwa nur erdacht wurden. Die Indianer waren der Auffassung, daß ein Betrüger, der z.B. einen Beschwörungsversuch ohne die erforderlichen Träume durchführt, sich selber oder seiner Familie körperliche und seelisch-geistige Krankheiten zufügt. Erfolglose Beschwörer verdächtigte man der Scharlatanerie. Viele Indianer haben die erhofften Träume nie gehabt. Möglicherweise haben sie sich gescheut, die Macht ihrer Träume von der Gemeinschaft prüfen zu lassen. Es war sicherer, die erforderlichen Träume nicht gehabt zu haben, als für einen Scharlatan gehalten zu werden.

In den nachfolgenden Kapiteln werden Sie noch andere Gruppen kennen lernen, die mit sorgfältig geplanten Trauminhalten gearbeitet haben. Sobald Sie eine gewisse Erfahrung mit dem kreativen Träumen haben, *sind Sie imstande, ganz bestimmte Einzelheiten in Ihre Träume einzubringen* und dadurch noch weit größeren Nutzen aus ihrem Traumleben zu ziehen.

Wir haben bereits davon gesprochen, wie wertvoll Traumfreunde sein können. Der Schutzgeist (*Manido*), der dem Indianer in seinem Traum erscheint, bietet eine besondere Art von Freundschaft. Indem er sagt: „Mein Enkelkind, ich bin gekommen, weil ich Mitleid mit dir habe", bietet sich der Geist in Fußspurs Traum an, ihn zu adoptieren und für ihn zu sorgen, wie ein Großvater für sein Kindeskind sorgt. Er bindet sich an seinen jugendlichen Schützling mit den stärksten Banden der Treue, die es im Stammesverband gibt.[7] Der zeitgenössische amerikanische Psychologe Calvin Hall, der ein System geschaffen hat, das es erlaubt, den realen Inhalt der Träume zu unterteilen und zu klassifizieren, betrachtet das Angebot einer langandauernden Beziehung, — wie im Fall Fußspurs und des alten Mannes — als die äußerste Geste einer Traumfreundschaft. In Calvin Halls System hat sie die gleiche Bedeutung wie eine Traumverlobung oder eine Traumheirat. Sie sollten alle freundlichen Gesten annehmen und wertschätzen, die Ihnen im Traum geboten werden. Traumfreunde können ebenso wirklich sein wie Freunde aus Fleisch und Blut. Sie können den Traumzustand als eine andere — wenn auch ganz besondere — Ebene der Wirklichkeit betrachten. Es ist dort wie im Alltag: *Je mehr Freunde Sie haben, desto besser, und je besser Ihre Freunde zu Ihnen sind, umso besser für Sie.*

Die Senoi kommen auf eine andere Weise zu ihren Traumfreunden, und ihre Freunde stehen zum Träumer in einer anderen Beziehung. Die Ojibwas legen großen Wert auf die Äußerungen des Mitleids. Doch hier mag es sprachliche Probleme geben, was die Bedeutung des Wortes „Mitleid" betrifft. Vielleicht bedeutet es für die Ojibwas nicht das Gleiche wie für uns. Die Ojibwas scheinen sich freiwillig ihren Geistern zu unterwerfen. Im Gegensatz dazu kann man von den Traumfreunden der Senoi sagen, daß sie dem Träumer „erscheinen, um ihm zu dienen". Der Senoi-Träumer nimmt mehr die Stellung eines Meisters und Vaters gegenüber seinen Traumgestalten ein. Mehr darüber im nächsten Kapitel. Inzwischen *ziehen wir bei unseren Traumfreunden dem Mitleid die Hilfe vor.*

Wir haben auch schon von der sehr starken emotionalen Wirkung auf den Träumer gesprochen, die von den Liedern ausgeht, die im Traum gehört werden. Fußspur vernahm seinen Gesang vom „Meister des Beschwörens", vom „Großen Medizinmann". Andere Träumer erhielten ihre Traumlieder von einem Gegenstand oder einem Tier.[8] So sang z.B. ein Indianer das Lied, das „er die Bäume hatte singen hören". Und ein anderer „wiederholte den Gesang, den die Krähen gesungen hatten". Indianer, die man überredet hatte, ihre Traumgesänge preiszugeben, sangen einfache, sich ständig wiederholende Sätze: „Rehbock — von den Geradgehörnten einer", oder: „Die Himmel begleiten mich". Unverständliche, aus dem Zusammenhang herausgerissene Wortbildungen gewährten die Geheimhaltung der Trauminhalte. Wenn der Träumer sein Lied in Zeiten der Gefahr oder bei schwierigen Unternehmungen leise vor sich hin sang, glaubte er, werde sich die übernatürliche Kraft verstärken, die er in seinem großen Traum bekommen hatte. Aber auch jene Träumer, die nicht an übernatürliche Wesen glauben, reagieren sehr stark auf ihre eigenen Traumgesänge. Warum Traumlieder eine derartig starke emotionale Wirkung ausüben, wurde noch nicht untersucht. Diese Lieder scheinen einen tief empfundenen Teil des innersten Wesens des Träumers miteinzuschließen. *Zählen Sie die eigenen Traumlieder zu den größten Kostbarkeiten, die sie besitzen.*

Vielleicht ist der Mensch im Traumzustand in einem Bewußtseinszustand, der besonders für musikalische Schöpfungen geeignet ist. Es mag sein, daß ein Fasten in der Einsamkeit dazu beiträgt, daß lebhafte Bilder und Lieder im Traum entstehen. Eine Expertin für indianische Traumgesänge glaubt, daß durch Nahrungsmangel im Gehirn ein Zustand abnormer Aktivität hervorgerufen wird, wie man ihn durch Einnahme von Rauschmitteln erzeugen kann.[9] Sie beobachtete nämlich bei vielen Indianerstämmen, daß die Lieder während oder unmittelbar nach veränderten Bewußtseinszuständen komponiert wurden. Da das Verdauungssystem beim Fasten kaum tätig ist, sind dem Zentralnervensystem vielleicht die schöpferischen Elemente eher zugänglich. Ganz bestimmt gibt es eine Veränderung des Gehirnstoffwechsels, der sich in einem veränderten Bewußtseinszustand äußern kann. Allerdings wurden auch schon viele Traumgesänge ohne Fasten komponiert, doch wird Nahrungsmangel wohl einen Einfluß auf den mysteriösen Prozeß haben — wenn auch auf unbekannte Art und Weise. Vielleicht fördert auch die dünne Luft in den hohen Felsgebirgen, in die sich die Indianer bevorzugt zum Fasten zurückziehen, die Traumtätigkeit.

Neuere experimentelle Forschungen[10] haben klar ergeben, daß Menschen, die täglich eine gleichbleibende ruhige Beschäftigung ausüben, *mehr* Träume haben, als solche, die im Trubel geschäftlicher oder gesellschaftlicher Aktivitäten leben. Menschen, die den ganzen Tag in einem Raum für sich allein gelesen oder geschrieben hatten, zeigten in der Nacht verlängerte REM-Phasen (bis 60% mehr REM). Relative Isolation verstärkt die Traumtätigkeit — und *totale* Isolation kann selbst bei normalen Menschen Halluzinationen erzeugen.[11] *Das Bewußtsein der Tatsache, daß* man träumt, ist zweifellos stärker, wenn keine Ablenkungen vorkommen. Aus meinen eigenen umfangreichen Traumaufzeichnungen[12] weiß ich, daß besonders viele Träume erinnert werden, wenn das Leben ziemlich friedlich verläuft. Möglicherweise ist die stärkere Traumtätigkeit eine Art Kompensation für das ruhige Leben. Vielleicht ist auch körperliche Untätigkeit die Ursache für das verstärkte Auftreten von Träumen. Eine weitere Möglichkeit wäre, daß die stärkere Traumaktivität eine Art Antwort auf neu Gelerntes darstellt. Ein Mensch, der relativ einsam lebt, kommt ja zwangsläufig mehr zu Beschaulichkeit und Selbstbetrachtung — und Lesen, Schreiben und Nachdenken führen eher zum Lernen. Fachleute haben des öfteren nach einer solchen Lernphase erhöhte REM-Werte festgestellt.[13] Ungeachtet solcher Erklärungsversuche aber sollten Sie beachten — falls es Ihnen schwer fällt, mit Ihrem Traumleben in Verbindung zu kommen — *daß zum Anfangen ein stiller Nachmittag günstig ist, wenn das Leben ohne Hast abläuft und Sie nicht von Menschen um sich herum bedrängt werden. Sie werden dann mehr träumen und sich Ihrer Träume stärker bewußt sein.*

Einen anderen Grundsatz den wir aus der Art, wie Indianer ihre Träume benutzen, ableiten können, ist deren Gewohnheit, Einzelheiten aus ihren Träumen im Wachzustand darzustellen. Weiter oben wurde schon darauf hingewiesen, daß es wertvoll ist, den eigenen phantasievollen Traumsymbolen Form und Inhalt zu verleihen. Die Indianer übten diesen Grundsatz in aller Ausführlichkeit aus. Viele Schöpfungen der indianischen Kultur sind wohl direkt aus Träumen hergeleitet. Von manchen Indianergesängen weiß man, daß sie von Kriegern stammen, die sie in ihren Traumvisionen gehört haben. Vor ihrem Tode gingen die Gesänge in das Eigentum der Gemeinschaft über. Einige Indianerstämme pflegten auch Traumgesänge miteinander auszutauschen. Viele Indianertänze haben ihren Ursprung in Träumen. Kulturelle Kunstwerke aller Art — Trommeln, Pfeifen, Kopfputz — gehen, wie man annimmt, auf Traumbilder zurück. Viele dekorative Muster auf Töpferwaren, Schmuck, Bildern, Tüchern und Kleidung stammen ebenfalls aus Träumen. Demzufolge wird die Verwendung von Symbolen aus Ihren Träumen zumindest Ihre Umgebung bereichern. Der Gebrauch persönlicher Traumsymbole kann nicht nur Schönheit und Reiz in unsere Kultur im allgemeinen hineinbringen, sondern hat auch auf Sie als Träumer Rückwirkungen in dem Sinne, daß sie selber eine eigene Schöpfung vollbracht haben, die eine besondere vervollkommnende Wirkung auf Sie ausübt. Die Traumsymbole, die ich im Wachzustand nachgeschaffen habe — Gedichte, bildhafte und abstrakte Entwürfe — sind zutiefst befriedigend. Mehr darüber im 9. Kapitel. *Gestalten Sie Ihre Traumsymbole im Wachen:* Zeichnen Sie das eigenartige Wesen, das Sie vorige Nacht im Traum erblickt haben, sticken Sie das ungewöhnliche Muster auf einen Stoff, weben Sie es in einen Teppich, spielen Sie die Traummusik, schreiben Sie das Traumgedicht auf und verwenden Sie die kreativen Traumideen.

Manche Praktiken der Ojibwa-Indianer scheinen für die Herbeiführung der gewünschten komplizierten Träume unnötig zu sein. Andere wiederum sind für die Traumauslösung unentbehrlich: Der Glaube an die Wichtigkeit des Träumens, die Belohnung für das Träumen, die traumanregenden äußeren Hinweise und Selbstsuggestionen, die intensive Konzentration auf den gewünschten Traum, das Nachdenken über die Träume, die Beziehung zu den Traumbildern und die Verwendung von Traumsymbolen — und vielleicht auch die Förderung der

Traumtätigkeit durch Fasten in der Abgeschiedenheit. Diese Auffassungs- und Handlungsweisen können auch wir befolgen. Wenn wir den Träumen eine bedeutende Rolle in unserem Leben einräumen, vermögen wir mehr zu erreichen, als wir uns jetzt vorstellen.

Eine richtige Einstellung zum Traum kann in der Tat dazu beitragen, *die Unabhängigkeit des Träumers zu begründen.* Das ist zugegebenermassen eine spekulative Folgerung aus den bis jetzt erhaltenen Untersuchungen und Ergebnissen. Roy d'Andrade,[14] ein amerikanischer Anthropologe, wollte herausfinden, warum manche Gesellschaften ihre Träume weitgehend nutzen, während andere das nicht tun. Er wählte aus der größten Sammlung anthropologischer Daten (den Human Relations Area Files) 63 Gesellschaften aus (darunter auch einige amerikanische Indianerstämme) und untersuchte, ob sie von den Träumen Gebrauch machen oder nicht. Er fand, daß nachstehende Merkmale oft zusammen vorkommen:

1. Übernatürliche Wesen erscheinen in den Träumen und geben große Macht, Unterstützung, Rituale und vermitteln Wissen.
2. Religiöse Experten (Priester, Schamanen) glauben daran, daß sie ihre eigenen Träume zur Ausübung ihrer Aufgaben nutzen können (z.B. zum Heilen oder zum Wahrsagen).
3. Kulturgemäße Träume sind Bedingung, damit bestimmte Rollen in der Gesellschaft eingenommen werden können (z.B. die vier Träume, die Fußspur haben mußte, um Medizinmann zu werden).
4. Träume werden durch besondere Techniken hervorgerufen (z.B. durch Fasten, Drogen, allein schlafen).

D'Andrade betrachtet diese vier Merkmale als bezeichnend für den Versuch, durch Träume übernatürliche Kräfte zu erlangen und sie zu beherrschen. Er vermutet, daß das Streben nach übernatürlichen Kräften und ihrer Beherrschung mittels der Träume aus Angst erwächst. Er ist der Auffassung, daß in Gesellschaften, in denen die Söhne nach der Heirat von ihren Eltern getrennt leben, mehr Ängste auftreten und daher mehr Gebrauch von Träumen gemacht wird als in Gesellschaften, in denen die Söhne bei ihren Eltern wohnen bleiben. D'Andrade nimmt also an, daß die Absonderung der Söhne von ihren Eltern und das selbständige Leben nach der Heirat Ängste verursachen. Ferner meint er, daß in Gesellschaften, die sich ihre Nahrung durch eigene Anstrengung und Geschicklichkeit beschaffen müssen (Jäger und Fischer), me r Ängste auftreten und daher mehr Wert auf Träume gelegt wird, als in Gesellschaften, die sich ihren Lebensunterhalt durch gemeinsame Gruppenarbeit (Ackerbau- und Viehzucht-Gesellschaften) erarbeiten. In den Ackerbau- und Viehzucht-Gesellschaften erziehen die Eltern ihre Kinder vor allem zu Gehorsam und Verantwortlichkeit und nicht so sehr zur Unabhängigkeit. D'Andrade folgert vernunftgemäß weiter, Angst würde dadurch erzeugt, daß die Eltern Druck auf ihre Kinder ausüben, um sie zu zwingen, selbständig zu werden. Hier bestehen offensichtlich Parallelen zu unserer modernen Gesellschaft, die ich kurz diskutieren i l.

D'Andrades Hypothesen werden auf verschiedene Weise bestätigt: Jene Gesellschaften, in denen die Söhne das elterliche Heim verlassen, benutzen Träume in stärkerem Maße als solche, in denen die Söhne mit ihren Eltern zusammen bleiben. In der Tat, *je weiter der Sohn von seinen Eltern wegzieht, desto wahrscheinlicher ist es, daß seine Gesellschaft Träume benutzt, um übernatürliche Kräfte zu beherrschen*. Für Töchter gilt das nicht (vermutlich deshalb, weil in diesen Gesellschaften die Männer dominieren). Noch eindrucksvoller war die Bestätigung dieser Hypothese bei den Jäger- und Fischer-Gesellschaften; sie benutzen Träume in noch größerem Ausmaß: 80% aller Jäger- und Fischer-Gesellschaften verwenden Träume, um übernatürliche Kräfte zu gewinnen und zu beherrschen, während sich nur 20% der Ackerbau und Viehzucht treibenden Gesellschaften ihrer Träume in solcher Weise bedienen. *Je mehr also eine Gesellschaft auf Unabhängigkeit und Selbstständigkeit angewiesen ist* (Jäger und Fischer), *desto wahrscheinlicher ist es, daß sie ausgiebig Träume benutzt,* um mit übernatürlichen Mächten in Kontakt zu kommen und sie zu beherrschen. Diese Beziehungen treffen innerhalb einer einzelnen Gesellschaft ebenso zu, wie beim Vergleich verschiedener Gesellschaften.

D'Andrade deutet diese Befunde folgendermaßen: Der Gebrauch von Träumen für die Suche nach übernatürlichen Kräften und deren Beherrschung beruht auf der Angst, allein zu sein und sich selbst behaupten zu müssen. Ich glaube, wir können sogar noch weiter gehen und annehmen, daß die umfassende Anwendung der Träume den Versuch des Menschen anzeigt, seine Probleme zu meistern. Ich bin überzeugt, daß der richtige Gebrauch der Träume das Selbstvertrauen weckt und stärkt. Vielleicht war ursprünglich die Angst die Triebfeder für die Verwendung der Träume, doch halte ich es für wahrscheinlicher, daß Träume ein aktiver Versuch des Menschen sind, die ihn bedrängenden Probleme zu lösen. In unserer heutigen Gesellschaft ist es üblich, daß die verheirateten Söhne fast ausnahmslos von ihren Eltern getrennt leben. Wir gehören einer Gesellschaft an, die von uns Erfolg, Unabhängigkeit, Behauptungswillen und Selbständigkeit fordert, und nicht Hilfsbereitschaft und Nachgiebigkeit. Gemäß d'Andrades Hypothese sollte unsere Gesellschaft ausgiebig vom Träumen Gebrauch machen, um höhere Kräfte zu gewinnen und zu beherrschen. Das tun wir aber keineswegs. Es bestehen natürlich große Unterschiede zwischen unserer komplexen, immer unter Zeitdruck stehenden Gesellschaft und den primitiven Gesellschaften, die d'Andrade untersucht hatte. Möglicherweise fehlt uns aber doch eine sehr wesentliche Einsicht, die uns helfen könnte, mit unserer, von Ängsten geplagten Gesellschaft fertig zu werden. Und vielleicht gelingt es uns, unsere Ängste zu bewältigen, wie das den primitiven Jäger- und Fischergesellschaften gelungen ist. Nicht gerade durch den Versuch, übernatürliche Kräfte zu gewinnen und zu beherrschen, sondern viel einfacher: durch den Versuch, die eigenen, inneren Kräfte zu aktivieren und zwar mittels der Träume. *Sie sind tatsächlich fähig, Ihre eigene Unabhängigkeit zu entwickeln, indem Sie Ihre Träume richtig gebrauchen.*

Die Gesellschaft als Ganzes würde durch die Entwicklung einer umfassenden Nutzung der Träume Vorteile haben. Dazu müßten wir allerdings unsere inneren Kräfte entwickeln, damit sie für uns arbeiten. Unter diesem Gesichtspunkt ließen sich d'Andrades Schlußfolgerungen so umschreiben:

1. Freundliche Gestalten erscheinen in den Träumen und geben wesentliche Unterstützung und vermitteln Wissen.

2. Experten (Lehrer, Therapeuten) glauben daran, daß sie ihre eigenen Träume zur Ausübung ihrer Aufgaben nutzen können (Lehren, Heilen).
3. Kreative Träume liefern das Material, das für die Ausübung der gesellschaftlichen Rolle nützlich ist, (der Maler sieht im Traum Bilder; der Dichter träumt von Gedichten).
4. Träume lassen sich leichter hervorrufen, wenn man die besonderen Techniken der Trauminduktion kennt.

Wenn wir alle unsere Fähigkeiten durch den richtigen Gebrauch unserer Träume weiterentwickeln, dann wird sowohl die ganze Gesellschaft als auch jeder einzelne davon profitieren.

Eine Bestätigung meiner Vermutung, daß man eigene Fähigkeiten durch eine richtige Nutzung der Träume entwickeln kann, kommt aus den Entbindungsstationen einiger Krankenhäuser. Zwei amerikanische Forscher, Carolyn Winget und Frederic Kapp, untersuchten den Zusammenhang zwischen Traum und Geburt.[15] Sie erfaßten in der Untersuchung 70 Frauen, die vor ihrer ersten Geburt standen, und analysierten die von ihnen berichteten Trauminhalte (d. h. die Bilder, die in den Träumen auftraten). Als diese Frauen ihre Kinder zur Welt brachten, entbanden 31 Mütter in weniger als zehn Stunden, weitere 31 innerhalb von zehn bis zwanzig Stunden, und bei acht Frauen dauerte es länger als zwanzig Stunden. Beim ersten Kind beträgt die Entbindungsdauer durchschnittlich 18 Stunden, vom Beginn der regulären Gebärmutter-Kontraktion an gerechnet, bis zum Austritt des Kindes. Bei der untersuchten Gruppe war sie etwas kürzer (13,36 Stunden). Winget und Kapp stellten fest, daß der Inhalt der Träume einer Frau während der Schwangerschaft in einem direkten Zusammenhang zur Zeitdauer der Entbindung steht!

Frauen mit unterdurchschnittlicher Entbindungsdauer (weniger als zehn Stunden) hatten in über 80% der mitgeteilten Träume von Angst berichtet. Frauen, die überdurchschnittlich lange Zeit (mehr als zwanzig Stunden) benötigten, hatten nur in 25% ihrer Träume Angst. Frauen mit mittleren Angstwerten hatten auch eine mittlere Entbindungsdauer. Je mehr Angstträume also die Frauen vor der Entbindung hatten, desto schneller konnten sie ihr erstes Kind gebären.

Wenn eine hochschwangere Frau, deren Unterleib so umfangreich geworden ist, daß sie unbequem auf der Seite liegen muß, und unruhig von ihrer bevorstehenden schweren Prüfung träumt, dann bereitet sie sich in Wirklichkeit darauf vor, sie gut zu bestehen. Winget und Kapp meinen, daß diese Träume dazu dienen, eine Stress-Situation des wachen Lebens schon vorher in der Phantasie zu bewältigen. Sie glauben, daß die von ihnen untersuchten Frauen mit der bevorstehenden Geburtskrise auf diese Weise fertig zu werden suchten. Diejenigen, die sich der anstrengenden Situation nicht stellten und sich nicht im Traum darauf vorbereiteten (psychoanalytisch gesprochen: mittels Abwehr und Verdrängung), mußten eine längere Entbindungszeit durchmachen. Winget und Kapp stellten ferner fest, daß Frauen mit längerer Entbindungszeit viel *kürzere* Traumberichte geliefert hatten, als jene, die leichter entbanden. Sie glauben, daß Frauen mit langer Entbindungszeit viel zu ängstlich gewesen sind, und es nicht einmal gewagt haben, der Entbindung im Traum symbolisch Ausdruck zu geben. Die Spannung führt zu Veränderungen des Stoffwechsels und damit auch zu Veränderungen der Hormonwerte im Blut, wodurch die Entbindung verzögert wird. Dagegen sind jene schwangeren Frauen, die lange Träume angsterregenden Inhalts über die Entbindung erzählt hatten, gerade dank ihrer Träume „psychologisch gefeit". *Weil sie die Schwierigkeiten schon in ihren Träumen in Angriff genommen hatten, konnten sie auch im Wachzustand eher damit fertig werden.* Wir werden diese sich übertragende Wirkung noch oft beobachten. *Träume können entscheidende Lernerfahrungen sein.*

Diesen Sachverhalt kann ich aus eigener Erfahrung bestätigen. Während meiner Schwangerschaft träumte ich oft vom bevorstehenden Ereignis. Ich besuchte einen Kurs für natürliche Entbindung, und die intensive, bewußte Auseinandersetzung drückte sich erwartungsgemäß in meinen Träumen aus. Folgerichtig dauerte dann die eigentliche Geburt nur sechs Stunden — eine bemerkenswert schnelle Entbindung für ein erstes Kind, die ganz ohne Beschwerden und ohne Narkose verlief. Damals schrieb ich diese unglaublich gut verlaufene Erstentbindung den Atmungs- und Bewegungstechniken zu, die ich gelernt hatte. Heute würde ich jedoch meinen, daß die Vorbereitung durch die Träume zur Hauptsache dafür verantwortlich gemacht werden muß, daß die Geburt so leicht verlaufen ist.

In meinen Träumen während der Schwangerschaft ängstigte ich mich oft wegen meiner Absicht, das Kind zu stillen. Einmal fand ich im Traum Dutzende von hungernden Kätzchen und fragte mich verzweifelt, womit ich sie füttern könnte. Später habe ich meine Tochter mehr als ein ganzes Jahr gestillt. Das Stillvermögen hängt ganz besonders vom Gefühlszustand der Frau ab, was sich darin ausdrückt, daß die Menge an Muttermilch und der psychologische Zustand der Mutter das gleiche „Auf und Ab" zeigen. Vermutlich helfen auch hier Träume, in denen man sich wegen des Stillens ängstigt, die betreffende Lebenssituation erfolgreich zu bestehen.

Die Ojibwa-Frauen träumten ebenfalls von ihrer Niederkunft.[16] Weil ihre Männer glaubten, daß die beim Geburtsvorgang ausgestoßenen Flüssigkeiten gefährliche magische Verunreinigungen enthielten, wurde die Geburtshilfe fast vollständig den Frauen überlassen. Der Medizinmann (*Midi*) erschien höchstens für kurze Zeit und nur bei schweren Entbindungen, um schnell eine Vorschrift zu geben. Sofort ging er wieder weg, um nicht vergiftet zu werden. Die Frauen spielten in dieser Gesellschaft eine untergeordnete Rolle. Man meinte, daß menstruierende Frauen einen schädlichen Einfluß auf alle jungen Lebewesen hätten. Da die erste Blutung als besonders verderblich galt, mußte das junge Mädchen zu dieser Zeit in strengster Abgesondertheit in einem Wigwam im Wald verbringen. Sie blieb allein mit rußverschmierten Augen und in ärmlicher Kleidung. Es war ihr verboten, ein lebendiges Wesen anzusehen, ständig mußte sie auf den Boden starren und Blätter auf ihren Weg streuen, damit andere vor ihrer schadenbringenden Anwesenheit gewarnt wurden. Man gab ihr einen Kratzer für den Körper mit, damit sie sich selbst nicht berühren mußte und vor Selbstvergiftung geschützt blieb. Sogar wenn sie von abenteuerlustigen jungen Männern vergewaltigt wurde, war es ihre erste Pflicht, die *Männer* vor ihrem todbringenden Blick zu bewahren. Stellen Sie sich vor, wie Sie eine Vergewaltigung abwehren wollen, wenn sie dabei ihre Augen bedecken müssen! Gequält und betrübt, voller Abscheu gegen ihren eigenen Körper, blieb dem Mädchen wohl gar nichts anderes übrig, als — wie Fußspur und seinesgleichen — eine Vision zu erhoffen. Wen wundert's, daß nur wenige Mädchen Erfolg hatten. Und jene, die trotz allem eine Traumvision erlangten, hatten nur wenig Gelegenheit, ihre Kraft anzuwenden.

Ein zeitgenössischer Kenner der indianischen Angelegenheiten — selbst ein Indianer[17] — hat mir gesagt, daß die Anthropologen die Rolle der Frau in den indianischen Gesellschaften nicht verstehen würden. Er macht geltend, daß die Rolle der Frau genauer festgelegt sei als die des Mannes, und daß die weiblichen Stammesmitglieder ihre eigenen Zeremonien, Verantwortlichkeitsbereiche und schöpferischen Ausdrucksmöglichkeiten hätten. Das gibt ihnen eine gefestigte und gesicherte Stellung. Nur wenn sie in direkte Berührung mit der übrigen ganze Gemeinschaft kommen, müßten sie sich unterordnen und eine weniger angesehene Stellung einnehmen.

Auf jeden Fall besaß die Indianerfrau in der Ojibwa-Gesellschaft die Möglichkeit, die besonders geachtete Rolle einer Hebamme zu übernehmen. Eine zukünftige Geburtshelferin mußte über 35 Jahre alt sein, von ausgeglichener Gemütsart, und ein paar leichte Geburten gehabt haben. Sie hatte bei einigen Geburten mit dabei zu sein und außerdem die Herstellung der unentbehrlichen Tränke und die Anwendung der kunstgerechten Handgriffe zu erlernen. Manche dieser Fähigkeiten lehrte man sie unentgeldlich, doch für gewisse Fertigkeiten mußte sie bezahlen, selbst wenn ihre eigene Mutter sie unterwies. Eine geschickte Hebamme konnte von der Bezahlung zufriedener Mütter reich werden. Die wichtigste Voraussetzung für ihre Hebammenrolle waren wahrscheinlich ihre günstigen Träume.

Ein vorteilhafter Traum konnte sich für eine Frau segensreich auswirken und ihr Kraft für die Geburt geben. Der erforderliche kulturgemäße Traum war der eines Tieres, das eine leichte Niederkunft hatte, das konnte eine Hündin, eine Stute oder eine Kuh sein. Die Ojibwa-Frauen glaubten, daß die Hündin am leichtesten werfen könne — das war denn auch das günstigste Zeichen. Eine erfolgreiche Hebamme erzählte einmal einen Traum, in dem eine Wölfin vorgekommen war, die aussah wie ein Mensch und die Stimme eines Wolfes hatte. Die Wölfin erzählte der Träumerin, daß sie fünf Kinder haben werde — was auch der Fall war —, leckte ihr die Hand und sagte, daß sie ihr bei diesen Geburten beistehen werde.

Leserinnen, die schwanger sind, möchten sicher gern Träume von Ihrer Niederkunft und vom Stillen haben. *Jeder kann seine Fähigkeiten, mit bestimmten Lebenssituationen fertig zu werden, entwickeln, indem er über sie träumt.* Solche Träume brauchen keineswegs von Angst begleitet zu sein. Jedoch können Ängste solcher Art aus einer gesunden Sorge über besondere Lebensprobleme entstehen. Diese Besorgnis überträgt sich auch auf den Traumzustand, wo sich der Träumer „praktisch" mit der betreffenden Schwierigkeit auseinandersetzen kann. Wir haben gesehen, daß die Sorge um die Erfordernis, unabhängig und selbständig zu werden, bei primitiven Gesellschaften zu einer umfassenden Nutzung der Träume geführt hat. In dem Ausmaß, wie sich der Träumer schon im Traum mit seinen Befürchtungen beschäftigt, ist er befähigt, im Alltag selbständiger zu handeln. So haben schwangere Frauen eine leichtere Geburt gehabt, wenn sie sich in ihren Träumen eingehend mit der Niederkunft beschäftigt haben. Dasselbe gilt für uns. Auch wir können selbständiger werden, wenn wir uns mit unseren Problemen schon im Traum beschäftigen. Auf diese Weise bereiten wir uns auf den „Ernstfall" vor. *Eine erfolgreiche Lösung, die im Traum gefunden wurde, wird mit in den Alltag übernommen.*

Viele der hier bei den amerikanischen Indianern herausgearbeiteten Grundsätze sind bereits bei den Träumern der Antike und bei den kreativen Träumern der neueren Zeit zu finden. Einige Einzelheiten haben wir als unnötig erkannt, während andere sich als sehr nützlich und günstig erwiesen haben. Indem wir unsere Traumsymbole im Alltagsleben verwirklichen, bereichern wir nicht nur unsere Umgebung sondern auch uns selber. Außerdem ist zu beachten, daß der Gebrauch unserer Träume als Übungsort, um dort Lösungen für alltägliche Schwierigkeiten zu finden, unsere Unabhängigkeit und Selbständigkeit steigert und uns befähigt, uns vermehrt den Alltagsproblemen zu stellen. Wir können in unseren Träumen den in uns veranlagten Fähigkeiten zum Durchbruch verhelfen. Die Gesellschaft kann sogar als Ganzes ausgeglichener gestaltet werden, wenn die eigenen Träume dafür genutzt werden. Im nächsten Kapitel werden wir sehen, wie ausgeglichen eine Gesellschaftsform sein kann, wenn Träume miteinbezogen werden. Vorher seien noch kurz die Grundsätze zusammengestellt, die wir aus der Betrachtung der Traumnutzung bei den amerikanischen Indianern gewonnen haben.

Was wir von träumenden Indianern lernen können.

Zusammenfassung

1. Betrachten Sie Ihre Träume als wichtig für Ihr Leben, dann werden Sie wertvolle Träume haben und sich an sie erinnern können.
2. Belohnen Sie sich selbst für Ihre Träume, wie das auch die Indianer tun.
3. Ermutigen Sie sich zum Träumen.
4. Ihre Träume werden für Ihr Leben umso bedeutungsvoller, je mehr Wert Sie ihnen beimessen und je besser Sie sie nutzen.
5. Sie können sich soweit bringen, daß sie ganz bestimmte Einzelheiten zu träumen vermögen.
6. Je mehr Traumfreunde Sie haben, desto besser.
7. Je mehr Ihre Traumfreunde Ihnen dienen, desto besser.
8. Bewahren Sie sorgfältig jeden Ihrer Traumgesänge.
9. Eine friedvolle Umgebung, in der Sie keinen Belastungen ausgesetzt sind, wird Ihnen helfen, sich Ihrer Träume zu erinnern und mehr Träume zu haben.
10. Gestalten und nutzen Sie Ihre Traumsymbole.
11. Träumen kann zu größerer Unabhängigkeit und Selbständigkeit führen.
12. Träumen entwickelt Ihre Fähigkeit, Probleme zu lösen.
13. Eine erfolgreiche Lösung, die im Traum gefunden wurde, überträgt sich aufs Alltagsleben.

Zweiter Teil

So werden wir uns im Traum bewußt, daß wir träumen

Fünftes Kapitel

Was wir von Träumern der Senoi lernen können

Es ist noch früh am Morgen im Haushalt der Senoi-Familie in Malaysia. Die Mutter bereitet Früchte für das Frühstück vor. Draußen rauschen die Palmen in der kühlen Morgenbrise. Affen plappern, gelegentlich trompetet ein Elefant aus dem dampfenden Dschungel, der bis in die Nähe des Dorfes heranreicht, Sittiche trillern sanft im Geäst des Granatapfelbaumes und ein prächtiger Schmetterling gaukelt am offenen Fenster vorbei. Im Innern des gemeinschaftlichen Langhauses herrscht ein geschäftiges Treiben. Überall in den benachbarten Räumen wird das Frühstück zubereitet von den Onkeln und Tanten, den Vettern und Basen ersten und zweiten Grades, die zu Besuch gekommen sind. Die Schwester hat sich schon das hübsch verzierte Lendentuch umgelegt und sich frische duftende Blüten in ihr langes dunkles Haar gesteckt, das wellig über ihren Rücken fällt. Sie stellt die Blätter bereit, die als Teller dienen sollen, und die Becher aus Bambusholz. Großmutter kaut zufrieden ihre Betelnuß. Der kleine Sohn reibt sich den Schlaf aus seinen Augen. Er ist jetzt acht Jahre alt und weiß genau, wo sein angestammter Platz an der Frühstückstafel ist. Auch ein Affe erbettelt sich seinen Teil. Er ist dazu abgerichtet worden, Kokosnüsse von den Palmen herunterzuholen. Bananen und Früchte des Durian- und des Jackfruchtbaumes werden herumgereicht. Bald einmal bedient sich jeder selber. Jetzt findet der Vater Zeit, die wichtigste Frage des ganzen Tages zu stellen: „Nun – was habt ihr heute nacht geträumt?"

Die Frage „Was habt ihr geträumt?" ist tatsächlich die allerwichtigste im Leben der Senoi. Sie wird auch in Ihrem Leben eine ungemein wichtige Frage werden – falls sie es nicht schon ist –, wenn Sie sich den Auffassungen der Senoi anschließen. Die wesentlichsten Einzelheiten der von den Senoi herausgearbeiteten Techniken können auf die eigenen Träume angewendet werden, um Alpträume zu vermeiden und statt dessen von kreativen Schöpfungen und vielen anderen nützlichen Dingen zu träumen.

Beim Morgenessen erzählt jedes Familienmitglied seine Träume — vom jüngsten bis zum ältesten. Kein einziger wird sagen: „Ich weiß nichts zu erzählen", oder: „Ich kann mich nicht erinnern", denn für die Senoi sind die Träume das Allerwichtigste — und *jedes* Stammesmitglied *erinnert* sich seiner Träume. Von Geburt an bis zum Tode sind weitgehend alle Tätigkeiten von den eigenen Träumen bestimmt. Kaum können die Kinder sprechen, beginnen sie ihre Träume beim Frühstück zu erzählen. Und alle — Vater, Mutter, Großeltern, Schwestern und Brüder — loben sie dafür und freuen sich. Sie befragen jedes Kind, wie es sich im Traum verhalten habe, und sagen ihm, was ihrer Auffassung nach falsch gewesen sei. Von allen Seiten wird das Kind beglückwünscht, wenn es sich richtig verhalten hat. Man ermutigt es und gibt ihm Ratschläge, wie es sein Traumverhalten ändern könne, und welchen Standpunkt es in Zukunft einnehmen muß. Schließlich geben sie ihm auch Empfehlungen, was es aufgrund gewisser Traumereignisse heute noch alles in der Gemeinschaft tun sollte.

Nach der Traumbesprechung beim Frühstück gehen viele Familienmitglieder zur Versammlung des Dorfrates. Hier wird die ernsthafte Auseinandersetzung mit den Träumen fortgesetzt. Alle Männer, heranwachsende Jugendliche und einige Frauen berichten nun in der größeren Gruppe von ihren Träumen. Hier wird die Bedeutung jedes Traumsymbols und jeder Traumsituation besprochen. Jedes Ratsmitglied äußert seine Meinung über die Bedeutung der einzelnen Trauminhalte. Alle, die gleicher Meinung sind, bilden eine Gruppe und übernehmen ein Traumvorhaben, das dann ausgeführt wird. Fast alle Beschäftigungen des täglichen Lebens entstehen bei den Senoi aus der Deutung der Träume und den Entscheidungen, die aus den Traumbesprechungen gewonnen wurden: Freundschaften werden geknüpft; Stammesmitglieder organisieren sich, um einen aus den Träumen gewonnenen Plan durchzuführen; aufgrund von Traumbesprechungen beschließt man sogar, das Lager abzubrechen und weiterzuziehen. Die Erwachsenen helfen den Kindern, wenn es darum geht, die von den Kleinen im Traum gesehenen künstlerischen oder mechanischen Dinge zusammenzubasteln. Einige schließen sich zusammen, um Kostüme anzufertigen, zu malen, Tänze aufzuführen und Lieder zu singen, die sie im Traum gesehen oder gehört haben. Fast der ganze Tag ist ausgefüllt mit Tätigkeiten, die von den Träumen inspiriert worden sind. Und nachts ziehen sich alle zurück, um zu schlafen. Dann träumen die Senoi einem neuen Tag entgegen, der wiederum von all dem bestimmt sein wird, was sie im Traum erfahren haben. Es ist offensichtlich, daß die Senoi die Träume noch wichtiger nehmen als die amerikanischen Indianer, und deshalb auch mehr hilfreiche Träume erhalten.

Die Senoi[1] sind ein ziemlich großes Volk, das etwa 12'000 Seelen umfaßt, die in den gebirgigen Dschungelgebieten Malaysias leben. Auf der Halbinsel leben drei Gruppen von Ureinwohnern, die in malayischer Sprache *Orang-Asli* genannt werden. Die eine Gruppe sind die Senoi, die nicht so primitiv leben wie die Negrito-Gruppe und nicht so zivilisiert sind wie die Proto-Malayen. Alle drei sind aber primitiver als die moderne malaysische und chinesische Bevölkerung der Halbinsel und leben von ihr ziemlich isoliert.

Die Senoi sind von hochgewachsener, schlanker Gestalt, haben eine hellbraune Haarfarbe und besitzen feines, gewelltes Haar. Sie bilden weitläufige Familiengemeinschaften und leben in großen Langhäusern, die so gebaut sind, daß sie fünf bis sechs Jahre halten. Jede Familie hat darin ihren eigenen Wohnbereich und kocht für sich. Die Mitglieder eines einzelnen Langhauses verhalten sich zueinander wie eine dörfliche Gemeinschaft (*kampong*), wobei der geräumige Mittelgang etwa der Dorfstraße entspricht. Gemeinsam mit anderen Großfamilien bearbeiten sie ein gerodetes Gebiet im Dschungel (*ladang*) und ziehen Feldfrüchte: Kürbisse, Yamwurzeln, Bananen, Reis, Maniok u.a. Auf dem guten Boden lassen sich mehrere Jahre hindurch mit Leichtigkeit reiche Ernten erzeugen. Läßt der Ertrag nach, weil der Boden ausgelaugt ist, so ziehen die Großfamilien weiter.

An manchen Stellen ist der Dschungel derart dicht bewachsen mit Bäumen, Sträuchern, Büschen, Bodenranken, Schlinggewächsen, Kletterpflanzen, Farnen, seildicken Ausläufern, Kletterpalmen und Moosen (an manchen Orten), daß ohne Messer kein Durchkommen ist. Selbst die Tiere müssen da starkbenutzte Wildwechsel benutzen. Wer das Gebiet der Senoi erforschen will, sieht sich gezwungen, es mit einem Flußboot oder mit dem Hubschrauber zu erreichen. Im Dschungel, der voller Tiere ist und nur so von Insekten wimmelt, sind die Forschungsreisenden dauernd von Malaria bedroht, gegen welche die Senoi immun sind. Im Jahre 1972, als ich Malaysia besuchte, erzählte mir ein Forscher, daß ihm seine Malaria „eine einzige Nacht mit Dschungelmusik und Tanzen wert gewesen sei". Ich habe ihm jedoch nicht zustimmen können.

Die Senoi leben überwiegend vegetarisch. Manchmal jagen sie im Dschungel mit Blasrohren. Auch mit Fischen wird der Speisezettel bereichert. Sie zerdrücken auf einem Stein dicht am Ufer des Flusses eine Frucht, deren Saft ins Wasser läuft und die Fische betäubt. Sie schwimmen bald einmal auf dem Wasser und lassen sich leicht aufgreifen.

Die Bambusgefäße schmücken sie mit eingebrannten Ornamenten und Figuren. Sie sind ein Volk, das die Musik liebt. Gruppengesänge werden mit Trommeln, Gongs, Röhren- und Bambuszithern, Maultrommeln, Nasen- und Kernspaltflöten begleitet. * Ihre Zählkunst beschränkt sich auf vier Mengenangaben, eins, zwei, drei und „viel". Nur einzelne Gruppen kennen noch die Zahlwörter vier und fünf. Die am Rande des Dschungels lebenden Senoi haben von den in der Nähe wohnenden Malayen ein paar Zivilisationsbräuche übernommen, bleiben aber trotz allem ein unzivilisiertes Volk — wenigstens gemäß unserer intellektuellen, wissenschaftlichen und materiellen Sichtweise.

„Zivilisiert" ist aber ein sehr relatives Wort, dessen Gebrauch

---

* (Anm. des Übersetzers: Hans Oesch vom Musikwissenschaftlichen Institut der Universität Basel hat in der Reihe *Anthologie südostasiatischer Musik* die Platte *Musik der Senoi* herausgegeben (Bärenreiter-Musicaphon, Basel. Plattenbezeichnung: BM 30 L 2561.)

maßgeblich vom eigenen Standpunkt abhängt. Obwohl wir den Senoi in materieller Hinsicht weit überlegen sind, sind sie auf anderen Gebieten weit fortgeschrittener als wir. Sie haben Dinge erreicht, um die wir uns vergeblich bemüht haben – die Senoi leben in Frieden. Jede Art von Gewalt ist außerordentlich selten. Angehörige des Hospitals für die Ureinwohner in Gombak berichteten mir 1972 bei einem Besuch, daß sie sich nicht entsinnen könnten, jemals einen Senoi mit einem seiner Stammesgenossen oder mit Fremden sich schlagen gesehen zu haben – und das während zwölf Jahren. So lange sei nämlich das älteste Mitglied des Hospitals schon hier tätig. Die Senoi behalten ihre Friedlichkeit, obgleich kriegerische Stämme ganz in der Nähe leben. Aber diese anderen Stämme fürchten sich vor dem, was sie als die magische Macht der Senoi ansehen, und lassen sie in Ruhe.

Die Senoi sind in hohem Maße zur Zusammenarbeit bereit, und eine grundsätzliche Ermahnung lautet: „Hilf deinem Mitmenschen – mußt du einmal Hilfe ablehnen, dann tue es freundlich."[2] Man hat ein Gefühl gemeinsamer Verantwortlichkeit, teilt unter sich das Essen auf, hat das Land in gemeinschaftlichem Besitz und lebt das Leben gemeinsam.

Trotz ihres Gemeinschaftsgeistes sind die Senoi individualistisch und schöpferisch. Jeder einzelne entfaltet sich zu einer einmaligen Persönlichkeit und ist kreativ tätig. Die Lösungen für gesellschaftliche Fragen und solche des häuslichen Familienkreises sind mannigfaltig und anpassungsfähig. Es gibt neben der üblichen Monogamie (Einehe) auch Polygamie (ein Mann hat mehrere Frauen) und Polyandrie (eine Frau hat mehrere Männer).

Vielleicht ist das verblüffendste Merkmal der Senoi deren außergewöhnliche seelische Ausgeglichenheit. Neurosen und Psychosen, wie wir sie kennen, sollen bei ihnen nicht vorkommen. Westliche Psychotherapeuten können das kaum glauben, obwohl es immer wieder von Forschern betont wird, die lange Zeit mit den Senoi zusammengelebt und sie beobachtet haben. Die Senoi zeigen eine bemerkenswerte emotionale Reife. Es mag sein, daß gerade wegen ihrer fortgeschrittenen seelischen Entwicklung das Streben nach Macht und Besitz nur eine ganz untergeordnete Rolle spielen. Sie wenden nur sehr wenig Zeit zur Befriedigung der materiellen Bedürfnisse auf — beispielsweise braucht die Gruppe nur eine Woche, um das Langhaus zu bauen, das fünf bis sechs Jahre hält. Eine weitere Woche ist nötig, um den Dschungel für die Pflanzungen zu roden. Die gemeinschaftlich durchgeführte Nahrungsbeschaffung dauert nur zwei bis drei Stunden pro Tag. Die restliche Zeit verbringen sie dann, um ihre Traumvorhaben in die Tat umzusetzen.

Es gibt keine nachprüfbare wissenschaftliche Untersuchung, die beweisen würde, daß Friedfertigkeit, Bereitschaft zur Zusammenarbeit, Kreativität, seelisches und geistiges Wohlbefinden und emotionale Reife die Folge davon sind, daß die Senoi einen derart umfassenden Gebrauch von ihren Träumen machen. Aber trotzdem weist zu Vieles darauf hin, daß zumindest die Beachtung und Benutzung der Träume ein ganz wichtiges Element für die Entstehung dieser Eigenschaften darstellt.

Wenn die Senoi-Kinder ihre ersten Träume erzählen, dann berichten sie von Träumen, die denen aller anderen Kinder sehr ähnlich sind: da gibt es viele Tiere und sogar Monster, die hinter ihnen herjagen. Bis sie aber erwachsen sind, haben sie alle Alpträume längst ausgemerzt und gelernt, regelmäßig kreative Anregungen aus ihren Träumen in die Tat umzusetzen. Wie bringen die Senoi diesen bemerkenswerten Wechsel in ihrem Traumleben zustande?

Ich habe selber ein paar Mitglieder des Senoi-Stammes nach der Art ihres Vorgehens befragt (mein ins Malayische übersetzte Englisch wurde von einem Senoi, der neben seiner Muttersprache auch des Malayischen mächtig war, übersetzt). Die Senoi, mit denen ich gesprochen habe, waren Angestellte des Hospitals für die Ureinwohner in Gombak ganz in der Nähe des Dschungels. Ihr Lebensstil war bereits ziemlich beeinflußt von anderen Kulturen. Ich habe auch mit einigen Forschern gesprochen, die erst kürzlich für längere Zeit bei den Senoi gewesen sind, und das Volk in seiner angestammten Umgebung gesehen und mit ihnen zusammengelebt haben. Ferner habe ich mir auch die einschlägige Literatur beschaffen können, unter welcher die Arbeiten Kilton Stewarts die wesentlichsten sind. Stewart, ein Amerikaner, in Anthropologie und Psychoanalyse ausgebildet, verbrachte mehrere Jahre zusammen mit dem britischen Anthropologen Herbert Noone in Malaysia. Stewart untersuchte vor allem, wie die Senoi ihre Träume verarbeiteten, während Noone die völkerkundlich wichtigen Daten aufnahm.[3] Fast alle Hinweise in diesem Kapitel habe ich den Arbeiten Stewarts entnommen.

Beim Zusammenfassen meiner Erkenntnisse habe ich drei allgemeine Regeln abgeleitet, die bei ganz verschiedenen Traumsituationen angewendet werden. Die erste Regel lautet: *Stellen Sie sich im Traum der Gefahr und überwinden Sie sie.* Nehmen wir einmal an, ein Senoi-Kind würde seinen Eltern beim Frühstück erzählen: „Ich habe in der Nacht geträumt, daß mich ein Tiger verfolgte." Das Gespräch mag etwa folgendermaßen weitergehen:

„Oh — was hast du denn dann getan?", erkundigt sich der Vater.

„Ich rannte so schnell ich nur konnte. Aber er kam immer näher und näher. Meine Beine konnte ich gar nicht schneller bewegen. Da bin ich ganz erschrocken aufgewacht."

„Es war gut, daß du solchen Traum hattest, mein Junge, aber du hast einen großen Fehler gemacht!", äußert sich kritisch der Vater. „Tiger, denen du tagsüber im Dschungel begegnest, können dich verletzen, weshalb du weglaufen mußt; aber Tiger, denen du nachts im Traum begegnest, können dich nur verletzen, wenn du vor ihnen wegrennst. Sie verfolgen dich nur solange, wie du dich vor ihnen fürchtest. Wenn du das nächste Mal diesen Traum hast — und das wird bestimmt bald der Fall sein —, mußt du dich umwenden und dich dem Tiger entgegenstellen. Wenn er dich dann immer noch angreift, so mußt du ihn selbst angreifen."

„Aber wenn er für mich zu stark ist?"

„Dann ruf deine Traumfreunde, damit sie dir helfen; aber kämpfe alleine weiter, bis sie eintreffen. Greife immer selber ein Traumbild an, wenn es dich bedrängt. Verstehst du? Laß dich im Traum niemals angreifen und renne nicht davon. Stell dich stets der Gefahr."

Der erste allgemeine Grundsatz, *sich der Gefahr zu stellen und sie zu bezwingen,* ist die wichtigste Regel der Traumkontrolle bei den Senoi. Wir werden ihr in einer etwas anderen Form bei den wachbewußt träumenden Yogis (7. Kapitel) wiederbegegnen. Sie erinnern sich an Stevensons Traumleben, das sich von einem angstbesessenen Zustand zu einem kreativen entwickelte, und hilfreiche „Heinzelmännchen" ihm zu Dienste standen. Eine ähnliche Wandlung von beängstigenden zu beglückenden Träumen brachte, wie wir noch sehen werden, auch Mary Arnold-Forster zustande. Beide kreative Träumer scheinen von sich aus auf das Konzept gestoßen zu sein, sich der Traumgefahr zu stellen und sie zu bekämpfen. Auch Sie werden dramatische Veränderungen in Ihrem Traumleben erfahren, wenn sie Traumgefahren auf diese Weise entgegentreten. Diese Regel mag in der Tat die Grundlage für die wohlausgeglichene Persönlichkeitsstruktur sein, wofür die Senoi bekannt sind.

Sicher wird jeder, der sich seiner Träume erinnert, bestätigen können, daß es ganz normal ist, wenn man in seinen Träumen Gefahren begegnet. Der amerikanische Psychologe Calvin Hall, der Unterlagen über die Häufigkeit verschiedener Traumerfahrungen gesammelt hat, schließt daraus, daß Agression in 50% und mehr der Träume jugendlicher amerikanischer Erwachsener vorkommt.[4] Gewöhnlich sind diese aggressiven Bilder von Angst, Furcht oder sogar von Terror begleitet.

Es ist nicht ungewöhnlich, daß im Traum aggressive Geschehnisse auftreten. Außerdem ist auch zu beobachten, daß ganz besondere Formen von Aggression in Erscheinung treten. Ich zitiere Hall:

„In durchschnittlich zwei Dritteln aller Fälle sieht sich der Träumer als Opfer. Navajo-Träumer sind zu 89% Opfer, während ihre Nachbarn, die Hopis, es nur zu 60% sind. Natürlich gibt es Unterschiede bei den einzelnen Träumern. In einigen Traumserien ist der Träumer sogar häufiger der Angreifer als das Opfer. Besonders Kinder sehen sich in ihren Träumen vielfach als Opfer von Erwachsenen oder von Tieren. Frauen träumen etwas häufiger als die Männer, daß sie das Opfer seien."[5]

Hall folgert weiter, daß bei aggressiven Begegnungen häufiger männliche als weibliche Traumpersonen auftreten, und stellt fest, daß am häufigsten Tiere als Feinde des Träumers auftreten, und in zweiter Linie dann männliche Personen, die dem Träumer fremd sind.

Man ist in seinen Träumen derart oft das Opfer von Aggressionen daß es schier unbegrenzte Gelegenheiten gibt, die Senoi-Regel anzuwenden, *sich der Gefahr zu stellen und sie zu überwinden*. Wenn Sie diese Regel anwenden, so haben Sie es als Träumer selbst in der Hand, den Inhalt ihrer Träume zu verändern, was immense Auswirkungen haben wird. Genau wie die Senoi es tun, können auch zivilisierte westliche Menschen aus ihrem Traumleben beklemmende Alpträume ausschalten. Besondere Hinweise, wie diese Regel anzuwenden ist, werden später folgen.

Die zweite allgemeine Regel der Senoi läßt sich mit der ersten vergleichen, doch bedient man sich bei ihr eines anderen Anreizes: *Erlebe im Traum immer größere Beglückungen*. Das Kind wird dazu ermuntert, im Traum angenehme erotische Erfahrungen zu machen, die Empfindungen zu genießen und sie bis zum Äußersten zu steigern. Das Kind wird auch dazu angehalten, die herrlichen Gefühle des Fliegens im Traum voll und ganz auszukosten und sich dabei total zu entspannen.

Die dritte allgemeine Regel nenne ich: *ein positives Ergebnis zu erreichen*. Hören wir wieder einem Senoi-Kind zu, das seinen Traum erzählt: „Ich habe geträumt, ich sei von einem hohen Felsen hinuntergefallen." Dann könnte die Unterhaltung etwa folgendermaßen weitergehen:[6]

Der Vater (oder die Mutter) sagt: „Das ist ein herrlicher Traum! Was hast du dabei getan?"

„Ich habe überhaupt nichts gemacht. Ich bin einfach gefallen. Das war überhaupt nicht schön, im Gegenteil, es war schrecklich. Bevor ich unten aufschlug, erwachte ich mit Schrecken."

„Oh — das war ein Fehler, denn die Erdgeister lieben dich. Sie haben dich gerufen, weil sie dir etwas zeigen wollten. Du mußt weiterschlafen, selbst wenn du erschrocken bist. Versuche dich zu entspannen, laß dich ruhig fallen und lande unten, damit du erfährst, was für interessante Dinge deiner dort harren. Nächstes Mal, wenn du so etwas träumst, versuche zu fliegen und laß dich nicht einfach fallen. Versuche zu spüren, wie herrlich das Fliegen ist. Fliege irgendwohin zu einem interessanten Ort." So wird das Kind veranlaßt, seine Furcht beim Fallen in eine Freude am Fliegen umzuwandeln.

Sogar die schlimme Erfahrung, im Traum verwundet oder gar getötet zu werden, wird in ein positives Erlebnis umgestaltet. Sollte das Kind im Traum verwundet worden sein, so lehrt man es, daß die Kraft des Angreifers vermindert worden sei, da er einen Teil seiner Stärke verbraucht habe. Und wenn es im Traum getötet wurde, so hat es ein für alle Mal die Macht des Gegners erschöpft. Es muß unverzüglich in einer besseren Gestalt wiedergeboren werden. Diese „Primitiven" haben bestimmt eine hochentwickelte Auffassung von der „Kraft des positiven Denkens". Daß sie tatsächlich außerordentlich wirkungsvoll ist, werden wir noch sehen.

Ein äußerst positives Ergebnis hat ein Traum dann erbracht, wenn der Träumer von einer Traumgestalt ein Geschenk empfängt. Der Träumer muß eine schöne oder nützliche Gabe mitbringen, um seine Familie, seine Freunde und den ganzen Stamm daran teilhaben zu lassen.

Der Träumer sollte nicht zulassen, daß sein Traum endet, ohne daß eine positive Handlung zum Abschluß gekommen ist. Wenn er fällt oder fliegt, sollte er irgendeinen Ort erreichen; wenn er liebt, bis zum Orgasmus kommen, er sollte stets bis zum Letzten kämpfen (oder selbst getötet werden) und immer etwas Kreatives erhalten.

Betrachten wir nun, wie diese allgemeinen Regeln auf spezielle Traumsituationen anzuwenden sind. In jedem Traum, in dem Sie selber das Opfer und damit aggressiven Handlungen ausgesetzt sind, müssen sie zu dem werden, was Hall „reziprok aggressiv" nennt. Sie sollten Ihren Traumfeind angreifen und bis zum Tod bekämpfen. Wenn es nötig sein sollte, dann rufen Sie ihre Traumfreunde zu Hilfe — kämpfen Sie aber bis zu ihrem Eintreffen selbst weiter.

Die Senoi sehen im Tod eines Traumfeindes etwas Gutes, weil dann der Geist des Gegners als Diener und Verbündeter des Träumers daraus hervorgeht. Gemäß Stewart wird mit dem Tod eines Traumfeindes eine positive Kraft freigesetzt. Diese entstammt dem Teil des Träumers, der das gegnerische Traumbild erzeugt hat. Der Wesenskern des Traumfeindes entsteht dann aufs Neue als hilfreiche, positive Gestalt.

Jede Traumfigur, die Ihnen feindlich gesinnt ist oder sich weigert, Ihnen zu helfen, ist als Gegner zu betrachten. Solche, die so tun, als wären sie Freunde, dann aber angreifen und Hilfe verweigern, sind „Wölfe im Schafspelz". Traumgestalten sind nur solange Feinde, wie Sie als Träumer sich von ihnen fürchten.

Ich möchte hier anmerken, daß es gewisse Meinungsverschiedenheiten gibt, was die Weisheit des „Tötens", des Zerstörens eines Traumbildes angeht. Einige Theoretiker[7] meinen, daß man sich einem Traumbild bloß entgegenstellen, es aber nicht vernichten sollte. Sie empfehlen verschiedene Techniken: Man kann in die Augen der furchterregenden Gestalt sehen; sie überfüttern, bis sie hilflos geworden ist; sie zwingen, etwas zu tun, das ihre Kräfte erschöpft, oder man kann sich mit der feindlichen Traumgestalt anfreunden, indem man sie liebkost. Meiner Ansicht nach ist das „Töten" einer Traumfigur entsprechend den Anschauungen der Senoi unschädlich, weil man ja bemüht ist, an ihrer Stelle eine positive Gestalt zu erzeugen – einen Diener, Freund oder Verbündeten. Bei dieser Art von „Tötung" wird nur der negative Teil des Bildes zerstört. Es ist Ihnen überlassen, ob Sie einem negativen Traumbild auf irgendeine Weise entgegentreten oder es „töten" und an seiner Stelle ein positives Bild erzeugen.

Wenn man sich einmal dem Traumfeind gestellt und ihn überwunden hat, dann – so sagen die Senoi – sollte man seinen Geist zwingen, dem Träumer ein Geschenk zu geben. Nur wenn es nötig ist, sollte der Träumer dem Gegner eine Gabe abhandeln. Geht die Gefahr nicht von einem Traumangreifer aus, sondern offenbart sie sich gestaltlos, dann soll der Träumer in diesen unbestimmten, bedrohlichen Bereich hineintauchen (z.B. in einen dichten Nebel) – und er wird das Geschenk dort *finden*. Dieses Geschenk kann irgendetwas sein: ein Gedicht, eine Geschichte, ein Lied, ein Tanz, ein Entwurf, ein Bild oder sonst etwas Schönes. Es kann auch etwas Nützliches sein, wie eine Erfindung oder die Lösung eines Problemes. Der Wert des Geschenkes sollte so bemessen sein, daß der Träumer im Wachzustand gesellschaftliche Anerkennung dafür erhält.

Die maßgeblichen Senoi-Stammesmitglieder raten, daß nach einer gegnerischen Auseinandersetzung im Traum ganz bestimmte Handlungen im Wachzustand ausgeführt werden müssen: Wenn der Träumer in der Gestalt, die ihn angreift, seinen Freund erkennt, sollte er das seinem Freund im Verlaufe des Tages mitteilen, so daß der Freund die Gelegenheit bekommt, sein angeschlagenes Image wieder in Ordnung zu bringen. Falls der Träumer selber in seinem Traum sich nicht gewehrt hat, dann sollte er sich vornehmen, es in zukünftigen Träumen zu tun.

Anders liegt der Fall, wenn der Träumer selbst aggressiv gegen einen seiner Freunde gewesen ist oder sich geweigert hat, ihm zu helfen. Nach dem Aufwachen sollte er dann, falls er den Freund kennt, sich ihm gegenüber besonders freundlich und zuvorkommend verhalten.

Wenn der Träumer beobachtet, daß jemand, den er kennt, angegriffen wird, dann muß er dem Betreffenden davon Mitteilung machen und ihn warnen. Der Träumer selber sollte sich vornehmen, in zukünftigen Träumen das aggressive Gegenüber zu töten, bevor es Gelegenheit findet, selbst anzugreifen.

Diese durchdachten Verhaltensweisen der Übertragung von Traumhandlungen in das Alltagsleben sind es vielleicht, die der friedlichen, auf Zusammenarbeit ausgerichteten Kultur der Senoi zu ihrer inneren Festigkeit verhelfen. Träumer der westlichen Welt dürften nicht imstande sein, die Konzepte der Senoi in vollem Umfang anzuwenden. Doch könnte ein solches Verhalten innerhalb einer begrenzten Gruppe verständnisvoller Freunde durchaus die gegenseitigen Beziehungen vertiefen. Vor kurzem hat ein Wissenschaftler eine kleine Gruppe von College-Studenten in den Traumtechniken der Senoi unterrichtet, die sie mit großem Erfolg auf einer zweiwöchigen Zeltfahrt in den Bergen von Santa Cruz angewandt haben.[8] Eine derart reibungslos funktionierende Arbeitsgemeinschaft, wie die Studenten sie hier erreichten, hatte keiner von ihnen je zuvor erlebt. Einer der Studenten hatte einen prophetischen Traum, ein anderer einen luziden. Es ist also auch westlichen Menschen möglich, Senoi-Traum-Konzepte anzuwenden.

Wenden wir uns nun von Träumen mit aggressiven Auseinandersetzungen solchen mit sexuellen Geschehen zu. Nach Auffassung der Senoi sollte der Träumer, wenn er im Traum einen erfreulichen sexuellen Kontakt (z.B. Küssen, Liebkosungen) erfährt, den Genuß bis zur vollständigen körperlichen Vereinigung mit dem Traumpartner auskosten und die Glücksempfindungen zu steigern suchen. Hat der Träumer einmal im Traum mit der sexuellen Begegnung begonnen, dann soll er sie bis zum Orgasmus weiterführen. Die Senoi glauben, daß der Träumer nicht genug Liebe im Traum erfahren kann. Er sollte sich im Traum auch nicht vor anscheinend unanständiger und inzestuöser Liebe fürchten. Alle Traumgestalten sind ja Teile des Selbstes des Träumers, die integriert werden müssen.[9]

Jedesmal wenn der Träumer mit einem Liebespartner zum Orgasmus gekommen ist, dann sollte er sie oder ihn um ein Erinnerungsgeschenk bitten. Dabei sollte es sich wie oben beschrieben, um etwas Schönes oder Nützliches handeln. Bei der Begegnung mit einem furchterregenden Traumbild gilt es für den Träumer, mutig an es heranzutreten, sich ihm zu stellen, es zu bezwingen und ein Geschenk von ihm zu *fordern*. Bei einer liebenswerten Traumbegegnung jedoch sollte sich der Träumer der Gestalt nähern, sich mit ihr erfreuen, einen Höhepunkt erleben und von ihm ein Geschenk *erbitten*. Bei jeder Art von Erfahrung gewinnen Sie stets etwas Positives.

Kommt es in einem Traum zu einem Sturz, zum Fallen, so drängen die Senoi darauf, das Fallen, das gewöhnlich Angst hervorruft, in die Freude des Fliegens umzuwandeln. Während des Fallens sollte der Träumer ruhig weiterschlafen, sich entspannen und landen. Für spätere Träume sollte er sich jedoch vornehmen, zu fliegen statt zu fallen. Gelingt ihm der Flug, dann sollte er immer weiter fliegen und das schöne Gefühl in vollen Zügen genießen. Aber ob er nun fällt oder fliegt, stets soll der Träumer sich darum bemühen, an einer interessanten Stelle zu landen. Dort sollte er sich genau umsehen und alles beobachten: die Menschen, die Kleidung, die sie tragen, welche Tänze sie vollführen, welche Musik sie singen und spielen und wie sie ihre Bauten entworfen haben. Im günstigsten Fall behält der Träumer alles im Gedächtnis und bringt es mit zurück, um es seinen Stammesgenossen mitzuteilen. In diesem Fall *finden* Sie Ihr Geschenk (oder besser gesagt, Ihr Andenken); Sie brauchen es also weder zu fordern, noch darum zu bitten.

Begegnet der Träumer in irgendeinem Traum einer freundlichen Traumgestalt — zufälligerweise oder auf Wunsch —, dann sollte er ihre Hilfe annehmen; so lautet der Rat der Senoi. Man bekunde ihr auch seine Dankbarkeit für die Freundlichkeit und bitte sie um ein Geschenk. Die erhaltenen Gaben sollten genutzt und mit anderen geteilt werden. Wenn die Traumgestalt ganz besonders freundlich ist, kann der Träumer sie bitten, sein Helfer zu werden (der größte Freundschaftsdienst nach den Hallschen Kategorien der geoffenbarten Trauminhalte). Ein Forscher unserer Zeit, der sich auf das religiöse System der Senoi spezialisiert hat,[10] erzählte mir, daß der gewöhnliche Senoi in seinen Träumen einen oder mehrere „Hilfsgeister" z.B. einer Blume oder eines Felsens erwirbt. Nur der hochgeachtete Senoi, der als großer Schamane gilt, kann viele Hilfsgeister haben, auch solche von anderer Beschaffenheit wie z. B. den eines Tigers. Diese Hilfsgeister erscheinen in den Träumen und nennen den Träumer „Vater". Sie werden zu kleinen Freunden, die dem Träumer vielerlei erzählen von Tänzen und Liedern, von der Religion und von vielem mehr. Solche Mitteilungen führen sogar zu Veränderungen in der religiösen Struktur, weshalb die religiösen Auffassungen von Dorf zu Dorf verschieden sind. Sie hängen von den persönlichen Traumoffenbarungen ihrer Mitglieder ab.

Beachten Sie den geradezu dramatischen Gegensatz dieser Traumauffassung der Senoi zu jener der amerikanischen Indianer. Für den Indianer ist der Träumer das leidende *Kind*, dem der großväterliche Geist aus Mitleid hilft, während für den Senoi der Träumer der *Vater* ist, dem der kindliche Hilfsgeist aus lauter Freundschaft hilft.

Was für ein psychologischer Unterschied! Das amerikanische

Indianerkind muß fasten und sich den Naturgewalten preisgeben, es weint sehr lange und verstümmelt sich sogar selber, damit die großväterlichen Geister es bedauernswert finden, und sich veranlaßt fühlen, ihm zu Hilfe zu kommen. Das Senoi-Kind dagegen muß seine Traumgestalten bezwingen, um sich Freunde zu schaffen, und wird Vater von vielen kindlichen Hilfsgeistern, die ihm dann in seinem Leben helfen. Dieser Unterschied im Grad des Selbstvertrauens, der Unabhängigkeit, in der Fähigkeit der Lebensbewältigung und in seiner gesamten positiven Selbstbewertung ist beachtenswert. Ein Träumer, der sich selbst als leidendes Indianerkind betrachtet, das von einem Großvater-Geist bemitleidet wird, verhält sich im Alltag sicher ganz anders den Menschen gegenüber als ein Träumer, der sich selbst als Vater vieler freundlicher kleiner Hilfsgeister sieht. Wenn Sie eigene Traumfreunde gewinnen, werden Sie das starke Gefühl des Vertrauens spüren, das aus ihrer Unterstützung erwächst. Sie werden sich dadurch selbst einen zuverlässigen Rückhalt verschaffen.

Erblickt der Träumer in einem Traum Bilder von Speisen, so soll er sie mit anderen Traumgestalten teilen. Das spiegelt sehr schön den Gemeinschaftssinn und die gegenseitige Verantwortlichkeit der Senoi wider.

Nach Stewarts Auffassung (und auch auf Grund meiner eigenen Erfahrung) führt die Anwendung der Traumkontrolle nach dem Senoi-System zu einer Umgestaltung der inneren Erfahrungswelt des Träumers, zu einer Vervollkommnung der ganzen Persönlichkeit. Die Auswirkungen unangenehmer Erlebnisse im wachen Leben werden zuerst einmal in den Träumen neutralisiert und dann zu positiven Erfahrungen umgestaltet. Negative Bilder — sollten sie überhaupt noch auftreten — werden nicht mehr als beängstigend empfunden, und die Anspannung hat nachgelassen. Die Energie, die zur Schaffung negativer Bilder gebraucht wurde, hat sich in positive, kreative Formen umgewandelt. Sie werden bei der Anwendung dieses Systems großen Gewinn haben.

Die Psychologen der westlichen Welt sind sich sehr wohl der durchschlagenden Wirkung bewußt, welche die Beachtung der Verhaltensformung nach sich zieht.[11] Wenn eine Mutter den Temperamentsausbrüchen ihres Kindes nachgibt, wird sie es noch oft tun müssen. Jedes Kind, das für seine Träume Aufmerksamkeit und Lob erntet, wird sicherlich schnell lernen, sich an noch mehr Träume zu erinnern, weil es dafür belohnt wird. Hier im Westen wird uns aber gesagt, Träume sind „Schäume" und unsinnig, allenfalls noch amüsant oder psychologisch gesehen aufschlußreich; dementsprechend vergessen wir sie, lachen darüber oder prüfen sie mit ängstlichem Interesse. Wir hören fast nie, daß Träume *aktiv* benutzt werden können. Wir beschäftigen uns nicht bewußt mit unseren Träumen, um uns damit zu helfen.

Es ist leicht einzusehen — wenn das auch eine neuartige Auffassung sein mag —, daß ein Kind seine Träume ganz in Übereinstimmung mit den Wünschen der Respektspersonen seiner Umgebung gestaltet. Die Lerntheorie bestätigt, daß die Einstellung, welche die Gesellschaft gegenüber den Dingen einnimmt, die Haltung des Kindes formt. Wer zum ersten Mal von den Senoi hört, mag einwenden, daß die Senoi nur ihre Traum*erzählungen* ausgestalten und nicht die Träume selber. Man hat jedoch während ganzer Nächte hindurch Tonbandaufnahmen von Senoi gemacht, die im Schlaf sprechen, und dank dieser Aufzeichnungen bestätigen können, daß die am nächsten Morgen erstmals vorgesungenen neuen Lieder tatsächlich im Traum vorgekommen waren. Die gleichen Gesänge fand man nämlich auf dem Tonband wieder. Es kann also kein Zweifel daran bestehen, daß die Träume selbst gestaltet wurden.

Wenn ein Senoi-Kind erwachsen ist, hat es keine Alpträume mehr. Seine Träume verändern sich im Laufe der Jahre, bis sie dem von seiner Gemeinschaft geforderten Grundmuster entsprechen. Ein Junge gilt erst dann als Mann, wenn seine Traumgestalten mit ihm zusammenarbeiten und ihm auf gesellschaftlich gebilligte Art und Weise dienen.

Im Gegensatz zu den Senoi bleiben die Träume westlicher Menschen im Grunde genommen von Jahr zu Jahr unverändert. Nathaniel Kleitman, ein zeitgenössischer amerikanischer Schlafforscher, der bei der Entdeckung der schnellen Augenbewegungen (REM) mitbeteiligt war, bezeichnet die Träume der erwachsenen Amerikaner „als Ausdruck einer niedrigstehenden

Denkensart".¹² Er vergleicht ihr Traumdenken mit dem Denken des Senilen, des Kleinkindes, des total Betrunkenen oder mit den Träumen jener, die unter Störungen des zentralen Nervensystems leiden. Hall berichtet in seiner breitangelegten Untersuchung bekundeter Trauminhalte, daß trotz dramatischer Veränderungen der Lebensverhältnisse im Laufe der Jahre keine Veränderung im Traumstil festzustellen ist. Angst und Furcht und die Art, wie man sie zu bewältigen versucht, sind bei Kindern und Erwachsenen ganz ähnlich:

„Kinder erleben in ihren Träumen nur wenig mehr Angst als die Erwachsenen und die Art der Situationen, die den Träumer ängstigen, sind bei Kindern und Erwachsenen dieselben. Gewisse Unterschiede bestehen in der Häufigkeit, mit der die verschiedenen Typen von Angstträumen auftreten. Angst in Kinderträumen wird eher dadurch verursacht, daß die Kinder von Tieren und Monstern gejagt und angegriffen werden. Bei den Erwachsenen ist es oft der Träumer selber, der die Angst erzeugt, indem er ein Verbrechen oder eine von der Gesellschaft nicht gebilligte Handlung ausführt. Der erwachsene Träumer scheint also die Angst eher indirekt zu erzeugen. Er stellt sich irgendetwas vor, das ihm feindlich gesinnt ist, ihm Krankheit bringt oder ihm oder seinem Besitz Schaden zufügt.

Interessant ist, *daß es überhaupt keinen Unterschied zwischen Kindern und Erwachsenen gibt, hinsichtlich ihrer Versuche, mit der beänstigenden Situation fertig zu werden.* Kinder versuchten ebenso oft wie Erwachsene, die Angst zu bewältigen — was nicht oft der Fall war — und waren dabei im gleichen Maße erfolgreich. *Erfolg ist jedoch in allen Altersschichten recht ungewöhnlich.*"¹³

In den meisten Kulturen ändert sich das Traumleben nicht; bei den Senoi hingegen entwickelt es sich von Jahr zu Jahr zu einem immer positiveren Bestandteil des Lebens.

Wir wollen einmal annehmen, daß die Traumbilder innere Vorstellungen, die der Träumer von sich selber und von anderen hat, darstellen. Nehmen wir ferner an, die Traumhandlung zeige die Art, wie der Träumer mit sich selbst und mit seiner Umwelt umgeht. Wenn diese Annahmen zutreffen, so *können*

Änderungen der Traumereignisse auch die Vorstellungen, die der Träumer von sich selber und der Welt hat, wandeln.

Diese Auffassung ist für die Traumkontrolle ungemein wichtig. Wenn Sie Ihr Verhalten in den Träumen ändern, und diese Änderung sich „überträgt" so daß eine Veränderung Ihrer Einstellung gegenüber dem Alltagsleben stattfindet, *dann wird sich auch Ihr Verhalten im Alltagsleben wandeln.* Und diese Verhaltensänderung im Wachzustand bewirkt ihrerseits wieder weitere Änderungen im Traumleben — und so geht das immer weiter in einer positiven „Wachstumsspirale".[14]

Ich habe schon oft beobachten können, daß sich ein Verhalten im Traumleben in das Alltagsleben überträgt. Es gleicht der Wirkung der modernen Therapie, die im Wachzustand durchgeführt wird. Wird beispielsweise ein Mann, der unter Impotenz leidet, von einem Analytiker behandelt, der ihm (oft jahrelang) nur hilft, seine Ressentiments und Furcht gegenüber Frauen aufzudecken, so kann es sein — muß aber nicht —, daß der Betreffende von seiner Impotenz geheilt wird. Wenn jedoch derselbe Mann seine Impotenz direkt von einem Verhaltenstherapeuten (Behavioristen) behandeln läßt, so daß sie innerhalb weniger Wochen geheilt ist, dann wird er unweigerlich feststellen, daß sein geändertes Verhalten zugleich seine Einstellung sich selbst gegenüber gewandelt hat.

Ähnlich liegt der Fall, wenn wir unsere Verhaltensweisen, wie sie sich in unseren Träumen ausdrücken, einfach nur „verstehen". Mit dieser Erkenntnis sind wir vielleicht imstande, unser Verhalten im Wachzustand zu ändern, vielleicht aber auch nicht. Wenn wir aber unser Traumverhalten ändern, dann wird sich in der Folge auch das Verhalten im wachen Leben wandeln. Es gibt viele Beweise, die das untermauern können und die ich weiter unten noch ausführen werde.

Indem Sie bewußt Einzelheiten in Ihrem Traumleben verändern, können Sie lernen, sich vielen Ihrer Probleme dort zu stellen, wo sie ihren Ursprung haben — nämlich in Ihrer eigenen Seele —, und nicht erst Jahre später in der Praxis eines Psychotherapeuten. Für die Gestaltpsychologen stellt jedes Traumbild einen Aspekt des Träumers dar. Selbst wenn das Traumbild eine andere Person darstellt, ist es *Ihre Vorstellung* von dieser Person (und nicht die betreffende Person selbst), also immer noch ein Teil von sich selbst. Wenn Sie die Senoi-Methode der Traumkontrolle anwenden, lassen sich diese widerstreitenden Teile Ihrer Seele umgestalten und auf positive Weise miteinander verbinden. Und das alles während der anderthalb oder mehr Stunden, die Sie jede Nacht träumend verbringen. Wer als Träumer seine Träume richtig nutzt, kann ein einheitliches Zusammenwirken aller seiner seelischen Gegebenheiten erreichen und in eine harmonische Übereinstimmung mit sich und seiner Umwelt kommen. Er kann, um mit Stewarts Worten zu reden, „für den Frieden auf Erden arbeiten, indem er zuerst den Frieden im Innern der Erde herstellt, die sein eigener Körper ist".[15]

Hat der Träumer einmal diese friedvolle Einswerdung in seinem Traumleben erreicht, dann dürfte es nicht allzu weit hergeholt sein, folgende Vermutung zu äußern: Gewappnet mit dem Erreichten ist der Träumer nun fähig, mit der Gesellschaft auf eine ähnlich friedfertige Art und Weise in Beziehung zu treten.

Die dramatische Umstellung im Traumleben vom Angsterregenden zum Kreativen geschieht allmählich. Selbst bei den Senoi bedarf es einer gewissen Zeit, bis schließlich der hohe Grad an Selbstkontrolle erreicht wird. Kinder träumen nicht sofort in allen Einzelheiten gemäß dem Grundmuster, das ihnen die Eltern empfohlen haben. Tag für Tag werden die Träume erzählt, besprochen und kritisch beurteilt oder dann gebilligt. Nacht für Nacht versucht das Kind, seine Träume zu verändern und sie in Übereinstimmung mit der Glaubensauffassung seiner Gesellschaft zu bringen. Und Jahr für Jahr schreitet dieser Prozeß fort. Ganz allmählich, Schritt für Schritt und nicht aufs Mal, fängt das Kind an, in seinen Träumen das zu tun, was ihm aufgetragen wurde. Und wenn es dann zum Erwachsenen geworden ist, hat es eine umfassende Kontrolle über seine Träume gewonnen.

Die Senoi erlangen die Traumkontrolle über bestimmte Erscheinungsformen eher als über andere. Nach Stewart beherrschen sie zuerst Traumbilder von Gegenständen und Tieren, dann von Gefährten und Ebenbürtigen und schließlich von einflußreichen Personen und von Göttern.[16] Zuerst sterben diese Gestalten in den Träumen, oder — als zweite Möglichkeit — sie arbeiten mit dem Träumer zusammen und helfen, andere Erscheinungsformen zu bezwingen. Später ist der Träumer dazu allein imstande. Wichtige Traumgestalten aus dem sozialen Bereich und der Umwelt des Träumers (z.B. Vater, Mutter, Bruder, Freund, Sonne, Wind, Blitz) sterben nicht nur oder arbeiten mit ihm zusammen, sondern geben dem Träumer auch etwas Wertvolles für seinen alltäglichen Gebrauch. Auf diese Weise nimmt die Kontrolle von Jahr zu Jahr mehr zu, bis der Senoi-Träumer schließlich *immer* irgendwo hinkommt, wo er in seinen guten Träumen eine Kostbarkeit findet oder in seinen schlechten einem Traumfeind entgegentritt, ihn bezwingt und von ihm eine Gabe erhält.

Obwohl es in unserer Gesellschaft an kultureller Unterstützung zur Erlernung der Traumkontrolle fehlt, läßt sich die Senoi-Methode der Traumkontrolle lehren und erlernen und mit Erfolg in das Traumleben des westlichen Träumers einbeziehen. Die Wirkung ist für uns fast ebenso groß wie für die Senoi, wenn ich es nach den Erfahrungen zahlreicher Studenten, Familien und Freunde sowie nach meinen eigenen beurteile.

Bei mir selbst habe ich es beobachten können und auch Studenten in meinen Traumseminarien haben davon berichtet: Die Begegnung mit diesen Auffassungen hat eine tiefgreifende Umwandlung im Traumleben zur Folge. Ich vermute allerdings, daß die Menschen des Westens für die vollständige Entwicklung des Senoi-Konzeptes wesentlich mehr Zeit brauchen als die Senoi, die in ihrer Gesellschaft volle Unterstützung finden. Der westliche Träumer wird in seiner Kultur keineswegs dazu ermutigt, seine Träume zu verändern. Im Gegenteil, das derzeitige psychologische Denken verhält sich zum größten Teil ablehnend und liebt es nicht, wenn jemand selber an seinen eigenen Träumen „herumpfuscht". Wer die Traumkontrolle erlernen will, muß zuerst viele seiner bisherigen Verhaltensweisen verlernen und neue hinzulernen.

Immerhin lassen sich einige der Traumkonzepte der Senoi ziemlich schnell aneignen. Die Art wie die Senoi träumen scheint sich wenigstens in ihren ersten Anwendungspunkten leichter erlernen zu lassen als jede andere Art. Das beruht wohl darauf, daß die Anweisungen eher allgemein als spezifisch gehalten sind.

Wenn Sie daran interessiert sind, eine größtmögliche Traumkontrolle zu erreichen, dann beginnen Sie, mit dem Senoi-System. Es ist verhältnismäßig einfach, sich die allgemeine Anleitung einzuprägen: Wenn ich angegriffen werde (ein sehr oft auftretendes Traumgeschehen), will ich nicht weglaufen, ich werde dem Angreifer entgegentreten." Wie die Art der Bedrohung ganz verschieden sein kann, so verschieden sind auch die Methoden des Widerstandes, wie wir noch sehen werden. Sie brauchen nur die allgemeine Regel im Gedächtnis zu behalten: *Ich stelle mich im Traum der Gefahr und bezwinge sie.* Das ist viel einfacher durchzuführen als eine ganz bestimmte Traumhandlung vorauszuplanen.

Viele Erfahrungen der Senoi begannen sich unverzüglich in meinem Traumleben auszuwirken, nachdem ich über sie gelesen hatte. Oft habe ich bei mir einen „Effekt der ersten Nacht" beobachtet: Ich lese von einer Idee, die mit Träumen zusammenhängt, und sie erscheint direkt noch in derselben Nacht in meinen Träumen, wobei sie manchmal ins Gegenteil verkehrt ist. Darauf folgt aber nicht zwangsläufig, daß diese Idee zu einem dauernden Bestandteil meines Traumrepertoires wird. Es scheint aber doch so zu sein, daß sich die Senoi-Anweisungen leicht für immer einprägen.

Trotz der Tatsache, daß die Senoi-Konzepte leicht vom Traumleben aufgenommen werden, scheint manchmal sogar *trotz* absichtlicher Bemühungen gleichzeitig eine Art von ängstlicher Abwehr gegen die Möglichkeit, die Träume zu kontrollieren, zu bestehen. Selbst Menschen, die keine theoretischen Bedenken mehr gegen die Traumkontrolle vorbringen, scheinen sich dennoch in ihren Träumen dagegen zu sträuben.

Bei mir haben diese in den Träumen auftretenden Widerstände einige Monate lang angedauert, obwohl ich geradezu dramatische Erfolge beim Träumen nach der Senoi-Methode verzeichnen konnte. Etwa vier Monate nach meiner ersten Begegnung mit den Ansichten der Senoi beschloß ich beispielsweise in einem Traum, mich vorübergehend nicht mehr um die Traumkontrolle zu bemühen:

> *Ich bin in einem Haus und höre draußen Lärm. Ich gehe durch die Hintertür hinaus und sehe einen Burschen auf einem Motorrad heranfahren. Er wirft eine dicke Sonntagszeitung hin und fährt wieder weg. Ich nehme sie auf und entdecke, daß es die Zeitung von morgen ist. Für mich ist es befremdlich, daß ich heute schon erfahren kann, was morgen geschehen wird. Dann bin ich wieder drinnen und sitze in meinem Schaukelstuhl. Ich sage zu mir selbst, ich sollte meine Träume nicht allzu sehr kontrollieren, denn ich habe Angst, die Kontrolle völlig zu verlieren. Das möchte ich nicht. Es ist besser, ich lasse es für eine Weile bleiben. Tue ich das, dann wird möglicherweise die Kontrolle ganz von selbst wieder zunehmen.*
> *(„Die Zeitung von morgen" — Auszug mit vorangehendem und nachfolgendem Teil — 22.1.73)*

Da ich nahezu vier Monate vor diesem Traum am 27. September 1972 über die Auffassungen der Senoi bezüglich der Träume gelesen und sie klar verstanden hatte, dauerte mein Widerstand offensichtlich schon ziemlich lange an.

Einige Nächte nach dem Traum von der „Zeitung von morgen" folgte ein Traum, der mich zu drängen schien, meine Selbstbeobachtungen im Traum fortzusetzen und mich deswegen nicht zu ängstigen — denn im Innern würden sich viele wunderbare Dinge entwickeln:

> *Ich sehe eine Karikatur von einem Delphin, der auf seiner Schwanzflosse steht und das Maul weit offen hält. Er hat seine Zunge um das Gesäß eines Mädchens geschlungen, so daß es in sein Maul hineinsehen kann. Sie sieht, daß all die Blumen, die der Delphin verschlungen hat wachsen. Das interessiert mich.*
> *(„Der Delphin mit den Blumen" — mit nachfolgendem Teil — 25.1.73)*

Einige Wochen danach schien ich mich mit den Erfordernissen der Senoi-Traumkontrolle, die ich mir selbst eingeschärft hatte, zu widersetzen:

> *Ich gehe mit meinem Mann in die Oper. Bis jetzt war es üblich, daß jedermann Zutritt hatte, sei er nun schwarz oder weiß, und es gab auch keine Kleidervorschriften. Nun sind die Vorschriften geändert worden. Im Innern des Opernhauses kommen immer wieder Leute zu mir und sagen: „Gnädige Frau — Damen in langen Hosen haben keinen Zutritt mehr", oder: „Ärmellose Blusen sind nicht gestattet." Offenbar handelt es sich um eine Warnfrist. Ich darf es zwar noch tun, aber nicht damit fortfahren. Es werden strenge Vorschriften erlassen, die mir zu denken geben.*
> („Starre Vorschriften" — mit nachfolgendem Teil — 3.3.73)

Im gleichen Zeitraum tauchten andere Träume auf, die zustimmender ausfielen. Ich pflegte mir in diesen Träumen selbst zu sagen, wie nützlich das Senoi-System sei:

> *Ich fliege mit einigen Freunden mit hoher Geschwindigkeit durch die Luft. Wir landen sicher in einer Art Morast. Ich denke mir: „Dieses Senoi-Zeug hat tatsächlich geholfen. Normalerweise hätte ich mehr Angst gehabt." Ich sehe mich um und entdecke viele interessante Dinge: geflochtenes Schilfrohr, das balinesisch aussieht, und Bauten, die ein wenig an Jerusalem erinnern. Da ist auch ein Schild angeschlagen, worauf „Klein Israel" geschrieben steht.*
> („Klein Israel" — mit vorangehendem und nachfolgendem Teil — 10.3.73)

Und so machte ich Fortschritte: ich gewann etwas Kontrolle, hörte dann mit meinen Bemühungen auf, fing wieder an, widersetzte mich von neuem, kontrollierte anschließend vermehrt, sträubte mich wieder, kontrollierte daraufhin noch mehr — und so ging das weiter auf stets ähnliche Weise. Insgesamt gab es aber doch eine Zunahme der Traumkontrolle, die vorsichtig vorangetrieben wurde.

Ein Student in einem meiner Traumseminare entwickelte

einen wesentlich stärkeren inneren Widerstand. Im Verlaufe eines Traumes versuchte er einmal, das College durch ein bestimmtes Tor zu verlassen. Ein anderer Student, der gerade die Aufsicht hatte, ließ viele Studenten durch, bestand aber darauf, daß der Träumer den langen Weg zu einem anderen Tor nehmen müsse. Als er so beiseite geschoben wurde, erinnerte er sich, daß er sich zur Wehr setzen müsse und schlug den Posten mit der Faust. Der Posten ging nun seinerseits zum Angriff über, packte den Träumer, hob ihn hoch und schlug ihn mehrmals auf den Boden: „Und als ich mich wehrte, wurde mir die Scheiße aus dem Leib geschlagen." Nach dem Senoi-System hätte er nicht aufgeben dürfen und seine Freunde zu Hilfe rufen müssen.

Ein Träumer mag noch so aufnahmebereit sein, er wird meines Erachtens das Traumkonzept der Senoi solange nicht in sich aufnehmen können, bis er einen gewissen Entwicklungsgrad erreicht hat und dafür reif geworden ist. Deshalb kann es Ihnen nichts schaden, wenn Sie versuchen, eine Traumkontrolle durchzuführen. Wenn Sie innerlich noch nicht bereit sind, die betreffenden Ideen anzuwenden, werden Sie selbst diese in Ihren Träumen zurückweisen. Träumer haben eine Art von eingebautem Sicherheitsmechanismus.

Abgesehen vom vorher erwähnten Widerstand, haben bei mir die ersten Veränderungen bei der Anwendung des Senoi-Konzeptes, auf dem Gebiet der agressiven Auseinandersetzung stattgefunden. In Malaysia, als ich die Senoi besuchte und dann in Singapore, als ich Feldforscher befragte und zum ersten Mal über die Senoi las, diskutierte mein Mann und ich mit großem Interesse die Traumauffassungen. Mein Mann erinnerte sich selten an seine Träume — im Durchschnitt etwa einen bis zwei Träume monatlich, es sei denn, ich würde ihn nach einer REM-Phase wachrütteln. Deswegen war es durchaus ungewöhnlich, daß er einen Traum zu erzählen wußte, und dazu erst noch einen, in dem er das Senoi-Konzept — *stelle dich der Gefahr und bezwinge sie* — verwirklicht hatte. Auch der Zeitpunkt war bemerkenswert: erst drei Tage zuvor hatte ich zum ersten Mal eine diesbezügliche Bemerkung gemacht und am Abend vor dem Traum ein langes Tischgespräch über diese Grundregeln geführt:

Ich war in einer U-Bahnstation, die ähnlich aussah, wie das Londoner U-Bahn System. Ich kam zu einer Rolltreppe. Die ersten drei oder vier Stufen liefen nicht. Ich glaubte schon, ich müsse nun zu Fuß hinaufgehen. Als ich aber ein paar Stufen gegangen war, merkte ich, daß sie doch funktionierte. Dann schaute ich nach oben und sah eine Menge gelber Maschinerien am oberen Ende der Rolltreppe. Ich erfaßte die Situation und begriff, daß ich unweigerlich von diesen Maschinen zerschmettert werden müßte, wenn ich weitergehen würde. Da bekam ich Angst und versuchte aufzuwachen. Dann sagte ich mir aber: „Nein – ich muß weitergehen. Ich muß der Gefahr die Stirn bieten. Patty sagt, ich dürfe nicht aufwachen." Mein Herz begann zu pochen und meine Handflächen wurden feucht, als ich näher und näher befördert wurde. Ich sagte: „Das ist schädlich für mein Herz", aber ich gab nicht auf. Nichts geschah. Irgendwie kam ich vorbei und alles war in Ordnung. Später ging ich wieder hinunter.
(„Die gelbe Maschinerie" – 30.9.72)

Obwohl es sich hier nicht um einen direkten Angriff handelt, stellte die gelbe Maschinerie in diesem Traum offensichtlich eine Bedrohung dar. Nach Halls Kategoriensystem der Aggression würde man das als einen aggressiven Akt einstufen, der einen Versuch zur Körperverletzung einer Traumperson beinhaltet. Es gibt nur noch eine nächsthöhere Stufe, und zwar die, welche den Tod des Träumers mit einschließt. Mit der Entscheidung weiter zu schlafen und der Maschinerie mutig zu begegnen, war mein Mann erfolgreich in der Anwendung des Senoi-Systems. Für zukünftige Träume sollte er sich jedoch raten lassen, die Maschinen zu untersuchen, um daraus etwas zu lernen; etwas von Wert herauszufinden und es hinüberbringen in den Alltag, um es mit seiner Familie und mit Freunden zu teilen. Seine Beobachtung, daß angesichts der befürchteten Gefährdung sein Herzschlag sich stark beschleunigt hatte, mag dieses Verfahren für Herzpatienten als schädlich erscheinen lassen und zwar wegen der gesteigerten Gefahr eines nächtlichen Schmerzanfalles der erkrankten Herzkranzgefäße (Angina pectoris).

Meine eigenen Traumerfahrungen mit aggressiven Auseinandersetzungen zeigen einen ganz ähnlichen Einbezug des Traumkonzeptes der Senoi. Bevor ich ihm begegnet bin, waren Angriffe üblich, und ich sah mich vielfach (wenn auch nicht immer) als Opfer. Angriffsträume, in denen der Träumer das Opfer ist, sind bekanntlich ganz typisch.

Erst nachdem ich mit den Auffassungen der Senoi bekannt wurde, änderte sich meine Rolle. Es gelang mir immer mehr, mit den Traumbedrohungen fertig zu werden. Das war im wahrsten Sinne des Wortes ein „Wachsen". Manchmal griff ich selber direkt an, doch gewöhnlich benutzte ich Techniken, mit denen ich eher zurechtkam — ich flehte um Gnade, versuchte es mit allen möglichen Verführungskünsten und bettelte um Mitleid. Später jedoch bediente ich mich meistens einer Traumgestalt, die den Angriff für mich erledigte, oder ich führte ihn auch selber aus.

So werde ich beispielsweise im Verlaufe eines längeren Traumgeschehens zusammen mit meiner jüngsten Tochter von einer Bande junger Burschen verfolgt, die uns vergewaltigen wollen. Das ist ein immer wiederkehrendes Traumgeschehen für mich, dem eine tatsächliche Erfahrung zugrunde liegt, die ich mit etwa dreizehn Jahren machte. Damals wurde ich von einer Bande Jugendlicher durch den Wald gehetzt, die ständig riefen: „Fangt sie!", und denen ich nur knapp entkommen konnte, indem ich in den Garten hinter dem Haus meiner Großmutter rannte, wo sie sich glücklicherweise in Sicht- und Hörweite aufhielt. Im Traum:

> ... *Wir rennen um eine Hausecke und sehen, daß die Burschen den Eingang besetzt haben. Etwa sechs von ihnen haben ihre Waffen abgelegt und sich bereit gemacht, uns zu packen. Ich sage: „Oh — nein", und wir kehren um und rennen davon. Wie ich verzweifelt weiterhaste, merke ich plötzlich, das ich das gar nicht zu tun brauche. Ich muß mich dazu überwinden stehen zu bleiben, bin mir aber sicher, daß ich unbedingt so zu handeln habe und sage: „Nun kommt schon!" Ich drehe mich und zwinge mich, ihnen entgegenzutreten. Dann kämpfen wir gegen sie, wir*

> *kratzen, beißen und schlagen. Plötzlich habe ich etwas in der Hand, das ich ihnen in die Augen sprühe und nach kurzer Zeit haben wir sie erfolgreich geschlagen. Dann wechselt der Ort der Handlung, und ich bin mit einem Mann und einer Frau zusammen, denen ich von unserem Erlebnis erzähle. Die Frau sieht wie eine Engländerin aus. Sie trägt einen reizenden Mantel und einen dazu passenden Hut aus genoppter Wolle in den Farben creme, grün und braun. Beide beglückwünschen uns, daß wir der Gefahr entronnen sind. Ich erwache.*
> („Bande mit Spray bekämpft" — 19.2.73)

Ich habe also die Angreifer nicht nur bekämpft und besiegt, sondern mir auch in der Gestalt des mich beglückwünschenden Paares meine eigene Bestätigung für mein Traumverhalten verschafft. In zukünftigen Träumen muß ich aber noch weitergehen und von den besiegten Traumgestalten ein Geschenk verlangen.

Bis heute ist es mir noch nicht ganz gelungen, alle Träume auszumerzen, in denen ich gejagt oder angegriffen werde und in denen ich das Opfer bin — aber ich habe den Schwerpunkt verlagern können: jetzt bekämpfe und besiege ich meine Traumgegner nicht mehr nur selten, sondern *oft*.

Studenten meiner Traumseminarien berichteten von ähnlich beeindruckenden Veränderungen ihrer Trauminhalte schon kurz nachdem sie das Senoi-Konzept kennengelernt hatten. Innerhalb eines zweiwöchigen Seminars berichteten sie bereits von ganz verschiedenartigen Auseinandersetzungen, wobei einige Studenten erfolgreicher als andere waren. Einer zum Beispiel verriegelte einfach die Autotüren, sperrte damit den Angreifer aus — und fuhr auf und davon. Eine Studentin träumte, sie würde von einem Hund attackiert, den sie zuvor eingesperrt hatte, und war deshalb überrascht und verängstigt. Dennoch blieb sie stehen und stellte sich dem Hund, im Vertrauen darauf, daß einige in der Nähe stehende Mädchen ihr helfen würden. Eine andere Studentin machte über einen ungehobelten, gräßlichen Kerl, abschätzige Bemerkungen und hielt ihn sich dabei „sanft und doch fest zupackend vom Leibe". Wieder eine andere erlebte eine eher direkte Begegnung mit einem Unhold im Traum, der sich an junge Frauen heranmachte, indem er sich als Autoverkäufer ausgab:

> *Der Mann fährt mit noch jemandem in einem Wagen vor, stoppt, steigt aus, kommt zur Türe, spricht mich an und tritt ein.*
>
> *Er greift mich an! Ich schreie nach meinen Freunden um Hilfe. Zu dritt kommen sie und schlagen auf den Mann ein, so daß ich mich befreien kann. Er wird verprügelt, flieht, rennt durch die Vordertür hinaus in einen verglasten Nebenraum vor dem Laden hinein. Ich jage hinter ihm her — er ist allein. Er sitzt in einem Sessel. Ich schlage ihm mit einem Bild auf den Kopf. Sein Kopf wackelt hin und her, sein Kinn liegt auf der Brust. Seine Augen sind beinahe geschlossen und auch sie rollen hin und her. Er ist nahezu bewußtlos.*
>
> *Da tut es mir leid, daß ich ihm Schmerzen zufüge. Ich beuge mich zu ihm hinunter und streichle seinen Kopf und zeige ihm damit, daß ich ihn bedauere. Ich weiß genau, daß ich ihn noch mehr schlagen muß, bis es vollbracht ist, obwohl ich es jetzt nicht mehr möchte. (Es ist, als ob ich eine Aufgabe zu erfüllen oder eine Rolle zu spielen hätte, die mir zuvor übertragen wurde, und als ob ich dabei überwacht und gefilmt werde.) Ich weiß, ich muß ihn bewußtlos schlagen oder töten — und so prügle ich ihn weiter.*

Diese Studentin trat ihrem Gegner mit Erfolg entgegen, forderte aber kein Geschenk von ihm. Doch setzte sie den Traum in einer museumsartigen Umgebung fort, wohin man schöne moderne Gemälde und Kunstgegenstände aller Art gesandt hatte — als Geschenk für die neue Polizeistation (vielleicht ist die Polizeistation ihre Version meines Traumes „Starre Vorschriften"). Sie bringt sogar eine Hand mit ins Spiel (wie bei der Technik Don Juans, die im 6. Kapitel beschrieben wird), welche einen Blumenstrauß hält, deren Blüten von einem Reigen von Aquarien umgeben sind. Sie beobachtet viele wunderschöne und ungewöhnliche tropische Fische, die ebenfalls Gaben sind. Bei dieser Studentin ist der „Widerstand", den sie bei diesem Geschehen zu Beginn zeigte, besonders beachtenswert: sie hatte Mitleid mit dem Unhold. Zu beachten ist auch ihr Gefühl, daß sie „eine Aufgabe zu erfüllen" habe, was darauf hinweist, daß sie sich der Senoi-Regeln bewußt ist.

Sich im Traum gegen einen Angreifer zur Wehr zu setzen, ist verhältnismäßig leicht. Schwerer ist es, vom besiegten Gegner ein Geschenk zu erhalten. Geschenke werden von den meisten Träumern auf eine direkte, wortgetreue Art und Weise in ihre Träume miteinbezogen. In der Nacht nach meiner erstmaligen Begegnung mit der Senoi-Methode erhielt ich im Traum ein Geschenk — ein Paket, das wie ein Hochzeitsgeschenk verpackt war. Studenten erzählen, daß sie in ihren Träumen schleifenverzierte Pakete erhalten oder Vitrinen öffnen, deren Regale voller Geschirr aus Kristallglas stehen, das als Geschenk zurückgelassen wurde. Die Senoi fordern, daß ein Träumer sich anstrengen und sich Mühe geben muß, diese „Gaben" in eine kreative Form umzugestalten. Meine eigenen im Traum geschaffenen Gedichte, Lieder und Malereien habe ich meist selber entdeckt oder gesehen, und selten von einer Traumgestalt entgegengenommen.

Welchen Stellenwert die sexuelle Vereinigung im Senoi-System einnimmt, läßt sich leicht und genau feststellen: Hat der Träumer einen Orgasmus erlebt oder nicht? Da gibt es keinerlei Schwierigkeiten mit dem sexuellen Symbolismus, wie brennenden Bäumen und Häusern, schnurrenden Kätzchen, hoch aufragenden Gebäuden oder mit dem Erkunden von Höhlen — wichtig ist einzig und allein: entweder hat der Träumer einen Orgasmus erfahren oder er hat es nicht.

Orgasmus in Träumen ist bei Männern eine ganz allgemeine Erscheinung. Kinsey hat errechnet, daß 83% aller von ihm befragten 45-jährigen Männer „nächtliche Samenergüsse" (Orgasmen, die möglicherweise von Träumen begleitet sind) hatten.[17] Wie im 1. Kapitel erwähnt wurde, ist meines Wissens der „nasse Traum" bei ganznächtlich durchgeführten EEG-Untersuchungen in den Schlafforschungs-Laboratorien nicht beobachtet worden. Das allein läßt schon ein gewisses Maß an Traumkontrolle vermuten. Wenn die Schlaf- und Traumforscher die im Labor aufgetretenen Träume mit denen vergleichen, die zu Hause geträumt werden, dann bestätigen sie diesen Unterschied im Ausmaß der Sexualität. Träume sind zu Hause stärker sex-geladen. Der Träumer wünscht offensichtlich nicht, bei dieser Tätigkeit beobachtet zu werden.

Verglichen mit den Männern erleben die Frauen im Traum selten einen Orgasmus. So ist es auch im wachen Leben. Kinsey gibt an, daß nur 37% der Frauen im Alter von 45 Jahren einen Orgasmus im Traum erlebt haben.[18] Die wissenschaftlichen Meinungen sind verschieden in der Frage, ob es für Frauen wünschenswert ist, in ihren Träumen einen Orgasmus zu erfahren oder nicht. Eine Forschungsgruppe bezieht sogar die Orgasmushäufigkeit in den Träumen von Frauen auf deren Grad an seelischer Gestörtheit.[19] (Ich überlasse es den Vertreterinnen der Frauenemanzipationsbewegung zu entscheiden, weshalb Orgasmus im Traum bei den Frauen krankhaft sein soll, während er bei Männern als normal betrachtet wird.) Den entgegengesetzten Standpunkt vertritt Abraham Maslow,[20] der amerikanische humanistische Psychologe, auf den die Theorie der Selbstverwirklichung zurückgeht. Er hat festgestellt, daß sexuelle Träume für jene Frauen charakteristisch sind, die selbstsicher, ausgeglichen, unabhängig und sehr tüchtig sind. Frauen mit geringer Selbsteinschätzung (die mehr gehemmt sind) haben nach seiner Feststellung meistens romantische, symbolische, ängstliche oder gestörte sexuelle Träume, wenn man sie mit den sexuellen Träumen der Frauen mit hoher Selbsteinschätzung vergleicht, in denen ganz offen Sexualität ausgeübt wird. Wenn dies stimmt, dann könnte ein vermehrtes Auftreten von Orgasmen in den Träumen ein weiteres wertvolles Verhaltensmuster sein, das sehr wohl eine positive Auswirkung auf das wache Leben haben könnte.

Joseph Adelson fand 1960 heraus, daß ein auffallender Unterschied in der Traumsexualität zwischen kreativ hochbegabten und unbegabten Mädchen besteht.[21] Ein Dozent für kreatives Schreiben wählte aus seiner Klasse zwei Gruppen aus. Die eine bildete er aus denjenigen Studentinnen, die am einfallsreichsten, die andere aus denen, die in der Wahl und in der Behandlung ihrer Themen am wenigsten originell waren. Dann wurden die Träume, die von den beiden Mädchengruppen gesammelt worden waren, eingehend geprüft. Unter den zahlreichen Unterschieden, die zwischen den beiden Gruppen festgestellt werden konnten, war auch die Art der Sexualität in ihren Träumen. Nichtkreative Mädchen hatten Träume, in denen die Sexualität nur angedeutet oder symbolisch dargestellt war — z.B. wirft ein Freund eine schwarz-rote Schlange in das Zimmer der Träumerin. Diese Mädchen waren sexuell passiv und fühlten sich ungeschützt der aggressiven Sexualität der Männer in ihren Träumen ausgesetzt. Die kreativen Mädchen dagegen träumten — wie Maslows Frauen mit hoher Selbsteinschätzung — ganz offen von sexuellen Begegnungen und träumten oft von aktiven geschlechtlichen Vereinigungen in den verschiedensten, ungewöhnlichen Situationen. In seinem Kommentar meint Adelson, daß die offen sexuellen Träume der kreativen Mädchen einer wirklich vorhandenen größeren sexuellen Freiheit entsprechen, doch glaubt er, daß noch etwas hinzukommt: Die nichtkreativen Mädchen haben herkömmliche Interesssen und Ziele und ihr festgefahrenes Denken spiegelt sich im Traum wieder. Mir scheint, daß wir durch die Bejahung der Sexualität in unseren Träumen tatsächlich das kreative Denken auf allen Gebieten unseres Lebens entfalten können.

Erinnern wir uns wieder des Senoi-Grundsatzes, *im Traum stets Freude und Vergnügen zu fördern,* und der Aufforderung, daß man gar nicht genug Traumliebhaber und Traumgeliebte haben könne. Wir wollen nun sehen, wie sich dieser Grundsatz auf das Traumleben auswirkt.

Bevor ich das Senoi-Konzept kannte, erlebte ich in meinen Träumen nur selten einen Orgasmus. Gewöhnlich trat er in Zeiten auf, da ich in sexueller Hinsicht Mangel litt oder dann — gerade umgekehrt — wenn besonders häufig sexuelle Begegnungen stattgefunden hatten. Nachdem ich mich darum bemüht hatte, sexuelle Freuden in meinen Träumen zu fördern, geschah folgendes: Ich erlebte nicht nur mehr Orgasmen (obwohl mein „äußeres" sexuelles Leben beständig blieb), sondern erlebte auch unmittelbar, wie die leidenschaftlichen Traumgefühle auf allen Ausdrucksebenen der Sexualität vertieft wurden. Auch die Studenten bestätigten, daß sich bei ihnen nach dem

Kennenlernen des Senoi-Konzeptes die Sexualität und die Anzahl der Orgasmen im Traumleben gesteigert hätte.

Ich muß zugeben, daß von mir aus gesehen, diese Veränderung in Richtung vermehrter unmittelbarer Traumsexualität als eine sehr erfreuliche Erscheinung in meinem Traumleben erfahren wurde. Außerdem gewinnen wir als Frauen durch diese gesteigerten sexuellen Ausdrucksmöglichkeiten in den Träumen eine höhere Selbsteinschätzung, die auch ins wache Alltagsleben übertragen wird. Dasselbe ist auch der Fall beim aggressiven Traumverhalten; dadurch wird im wachen Leben eine Haltung eingenommen, die Selbstvertrauen ausstrahlt. Eine gesteigerte Traumsexualität mag für die Frau von besonderem Wert sein, wenn sie mehr Selbstvertrauen gewinnen will, sich befähigter fühlen möchte, ganz von sich aus etwas zu tun, und andere Merkmale der Unabhängigkeit zu entwickeln trachtet. Indem wir unsere Sexualität im Traum frei entfalten, lösen wir die Fesseln, die in allen Lebensbereichen das kreative Denken gefangen halten.

Das Erlebnis des Fliegens in den Träumen ist für den Träumer persönlich fast ebenso erregend wie ein Orgasmus. In meinen Träumen bin ich schon vor meiner Begegnung mit dem Senoi-Konzept oft geflogen, denn das schien mir eine interessante Erscheinung zu sein. Nachdem ich mich mit dem Gedankengut der Senoi vertraut gemacht hatte, erlebte ich das Fliegen in einem neuen Ausmaß: Beim Fliegen *spürte* ich intensiv all jene körperlichen Sinneseindrücke, die nach meiner Vorstellung mit dieser Art Bewegung verbunden sein müssen. (Die ähnlichste Erfahrung, die ich in dieser Hinsicht im wachen Leben gemacht habe, ist ein Fallschirmabsprung bei Coney Island, als ich 14 Jahre alt war.) Abgesehen davon, daß Fliegen eine geeignete Methode ist, schnell an irgendeinen Ort zu gelangen, Verfolgern zu entkommen oder sich einen Überblick zu verschaffen, wurde das Fliegen im Traum zu einem großen Vergnügen:

Ich bin mit meiner jüngsten Tochter in einem großen überwiegend weißen Zimmer. Wir sind gekommen, um uns die Übertragung einer besonderen Show im Fernsehen anzusehen. Der Apparat ist eingeschaltet und wird warm. Ich will mich setzen, möchte aber einen bequemen Platz, da wir gedenken, bis spät in die Nacht hinein zu schauen. Ich wähle eine grüne Samtcouch, die aber zu weit vom Apparat entfernt ist — der Bildschirm ist von hier aus nicht mehr zu sehen. Da entdecke ich eine andere grüne Samtcouch weiter vorn und entscheide mich für diese. Ich beabsichtige, mich beim Zuschauen unter die flaumige grüne Wolldecke zu kuscheln. Die Rolladen sind heruntergezogen, aber draußen ist es immer noch hell und schön. Ich schaue verstohlen hinaus in die farbenprächtige, bewaldete Landschaft. Ich gehe an meinen Platz, dann entschließe ich mich, Licht zu machen, damit eine Lampe brennt, wenn es am späten Abend ganz dunkel wird. Die Stehlampe ist am anderen Ende des Zimmers. Ich steuere auf die Lampe zu und entscheide mich zu fliegen. Ich stoße mich mit den Füßen vom Boden ab, so als würde ich vom Grunde eines Schwimmbeckens abstoßen, und schwebe hinauf in die Luft. Es ist ein herrliches Gefühl. Höher und höher steige ich und bin dabei ein wenig ängstlich und zugleich sehr erregt. Alle Bewegungsempfindungen des Fliegens spüre ich sehr intensiv und deutlich, als wäre der Flug Wirklichkeit. Ich schwebe immer weiter hinauf. Ich strecke meine Arme hoch und stoße sanft an die Zimmerdecke, indem ich sie mit den Fingerspitzen berühre. Ich sehe die weiße Decke und die Halterung der Deckenlampe klar vor mir. Ich schwebe wieder hinunter, dann wieder hoch bis an die Decke und wiederhole das mehrere Male. Es ist ein schwindelerregendes Gefühl. Ich bin erstaunt, daß ich es wirklich tun kann. Ich weiß, daß ich mächtig vor meiner kleinen Tochter angebe. Ich möchte, daß sie es sieht, frage mich aber, ob das nötig ist. Als ich immer selbstbewußter werde, halte ich ein und gleite hinunter. Ich will an meinen Platz zurückkehren und mir die Fernsehsendung ansehen. Unterwegs überlege ich mir: ,,Wie kann ich dieses Verhalten erklären?", und gebe mir selbst die Antwort: ,,Wahrscheinlich ein selbstinduzierter Trance-Zustand und Halluzination." Aber die Empfindung ist von einer geradezu bestürzenden Realität gewesen. Kaum habe

ich mich gesetzt, um die Show zu sehen, erblicke ich links ein großes Tuch aus Goldbrokat mit Stickereien, die eine chinesische Landschaft darstellen. Das Tuch ist über etwas ausgebreitet. Es ist von auserlesener Qualität und erstrahlt in feurigem Glanz. Ich merke, daß meine Tochter in das andere Zimmer hinübergegangen ist, um dort etwas zu tun — ich hätte also gar nicht so angeben müssen. Auf dem Bildschirm sehe ich auf der rechten Seite eine Frau zusammen mit einem Mann, der zu ihrer Linken geht. Beide haben langes, lockiges Haar und tragen Kostüme aus der Zeit Ludwig XIV. Die junge Frau ist ungemein hübsch und lächelt. Sie hat ein herzförmiges Schönheitspflästerchen rechts neben dem Mund und trägt ein kurzgeschnittenes blaues Kleid. Sie greift zum Mann hinüber und nimmt eine deutlich geformte, rosa-getönte Maske von seinem Gesicht. Ich erwache und bin immer noch — von Kopf bis Fuß — erfüllt von dem erregenden Gefühl des Fliegens.
(*„TV-Show am späten Abend" — 23.3.73*)

Als ich das Senoi-System anwandte, nahmen die Flugträume zu, aber am eindruckvollsten war die veränderte Bedeutung, die das Fliegen für mich persönlich bekam — es wurde zu einem wahren Abenteuer. Auch meine Studenten berichteten begeistert von ähnlichen Traum-Flugerfahrungen. (Die erregenden Eigenschaften und die verschiedenartigsten Anwendungsmöglichkeiten des Traumfluges werden im 6. Kapitel besprochen.)

Mit der Anwendung des Senoi-Systems erschienen in meinen Träumen auch mehr und mehr freundliche und hilfreiche Gestalten. Zuvor war ich meistens ganz auf mich allein angewiesen, und wenn ich versagte, dann versagte ich eben, und damit war die Angelegenheit erledigt. Nun aber rief ich selber nach Traumwesen, damit Sie mir zu Hilfe kommen, wenn ich allein nicht mehr fertig werden konnte. Auch ohne besonderen Grund traten immer häufiger Helfer und Freunde in meinen Träumen auf.

Wenn Sie die Senoi-Regeln der Traumkontrolle in Ihrem eigenen Traumleben anwenden, werden auch Sie viele erfreuliche Veränderungen erleben. Es ist beglückend, Orgasmen in Träumen zu erfahren, und diese Erlebnisse können zu stärkerem Selbstvertrauen und zu freierem Denken führen, das sich ins wache Leben überträgt. Flugträume vermitteln ebenfalls ein wunderbares körperliches Erlebnis. Sie mögen Ihnen helfen, in sich selbst eine neue Art von Freiheit, sowie die Fähigkeit zu Abenteuern und die Gewißheit zu spüren, auch mit Ungewöhnlichem in Ihrer Umwelt fertig zu werden. Und wenn Sie feststellen, daß in Ihren Träumen immer mehr hilfreiche Gestalten erscheinen, die zuvor nicht aufgetreten sind, dann gewinnen Sie ein Gefühl der Zuversicht, das sich auch auf Ihr waches Leben überträgt. Und wenn Sie schließlich aus Ihrem Traum mit einem neuen Lied oder Gedicht im Gedächtnis aufwachen, dann werden Sie sich über das erregende Ereignis, eine eigene Kreation geschaffen zu haben, freuen und zudem ein greifbares Produkt in den Händen halten.

Alle diese Veränderungen in den Träumen sind beglückende persönliche Erfahrungen, es gibt aber noch ein tiefer greifendes Ergebnis bei der Anwendung des Senoi-Systems: Es fördert ganz offensichtlich die seelische Ausgeglichenheit.

Eines der wichtigsten Ziele jeder Therapie ist es, unrealistische Ängste zu überwinden, die den Patienten daran hindern, sich eines erfüllten Lebens zu erfreuen. Seit langem haben die Psychotherapeuten den Patienten geraten, sich ihren Ängsten zu stellen. Das ist aber leichter gesagt als getan. Oft über Jahre hinweg versuchen Analytiker den Patienten zu helfen, die Quellen ihrer Ängste aufzudecken und ihnen zur Katharsis, zur seelischen Entspannung zu verhelfen, damit sie schließlich auch im Alltag mit ihren Ängsten fertig werden. Obwohl die Verhaltenstherapeuten wesentlich weniger Zeit benötigen, müssen auch sie viele Sitzungen aufwenden, um den Patienten zu „desensibilisieren". Der Patient wird dem angsterzeugenden Reiz in steigendem Maße ausgesetzt, bis er unempfindlich dagegen geworden ist und seine Angst verschwindet. Gewöhnlich wird der angsterzeugende Reiz in Form vorgestellter Szenen vergegenwärtigt, doch manchmal ist er auch wirklich vorhanden. Aber nur selten – wenn überhaupt jemals – wird einem Patienten gesagt, er solle sich seinen Ängsten in seinen Träumen stellen.

Das Senoi-System scheint nun die Mittel liefern zu können, um mit den Ängsten dort fertig werden zu können, wo sie herkommen — nämlich in unserer eigenen Seele — und nicht Jahre später beim Psychotherapeuten. Wenn Sie die erste Senoi-Regel anwenden und sich in Ihren Träumen *der Gefahr stellen und sie überwinden,* werden Sie feststellen, daß sich nicht nur Ihre Träume verändern, sondern daß auch die Auswirkungen im wachen Leben sehr stark sind. Sind Sie erst einmal erfolgreich mit den Traumfeinden fertig geworden, dann wird es plötzlich leichter, die Bedrohungen im wachen Leben zu bewältigen.

Bei mir habe ich diese übertragende Wirkung nach mehreren Monaten, in denen ich typische Senoi-Träume hatte, bemerkt. Die Auswirkung trat kurz nach einem Traum auf, in welchem ich von meinem Mann und von anderen Männern verfolgt wurde und mit ihnen kämpfte. Doch dann entschieden wir uns, Freunde zu werden und das mit einem gemeinsamen Festessen zu feiern. Dieser Erfolg schließt die beiden Forderungen der Senoi ein, mit den Angreifern Freundschaft zu schließen und das Essen zu teilen. Einige Tage später hatte ich eine Auseinandersetzung mit meinem Mann. Er fühlte sich gekränkt und verärgert, und auch ich wurde böse. Statt in Tränen auszubrechen, was ich gewöhnlich tue, wenn ich sehr verärgert und wütend bin, wurde mir plötzlich klar, daß ich mich nicht aufzuregen brauchte, nur weil mein Mann es tat. Obwohl mir das seit langem rein verstandesmäßig völlig klar gewesen war, hatte ich es noch niemals zuvor *gefühlsmäßig* erlebt. So blieb ich ruhig und vermochte die Situation ohne Streß zu bereinigen. Ich war erstaunt, ein so starkes inneres Gefühl der Selbstbeherrschung bei dieser harten Auseinandersetzung gehabt zu haben, genau wie in meinen Träumen.

Ich habe das alles auch meinen Studenten erzählt, die dann spontan von ähnlichen Wirkungen berichteten. Ein überaus scheues, stilles Mädchen in einem meiner Traumseminare kam eines Tages in die Klasse und schilderte ganz aufgeregt den folgenden Traum:

> *Ich ging in eine altmodische Drogerie und wartete hinter dem Ladentisch, bis ich an der Reihe war. Der Drogist*

fragte, wer der Nächste sei und begann dabei eine Dame zu bedienen, die nach mir hereingekommen war. Dabei wäre ich eindeutig an der Reihe gewesen. Ich sagte ihm das, aber er antwortete, ich solle warten. Ich sagte: „Nein, Sie bedienen mich jetzt." Dann rasselte ich drei Dinge herunter, die ich haben wollte, aber er stand bloß da und rührte sich nicht vom Fleck. Da sagte ich: „Jetzt hör mal, du alte Sau, wird's bald." Ich fing nun wirklich an, ausfallend zu werden und begann, den Mann und überhaupt jeden im Laden anzufluchen. Da kam „M" herein, der ich erzählte, was vorgefallen war. Sie versuchte mich zu beruhigen und sagte: „Komm, gehen wir hinaus." „Nein", sagte ich ihr, „ich muß hier meine Stellung behaupten." Schließlich gab mir der Drogist, was ich haben wollte, und „M" und ich gingen hinaus. Bevor ich die Tür schloß, streckte ich meinen Kopf nochmals um die Ecke und schrie den Mann an: „Du elender Mutterschänder!" „M" war echt schockiert wegen meiner unflätigen Sprache.

In diesem Traum zeigt die Studentin ein drastisch unterschiedliches Verhalten zu ihrem gewöhnlichen Lebensstil, sei es nun im Wachen oder im Träumen. Sie erwähnte noch, daß erst dieser Traum es ihr möglich gemacht hätte, nachträglich im Wachzustand mit ihrem Freund über sein Verhalten zu sprechen, das ihr schon lang Verdruß bereitet hatte. So etwas wäre für sie vorher undenkbar gewesen.

Eine andere Studentin, die sehr zurückhaltend war, sah sich mit einem Male imstande, im wachen Leben auf einem ihr zustehenden Recht zu beharren, auf das sie vorher verzichtet hätte. Sie saß im Nichtraucherabteil eines Flugzeuges und fühlte sich gestört durch einen vor ihr sitzenden Mann, der rauchte. Sie bat die Stewardeß, sie solle den Mann bitten, mit dem Rauchen aufzuhören, aber die Stewardeß sagte, sie könne das nicht tun, weil das Abteil nicht als Nichtraucherabteil bezeichnet sei (obwohl ein entsprechendes Verbotsschild angeschlagen war):

Ich war drauf und dran aufzugeben, wie ich das gewöhnlich tue — mit dem Gefühl, daß ich nichts daran ändern

> *könne. Dennoch fuhr ich fort, mit der Stewardeß zu diskutieren und bat sie, ihn doch einfach mal zu bitten. Sie sagte OK. Sie bat ihn, und er hörte auf, und ich fühlte mich nicht mehr weiter verärgert und vom Rauch um mich herum belästigt.*

Das ist immerhin ein kleiner Anfang. Mit der Zeit war die Studentin immer mehr imstande, im wachen Leben die Rolle des Opfers abzulegen, nachdem sie es in den Träumen mehrmals erfolgreich getan hatte.

Wir beobachten hier, wie ein bestimmtes Verhalten „eingeübt" wird. Dieses ermöglicht es Menschen, die zuvor den Schwierigkeiten ausgewichen sind, ihnen im wachen Leben entschlossen entgegenzutreten. Sie scheinen dann Alltagsprobleme weniger schwierig zu finden und fühlen sich fähig, sie zu bewältigen.

Wenn Sie Ihre Träume kontrollieren, werden Sie entdecken, daß sie in Ihrem Inneren ein wirksames Rüstzeug besitzen, mit dem Sie Ihre Ängste, Hemmungen und krankhaften Abneigungen (Phobie) in Ihren Träumen zu besiegen vermögen. Ständig tragen Sie in Ihrem Inneren Ihre eigene Selbst-Therapie mit sich herum, die Ihnen in jeder Nacht mehrmals zugänglich ist.

Sicher müssen noch Nachuntersuchungen und kontrollierte Studien gemacht werden — aber allein die Möglichkeit ist schon von großer Tragweite: Jeder kann in seinen Träumen bewußt an seinen Problemen arbeiten und Fortschritte machen; er kann die Entstehung von Ängsten verhindern und existierende Ängste behandeln, und kann eine größere emotionale Reife ins wache Leben mit hinüberbringen. Vielleicht werden Friedfertigkeit, Bereitschaft zur Zusammenarbeit und Kreativität der Senoi auch bei uns ein Stück Wirklichkeit.

Die Anwendung der Senoi-Konzepte der Traumkontrolle bringt wunderbare Schöpfungen hervor, löst Probleme und läßt uns zu vollkommeneren Menschen werden. Wenn wir im Traum nicht mehr davon laufen, werden wir uns im Alltag nicht mehr fürchten. Und wenn wir keine Angst mehr haben, sind wir frei für schöpferisches Schaffen.

Was wir von Träumern des Senoi-Stammes lernen können

Zusammenfassung

1. Sie können in Ihrem Innern ein äußerst kooperatives Traumleben aufbauen, wenn Sie:
   a) Ihren Träumen Beachtung schenken;
   b) jeden Tag an der Gestaltung Ihrer Traumbilder arbeiten,
   c) Ihre Traumerfahrungen mit anderen daran interessierten Menschen besprechen.
2. Sie können Alpträume vermeiden, Kreatives schaffen und Ihre Persönlichkeit integrieren, wenn Sie die drei Senoi-Regeln anwenden:
   — sich der Gefahr stellen und sie überwinden,
   — im Traum stets Freude und Vergnügen anstreben,
   — ein positives Endergebnis erzielen

Vorschläge für die Anwendung des Senoi-Systems der Traumkontrolle

1. Lesen Sie aufmerksam die einzelnen Punkte der Zusammenfassung des Senoi-Systems der Traumkontrolle.
2. Entschließen Sie sich, Ihre Träume in Übereinstimmung mit den Senoi-Regeln zu gestalten. Beginnen Sie damit, sich in Ihren Träumen der Gefahr zu stellen und Ihr Widerstand zu leisten.
3. Überprüfen Sie jeden Morgen Ihre Träume mit dem Leitfaden für die Benutzung des Senoi-Systems. Stellen Sie fest, welche Fortschritte Sie bei den „Ja"-Antworten des Leitfadens gemacht haben.
4. Beachten Sie Punkt VII des Leitfadens ganz besonders: Welche Fehler und Erfolge haben Sie in Ihren Träumen gemacht, und was sind Ihre Pläne für zukünftige Träume?
5. Verleihen Sie all den schönen oder nützlichen Geschenken und Kostbarkeiten, die Sie im Traum erhalten haben, eine dauerhafte Form. Gestalten Sie die Gaben durch Malen, Schreiben, Singen, Tanzen oder sonstwie auf irgendeine angemessene Art und Weise.

6. Lassen Sie, wenn immer möglich, auch interessierte Freunde an Ihren Träumen und Ihren Fortschritten bei der Anwendung des Senoi-Systems teilhaben.
7. Lassen Sie sich nicht entmutigen, wenn es Rückschläge gibt. Wenn Sie ausdauernd bleiben, werden die Erfolge umso größer sein.

Zusammenfassung des Senoi-Systems der Traumkontrolle

I Allgemeine Regeln:
  A Stellen Sie sich in Träumen der Gefahr und überwinden Sie diese.
  B Streben Sie im Traum immer nach freudvollen Erfahrungen.
  C Lassen Sie die Träume immer zu einem positiven Abschluß kommen und holen Sie etwas Kreatives aus ihnen heraus.
II Anwendung der allgemeinen Regeln auf besondere Traumsituationen:
  Aggressive Auseinandersetzungen
  A Wenn Sie selbst das Opfer sind und aggressive Handlungen erdulden müssen, dann sollten Sie Ihrerseits aggressiv werden.
    1. Greifen Sie Ihren Traumfeind an.
    2. Kämpfen Sie, falls nötig, bis zum Tod.
       a) Der Tod eines Traumfeindes setzt eine positive Kraft frei, die zuvor von einem Teil Ihrer selbst dazu gebraucht wurde, das gegnerische Traumbild aufzubauen.
       b) Das Wesen des Traumfeindes, den Sie getötet haben, wird als hilfreiche, positive Gestalt wiedererstehen.
    3. Rufen Sie, falls erforderlich, Traumfiguren zu Hilfe. Kämpfen Sie aber selbst weiter, bis diese eintreffen.
    4. Jede Traumgestalt, die sich Ihnen gegenüber entweder aggressiv verhält oder sich weigert, Ihnen behilflich zu sein, muß als Feind betrachtet werden.
       a) Figuren, die als Freunde auftreten, dann aber an-

greifen oder Hilfe verweigern, sind Heuchler.
- b) Traumgestalten sind nur solange Feinde, wie Sie sich vor Ihnen fürchten.

B Wenn der Traumfeind gestaltlos ist, weil er keine greifbare Form besitzt, sollten Sie ihm dennoch entgegentreten.

C Haben Sie sich einem Gegner gestellt und ihn besiegt, dann zwingen Sie ihn dazu, Ihnen ein Geschenk zu geben.
1. Das Geschenk kann etwas Schönes sein: ein Gedicht, eine Geschichte, ein Lied, ein Tanz, ein künstlerischer Entwurf oder ein Bild.
2. Das Geschenk kann etwas Nützliches sein: eine Erfindung oder eine Lösung für ein bestimmtes Problem.
3. Feilschen Sie um das Geschenk nur, wenn es nötig sein sollte.
4. Das Geschenk sollte einen Wert haben, der Ihnen im wachen Leben gesellschaftliche Anerkennung einbringt.

D Wenn im Traum Aggressionen aufgetreten sind, dann sollten im Wachzustand ganz bestimmte Handlungen ausgeführt werden.
1. Ist das Traumbild eines Freundes gegen Sie aggressiv gewesen, oder hat es sich geweigert, mit Ihnen zusammenzuarbeiten, dann teilen Sie das Ihrem Freund mit, wenn Sie wach sind, damit er sein angeschlagenes Image wieder in Ordnung bringen kann. (Falls Sie im Traum keinen Widerstand geleistet haben, dann nehmen Sie sich vor, es beim nächsten Mal zu tun.)
2. Wenn Sie selbst gegen das Traumbild eines Freundes aggressiv gewesen sind oder sich geweigert haben, mit ihm zusammenzuarbeiten, dann seien Sie zu ihm besonders freundlich, wenn Sie ihm im Wachzustand begegnen.
3. Wenn Sie beobachtet haben, daß eine andere Traumgestalt angegriffen wird, und Sie diese kennen, dann sollten Sie die betreffende Person im wachen Leben

benachrichtigen und sie warnen. (In einem nächsten Traum sollten Sie den Angreifer töten, bevor er die Möglichkeit hat, selber anzugreifen.)

III Anwendung der allgemeinen Regeln auf besondere Traumsituationen:

Sexuelle Beziehungen

A Wenn Sie einen angenehmen sexuellen Kontakt im Traum erleben, setzen Sie ihn fort und intensivieren Sie ihn.

B Kommt es im Traum zu einer sexuellen Vereinigung, dann steigern Sie diese bis zum Orgasmus.
  1. Fürchten Sie sich nicht vor inzestuöser oder anscheinend unanständiger Liebe, denn alle Traumpartner sind Aspekte von Ihnen selbst, die in Ihre Gesamtpersönlichkeit integriert werden müssen.
  2. Sie können in Ihren Träumen gar nicht genug Liebe erhalten.

C Bitten Sie Ihren Traumliebhaber oder Ihre Traumgeliebte um ein Geschenk, das den Erfordernissen von II C entspricht.

IV Anwendung der allgemeinen Regeln auf besondere Traumsituationen:

Fallen und fliegen

A Wenn Sie in Ihrem Traum fallen, wachen Sie unter keinen Umständen auf, sondern entspannen Sie sich, schlafen Sie weiter und landen Sie schließlich an irgendeinem Ort.

B Versuchen Sie in zukünftigen Träumen zu fliegen, statt zu fallen.

C Fliegen Sie in einem Traum, dann setzen Sie den Flug fort, und genießen Sie in vollen Zügen die herrlichen Empfindungen.

D Ob Sie nun fallen oder fliegen, sorgen Sie dafür, daß Sie stets an einem interessanten Ort ankommen.

E Beobachten Sie an diesem Ort etwas Schönes oder Nützliches, wie in II C beschrieben.

V Anwendung der allgemeinen Regeln auf besondere Traumsituationen:
Freundliche Begegnungen
A Wenn Traumgestalten nett zu Ihnen sind, dann nehmen Sie ihre Hilfe an.
B Zeigen Sie sich dankbar für ihre Freundlichkeit.
C Bitten Sie um ein Geschenk, wie in II C beschrieben.
D Benutzen Sie die Dinge, die Ihnen gegeben wurden, und lassen Sie andere daran teilhaben.
E Bitten Sie besonders freundliche Gestalten Ihre Helfer zu werden.

VI Diverses
A Wenn Sie von Nahrungsmitteln träumen, dann teilen Sie diese mit anderen Traumfiguren.

Leitfaden für die Benutzung des Senoi-Systems der Traumkontrolle

I Aggressive Beziehungen im Traum

1. Hatten Sie in diesem Traum einen Feind? 1. ja .... nein ....
2. Zu welchem Typ von Feind muß er gerechnet werden? 2.
   a) Aggressiv a) ....
   b) Nicht-kooperativ b) ....
   c) Gestaltlos c) ....
3. Geben Sie dem Gegner einen Namen. 3. ....
4. Um welche Art von Aggression handelt es sich? 4. ....
5. Traten Sie dem Feind entgegen? 5. ja .... nein ....
6. Griffen Sie den Gegner an? 6. ja .... nein ....
7. Riefen Sie beim Angriff, falls nötig, um Hilfe? 7. ja .... nein ....
8. Erhielten Sie Hilfe, als Sie darum baten? 8. ja .... nein ....
9. Wenn Sie verletzt oder getötet wurden, sind Sie dann wiedergeboren worden? 9. ja .... nein ....
10. Haben Sie Ihren Gegner verletzt? 10. ja .... nein ....
11. Wehrten Sie den Angreifer erfolgreich ab? 11. ja .... nein ....
12. Haben Sie Ihren Feind getötet? 12. ja .... nein ....

13. Forderten Sie von Ihrem Gegner ein Geschenk? 13. ja .... nein ....

II Sexuelle Beziehungen im Traum

14. Hatten Sie in diesem Traum einen sexuellen Kontakt? 14. ja .... nein ....
15. Bezeichnen Sie den Partner oder das, was Sie sexuell erregt hat. 15. ....
16. Bezeichnen Sie die Art der sexuellen Beziehung. 16. ....
17. Ließen Sie es bei der Begegnung bis zur sexuellen Vereinigung kommen? 17. ja .... nein ....
18. Führten Sie die Vereinigung bis zum Orgasmus weiter? 18. ja .... nein ....
19. Baten Sie Ihren Liebespartner um ein Geschenk? 19. ja .... nein ....

III Fallen und Fliegen im Traum

20. Sind Sie in diesem Traum gefallen? 20. ja .... nein ....
21. Ist es Ihnen gelungen, dabei weiterzuschlafen? 21. ja .... nein ....
22. Blieben Sie entspannt? 22. ja .... nein ....
23. Konnten Sie irgendwo landen? 23. ja .... nein ....
24. Sind Sie in diesem Traum geflogen? 24. ja .... nein ....
25. Haben Sie das Fliegen genossen? 25. ja .... nein ....
26. Landeten Sie an einem interessanten Ort? 26. ja .... nein ....
27. Konnten Sie ein Geschenk oder eine Kostbarkeit finden? 27. ja .... nein ....

IV Freundliche Beziehungen im Traum

28. Sind Sie in diesem Traum freundlichen Gestalten begegnet? 28. ja .... nein ....
29. Geben Sie diesen freundlichen Gestalten Namen. 29. ....
30. Um welche Art Freundlichkeit handelte es sich? 30. ....
31. Haben Sie die freundschaftlichen Gesten angenommen? 31. ja .... nein ....

32. Drückten Sie Ihre Dankbarkeit für die gewährte Freundlichkeit aus? 32. ja .... nein ....

33. Baten Sie besonders nette Traumfiguren Ihre Helfer zu werden? 33. ja .... nein ....

34. Haben Sie alles, was man Ihnen geschenkt hat, benutzt und mit anderen geteilt? 34. ja .... nein ....

35. Baten Sie die Traumfreunde um ein Geschenk? 35. ja .... nein ....

V Verschiedene Wechselwirkungen im Traum

36. Teilten Sie alle Speisen mit anderen Traumfiguren? 36. ja .... nein ....

37. Wenn Nahrungsmittel im Traum vorgekommen sind, was war es? 37. ....

VI Geschenke und Kostbarkeiten

38. Haben Sie in diesem Traum ein Geschenk oder eine Kostbarkeit gewonnen, erhalten, gefunden oder gesehen? 38. ja .... nein ....

39. Was für eine Art Geschenk oder Kostbarkeit war es? 39. ....

40. Beschreiben Sie diese kurz. 40. ....

41. Haben Sie, wenn nötig, darum gefeilscht? 41. ja .... nein ....

42. Erhielten Sie im wachen Leben gesellschaftliche Anerkennung für das Geschenk? 42. ja .... nein ....

VII Zusammenfassung

A Welche *Fehler* begingen Sie im Traum? (Zählen Sie alle „Nein" zusammen.) ....

B Was gedenken Sie in zukünftigen Träumen zu tun? ....

C Welche *Erfolge* hatten Sie in diesem Traum? (Zählen Sie alle „Ja" zusammen.) ....

D Beglückwünschen Sie sich selbst zu Ihren Erfolgen.

Sechstes Kapitel

Was wir von luziden Träumern lernen können

Wenn Sie einen „luziden Traum" haben, machen Sie eine ungewöhnlich aufregende Erfahrung. Ganz einfach gesagt, nennt man einen Traum luzid, wenn sich der Träumer bewußt ist, daß er träumt. Ein solches Bewußtsein kann vom einfachen Gedanken „Das ist ja nur ein Traum" bis zu einer unglaublichen Befreiung von allen körperlichen Beschränkungen und von den Begrenzungen durch Raum und Zeit reichen. Wenn Sie in Ihrem Traum luzid geworden sind, dann können Sie einfach *alles* tun. Sie können hinfliegen wohin Sie wollen, den Partner Ihrer Wahl lieben, mit längst verstorbenen Freunden und unbekannten Menschen sich unterhalten; Sie können jeden von Ihnen gewählten Ort auf der Erde besuchen, alle Bereiche positiver Emotionen erleben, Antworten auf Fragen erhalten, die Sie schon lange beschäftigen; kreative Formen betrachten — und, ganz allgemein, aus der reichen Fülle des gesamten Gedächtnismaterials schöpfen. *Sie können lernen, während Ihrer Träume bewußt zu werden.*

Nach Ernest Rossi,[1] einem zeitgenössischen Theoretiker, wirken in einem Traum zusammen: 1. Kräfte und Figuren, welche den autonomen Prozeß[2] ausdrücken, der nicht unter der Kontrolle des Träumers steht, und 2. der Träumer selbst, der mit diesen Kräften und Figuren in Beziehung tritt. Bei stumpfsinnigen und immer gleichbleibenden Träumen, ist der autonome Prozeß blockiert; bei allzu phantastischen überflutet der autonome Prozeß die Identität des Träumers, und der Traum kann nicht assimiliert werden. Die ideale Mitte ist ein Traumleben, in welchem Sie mit Ihren Traumgestalten in anregenden Abenteuern sich gegenseitig beeinflussen. Rossi glaubt, daß man aus der Begegnung mit seinen Traumfiguren ein neues Bewußtsein entwickeln kann, das in das frühere

Bewußtsein integriert wird, und daraus schließlich eine neue Identität entsteht.

In einem luziden Traum sind Sie in der günstigen Lage, die Wechselwirkung mit den Traumgestalten auf ein Höchstmaß zu bringen. Ihre Träume sind dann alles andere als stumpfsinnig, weil Sie im Traum ein Gefühl haben, das dem normalen Wachbewußtsein ähnelt. Sie erleben die Träume direkt selbst und haben somit die Freiheit, fast alles, was Sie wünschen, hervorzubringen. Außerdem sind Ihre Träume nicht so verworren, denn es steht in Ihrer Macht, den Traum entweder zu beenden oder seine negativen Aspekte zu ändern. Ihre Träume entwickeln sich dann wahrhaftig zu „anregenden Abenteuern". Sie wissen nie zum voraus, welche Traumbilder der autonome Prozeß Ihnen als nächstes vorführen wird — so werden Sie stets überrascht, wenn nicht sogar begeistert sein. Und Sie wissen auch genau, daß Sie negative Geschehnisse nach Belieben lenken, beenden oder umwandeln und durch positive ersetzen können. Das ist wie beim Gefühl einer starken Zuversicht, das Sie wohl manchmal im wachen Leben überkommt — es treten unerwartete Ereignisse und Enttäuschungen auf, doch Sie wissen genau, daß Sie damit fertig werden können. Sie erledigen die Angelegenheit und fahren fort damit, Ihre eigenen Ziele zu erreichen. *Je mehr Sie in den luziden Träumen diese Zuversicht erfahren, desto eher wird sie auch im wachen Leben in Erscheinung treten.*

Schon viele Menschen haben versucht, luzid zu träumen. Wie wir noch sehen werden, ist das Wichtigste für die wachbewußt träumenden Yogis, daß sie bei *vollem Bewußtsein in den Traumzustand eintreten*, während der luzide Träumer anstrebt, *das volle Bewußtsein im Traumzustand zu erlangen*. Diese beiden Wege unterscheiden sich in bezug auf den gewählten Zeitpunkt: Die wachbewußt träumenden Yogis streben an, das Bewußtsein niemals zu verlieren, während die luziden Träumer sich bemühen, während des Traumes bewußt zu *werden*. Es gibt natürlich noch andere Unterschiede — z.B. hinsichtlich des angestrebten Zweckes, der Art der durchgeführten Versuche usf., wie noch ausgeführt werden wird.

Nach meiner Ansicht ist die luzide Traumkontrolle schwerer

zu erreichen als alle zuvor besprochenen Arten der Traumkontrolle. (Nur die Yoga-Traumkontrolle ist wahrscheinlich noch schwerer herbeizuführen.) Zunächst wissen nur wenige um die Möglichkeit, daß man während des Traumes voll bewußt werden kann. Nur selten entwickeln normale Träumer luzides Träumen, ohne zuvor davon gehört zu haben (obwohl das vorkommen kann)*. Selbst wenn die Möglichkeit des luziden Träumens aufgezeigt wird, glauben es viele Leute ganz einfach nicht. Oder sie meinen, wenn die Erfahrung tatsächlich gemacht wurde, es sei kein Traum gewesen. Andere wiederum reden sogar von einem „Wunder". Ganz im Gegensatz dazu zeigen meine eigenen Traumerfahrungen und die meiner Studenten, daß luzides Träumen eine Fähigkeit ist, die erworben werden kann. Es ist zwar schwierig, aber wenn man es einmal erlebt hat, ist es so phantastisch, und das Gefühl der Freude und des Abenteuers so unermeßlich, daß alle Anstrengungen nicht mehr zählen.

Warum es so schwierig ist, im Traumzustand voll bewußt zu werden, ist unklar. Aus irgendeinem Grunde ist es einfacher, sich nur halb bewußt zu werden — zum Beispiel, sich daran zu erinnern, daß man Angreifer im Traum bekämpfen muß (Senoi). In diesem Fall weiß der Träumer irgendwie verschwommen, daß er träumt, aber wird sich dessen nicht ganz bewußt, weil seine Aufmerksamkeit auf die ablaufende Handlung gerichtet ist. Im luziden Traum und im Yoga des wachbewußten Traumzustandes ist die Tatsache, daß man sich des Träumens bewußt ist, von größter Wichtigkeit. Dieses Bewußtsein muß unter allen Umständen aufrecht erhalten werden. Die Handlung selbst ist von zweitrangiger Bedeutung und kann zahllose Formen annehmen.

Wenn Sie im Traum gemerkt haben, daß Sie träumen, dann ist dieses Bewußtsein keineswegs beständig. Im luziden Traum müssen Sie unentwegt auf der Hut sein, denn das Bewußtsein der Tatsache, daß Sie träumen, kommt und geht — und ständig

---

* Anm. des Übersetzers: vgl. Alfred Lischka: Erlebnisse jenseits der Schwelle. Paranormale Erfahrungen im Wachzustand und im luziden Traum, bei Astralprojektionen und auf Seelenreisen, Ansata-Verlag, Schwarzenburg 1979

müssen Sie sich daran erinnern: „Vergiß es nicht, du träumst jetzt und kannst tun, was immer du willst." Wenn Sie in Ihrer Wachsamkeit nachlassen, fallen Sie wieder in einen gewöhnlichen, unkontrollierten Traum zurück. Sind Sie sich dagegen zu sehr Ihres Traumzustandes bewußt, dann besteht die Gefahr, daß Sie vor lauter Freude über die gewonnene Freiheit und Macht derart außer sich geraten, daß Sie aufwachen. Sie müssen sich schulen, sich nicht übermäßig zu erregen und deshalb zu erwachen und dürfen sich andererseits auch nicht ablenken lassen und damit in einen gewöhnlichen Traum abgleiten. Wie beim Überschreiten eines schmalen Grates müssen Sie acht geben, Ihr Gleichgewicht zu behalten, um nicht auf der einen oder der anderen Seite hinunterzufallen. Ihre Anstrengungen werden mit unermeßlicher Freude belohnt. Sie werden bald erfahren, wie man diesen herrlichen Zustand erreicht und weiter entwickelt.

Celia Green, Leitcrin des „Institute of Psychophysical Research" in Oxford, brachte 1968 eine Arbeit über die luziden Träumer Europas und Nordamerikas heraus.[3] Green untersuchte veröffentlichte Berichte über luzides Träumen von Arnold-Forster, Delage, van Eeden, Fox, Hervey de Saint-Denys, Ouspensky und Whiteman und außerdem unveröffentlichtes Material von vier Personen, die ihre Erfahrungsberichte dem Institut zur Verfügung gestellt hatten. Vieles in diesem Kapitel habe ich ihrer Arbeit entnommen, doch benutzte ich wenn immer möglich auch die Originalpublikationen.

Aus den veröffentlichten Erfahrungen anderer und meinen eigenen luziden Traumerlebnissen habe ich eine Reihe von Empfehlungen herausgearbeitet, die Ihnen, so glaube ich, helfen werden, den wunderbaren Zustand des luziden Traumes zu entdecken. Besitzen Sie bereits die Fähigkeit, sich während des Traumes bewußt zu werden, daß Sie träumen, können Sie lernen, diese Erfahrung mit erstaunlichen Resultaten zu erweitern und zu intensivieren.

Bitte stellen Sie sich — wenigstens für eine Weile — einmal vor, daß es Ihnen möglich ist, im Traum bewußt zu werden. Zunächst müssen Sie den Moment erfassen und erkennen, wann Sie sich in einem *präluziden* Zustand befinden. Sie wissen, ein luzider Traum ist ein Traum, in dem Sie erkannt haben, daß Sie träumen. Ein präluzider Traum ist einer, in dem Sie erst *vermuten*, daß Sie träumen, ohne sich ganz sicher zu sein. Sie müssen gegenüber Ihrer Traumerfahrung eine kritische Haltung einnehmen und könnten sich sogar ganz gezielt fragen: „Träume ich?", und dann prüfen, ob Ihre Erfahrung wirklich oder traumartig ist.

Nach Greens Untersuchungsergebnissen und meinen eigenen Erfahrungen ist in den präluziden Träumen manchmal jede eingehende Prüfung ihres Wirklichkeitscharakters unmöglich. In einem dieser präluziden Träume glaubte ich, bereits aufgewacht zu sein. Ich träumte aber weiter, daß ich das Licht neben meinem Bett eingeschaltet hätte. Ich betrachtete den Nachttisch neben mir, sah das Rot des Lampenschirmes und den Widerschein des Lichtes auf der lederbezogenen Tischplatte — alles war genau so, wie im Wachzustand. Und doch war ich mir nicht ganz sicher. Ich streckte meine Hand aus und klopfte kräftig auf die Nachttischplatte. Ich fühlte, sie war hart und hielt deshalb die Erfahrung für real. Ich fuhr fort, auf gewöhnliche Weise weiterzuträumen. Als ich später wirklich erwachte, verstand ich sofort, was der Traum bedeutete — ich hatte mir nämlich überlegt, ob die erklärte Zuneigung eines bestimmten Freundes echt sei oder nicht, und dachte mir: „Sie *muß* echt sein, weil ich sie *spüren* kann." (Man kann diesen präluziden Traum auch als „falsches Aufwachen" bezeichnen, worauf ich später noch zu sprechen komme.)

Es ist somit durchaus möglich, daß Sie allein auf Grund der im Traum durchgeführten Prüfungen zum Schluß kommen, daß alles real sei. Wenn Sie das annehmen, so läuft der Traum normal weiter. Sind Sie aber zur Auffassung gekommen, daß Ihre Erfahrung tatsächlich ein Traum ist, dann können Sie luzid weiterträumen. *Versuchen Sie, den Wirklichkeitscharakter ihrer Erfahrung während eines Traumes zu prüfen.*

· Meine präluziden Träume beinhalten gewöhnlich Stellungnahmen zum Traumgeschehen selber:

> *Im Verlaufe eines längeren Traumes erblicke ich die Vorderseite einer schmuckvollen Standuhr, die auf einem*

soeben aufgeklappten Klavier steht. Die Vorderseite der Uhr sieht wie ein Gesicht aus, auf dem ein lieblicher Ausdruck liegt. Ich sehe es immer deutlicher — es gleicht fast dem Gesicht Buddhas, ist weiß und besteht aus einem Metall. Dann erblicke ich es auf meinem Notizblock und sage: ,,Normalerweise würde ich an dieser Stelle aufwachen." Der Traum geht weiter.
(,,Buddha-Standuhr" — 5.11.72)

Offenbar war ich mir bis zu einem gewissen Grade bewußt, daß ich träumte, weil ich die Feststellung machte: ,,Normalerweise würde ich an dieser Stelle aufwachen." Doch war die Aufmerksamkeit nicht groß genug, weshalb der Traum auf gewöhnliche Weise weiterging. *Je bewußter Sie sich in solchen präluziden Momenten werden, desto einfacher wird es, den Traum in einen luziden zu überführen.*

Bei einem meiner Versuche, einen luziden Traum hervorzurufen, war das Resultat ein Traum *über* luzides Träumen. Im zweiten Traum, den ich in der gleichen Nacht hatte, sah ich mich selbst ein Buch lesen, in dem eine Serie von 14 Träumen beschrieben wurde, von denen 13 luzid waren. Viele Informationen und dazu passendes Bildmaterial waren darin angeführt. Ein anderer Traum derselben Nacht handelte von der Geschichte eines Mädchens namens *Lucy*. Und im fünften und letzten Traum dieser Nacht las ich auf meinem Notizblock, was ich über einen eigenen luziden Traum geschrieben hatte. Ich schaute genauer hin und überlegte mir: ,,Ich hätte nicht gedacht, daß ich luzid träumen würde." Dieser zweifelnde, analytische Gedanke machte mich wach, anstatt den von mir gewünschten luziden Traum herbeizuführen. *Sie können einen luziden Traum herbeiführen, doch es braucht Zeit.*

Ein luzider Traum läßt sich erfolgreich aus verschiedenen Traumsituationen heraus einleiten. Kurze luzide Träume entstehen gewöhnlich aus einer emotional angespannten Lage heraus. Ein Alptraum, in welchem Sie schreckliche Angst haben, wird an der Stelle luzid, wo Sie sich selber sagen: ,,Das ist ja doch nur ein Traum, ich brauche keine Angst zu haben. Ich kann ja jederzeit aufwachen." Diese Feststellung beendet normalerweise den Traum sofort. Diesen Ansatz zum luziden Träumen haben schon viele Träumer erlebt, ohne ihn als solchen zu erkennen. Das Bewußtsein der Situation reicht aus, um die Angst im Traum einzudämmen und dem Träumer eine Flucht ins Aufwachen zu ermöglichen. Das ist immerhin schon ein Fortschritt gegenüber jenen gewöhnlichen Alpträumen, aus denen der Träumer vor Entsetzen aufwacht. So hat er ein paar Sekunden, in denen er luzid ist, und benutzt sie, um zu erwachen.

Es gibt jedoch Träumer, die diese Fähigkeit, sich selbst aus Alpträumen aufzuwecken, weiterentwickelt haben. Sie entscheiden sich dafür weiterzuträumen, da sie im Traum nicht wirklich verletzt werden können. In diesen Fällen geht der Traum weiter, wobei die schreckerregenden Bilder entweder in gewandelter Form oder in gleichbleibender Form nicht mehr länger furchterregend wirken. *Wenn Sie Ihr volles Bewußtsein im Traumzustand beibehalten, dann setzt sich der luzide Traum fort und es ist nicht nur ein kurzes Aufblitzen.*

Die Engländerin Mary Arnold-Forster, eine nichtberufliche aber sehr scharfsichtige Traumbeobachterin, die ihre Abenteuer auf dem Gebiet der Traumkontrolle beschrieb, hatte diese Fähigkeit zu einem hohen Grade entwickelt. Sie dachte sich bestimmte Sätze aus: „Denke daran — dies ist ein Traum. Du darfst nicht mehr weiterträumen", oder: „Du weißt, dies ist ein Traum. Hör auf zu träumen — wache auf".[4] Im Laufe des Tages und vor dem Schlafengehen wiederholte sie das mehrfach im Stillen, manchmal aber auch laut, um es sich unauslöschlich in das „Traumgedächtnis" einzuprägen. *Denken Sie stets daran, daß Träume nur Träume sind und nicht real, bis Sie sich auch im Traum an diese Tatsache erinnern.*

Zu Beginn weckte der Merksatz Mary Arnold-Forster sofort auf, wenn sie im Traum daran dachte, doch später, sobald sie den Satz in ihrem Traum gesagt hatte, merkte sie: „Ich brauche überhaupt nicht aufzuwachen, obwohl ich das tun könnte, denn die ursprüngliche Angst hört sofort auf. Sie ist wie abgeschaltet und der Traum setzt sich ohne Unterbrechung fort, jedoch ohne beunruhigendes Element".[5] Arnold-Forster wurde damals von Angstträumen verfolgt, in denen sie Nachricht vom Tode ihres

Gatten oder ihrer vier Söhne bekam, die an der Front waren
(1. Weltkrieg). Das war in den Kriegsjahren eine realistische
Befürchtung, aber dank der Anwendung des eingeprägten Satzes
war sie glücklicherweise imstande, sich von der Qual solcher
Träume zu befreien. Sie berichtet:

> *Meistens wird der beunruhigende Traum durch einen
> einfachen Befehl gestoppt, der ihn entweder abrupt beendet — wie der fallende Bühnenvorhang das Spiel beendet — oder es ändert sich die Traumszene, so wie das
> Bild in einer Laterna magica erlöscht, um für ein anderes
> Platz zu machen.*[6]

Wenn Sie in einem schrecklichen Traum luzid werden, dann
benutzen Sie diese Erkenntnis dazu, um aufzuwachen. *Es ist
weit vorteilhafter für Sie, die Luzidität zu nutzen, um den
Traum in veränderter Form weiterzuerleben.*

Ein luzider Träumer, der sich vornimmt, sich nicht mehr
durch Traumbilder erschrecken zu lassen, wendet auf seine
Art das Senoi-Konzept der *Furchtlosigkeit gegenüber Traumbildern* an. (Für den luziden Träumer gibt es keine klaren Anweisungen, wie er nach der Ausschaltung des negativen Bildes
weiter vorzugehen hat. Er kann selbst wählen, was weiter geschehen soll.) *Daher besteht eine Möglichkeit, luzid zu werden darin, in einem Angsttraum zu erkennen, daß man träumt.*
Es gibt aber auch andere Wege.

Ein luzider Traum kann auch aus der Erkenntnis entstehen,
daß das Erlebnis eine seltsam traumartige Qualität besitzt.
Der Träumer prüft dann seine Traumerfahrung und erkennt,
daß er träumt. Das habe ich selbst erlebt:

> *Mitten in einem langen, unangenehmen Traum: meine
> jüngste Tochter ist entführt und in eine Kammer gesperrt
> worden. Ich sorge mich sehr um sie. Nun gehe ich an einer
> Schale vorbei, die auf einem Regal steht. Eine Pflanze
> wächst darin. Mit Entsetzen sehe ich in der Erde einige
> kleine, schimmlige, schlangen- und eidechsenartige Tierchen herumkriechen. Ich muß das ganze Zeug später weg-*

werfen", denke ich. Ich fühle eine Woge der Enttäuschung bei dem verschwommenen Gedanken: „So etwas habe ich schon seit langem nicht mehr geträumt", in mir hochkommen. Dann schaue ich aus einem nahen Fenster und sehe meine Tochter, die sich irgendwie hinausgeschlichen hat und zu einem Jungen hinüberläuft. Jetzt beginnt sich ihre Gestalt zu ändern. Aufquellend und sich windend wird sie selbst zu einem großen, schlangenartigen Geschöpf — ähnlich einem riesigen Ball, der aus Schlangen besteht, oder der mit Schlangen bedeckt ist — aber mit dem Kopf meiner Tochter. Das ist ja noch schlimmer (so etwas zu träumen). Plötzlich überfällt mich die Erkenntnis: I c h t r ä u m e. („Selbstbetrachtung" — mit einem nachfolgenden Teil — 6.6.73)

In meinem präluziden Zustand war die Erkenntnis des traumartigen Charakters dieser Erfahrung mit einer gewissen emotionalen Spannung verbunden — und mit dem Gedanken über die Andersartigkeit der dargebotenen Bilder im Vergleich zu denen in meinen gewöhnlichen Träumen. *Achten Sie besonders auf fremdartige Vorkommnisse in Ihren Träumen — sie sind ein Schlüssel zur Tür des luziden Träumens.* Wenn Sie das im Traum erkennen, können Sie die Tür öffnen.

In einem anderen Fall erkannte ich die traumartige Qualität auch ohne emotionalen Streß:

Ich bin an einem Ort, weiß nicht so recht, ob ich träume, und warte auf meinen Mann. Ich gehe hinunter zu einer hölzernen Tür, dem Ein- oder Ausgang einer Herrentoilette. Ich schnitze die Worte „Ein merkwürdiges Geschehen" in das Holz. Kaum habe ich damit begonnen, realisiere ich, daß ich träume...
(„Meinen Namen schnitzen" — mit nachfolgendem Teil — 29.7.73)

Hier mache ich mich selbst auf „ein merkwürdiges Geschehen" aufmerksam, indem ich die Buchstaben ins Holz schnitze. Das ist offensichtlich ein kooperativer Traumzustand.

Ein anderer Weg, im Traum luzid zu werden, besteht darin, die eigenen Gedankenprozesse im Traum zu analysieren. Jede Traumsituation, die im wachen Leben Anlaß zum kritischen Überdenken geben würde, kann einen luziden Traum herbeiführen. Ich träumte beispielsweise in einem präluziden Zustand, der dann luzid wurde, folgendes:

> *Im Verlaufe einer Geschichte finde ich mich in einer Art Garage zusammen mit anderen Leuten auf einem riesengroßen bettartigen Gebilde sitzen. Ich umarme immer wieder eine gewaltige, dicke, schwarze Frau und sie mich. Sie sagt: „Ich liebe dich", und ich antworte: „Ich liebe dich auch." Dann wundere ich mich: „Woher kommt bloß dieses Bild? — Ah, ja, es stammt wahrscheinlich von R, der Frau, die für mich sorgte, als meine Mutter bei der Geburt meines Bruders im Krankenhaus lag. — Und es ist ein Traum! D a s   i s t   j a   e i n   T r a u m   u n d   i c h   t r ä u m e !" Ich bin überglücklich bei dieser Erkenntnis und umarme alle mitsamt der Frau ...*
> („Dicke, schwarze Frau" — mit einem nachfolgenden Teil — 20.7.73)

In meinem jetzigen Leben gibt es nichts, was ein solches Bild erklären könnte. Seine Ungereimtheit machte mich im Traum stutzig. Yogis erlangen, wie Sie noch sehen werden, eine außerordentliche Luzidität, durch Analyse der ablaufenden Traumereignisse. *Achten Sie auf Ungereimtheiten in Ihren Träumen. Versuchen Sie, diese während des Traumes kritisch zu analysieren.*

Nach Oliver Fox ist eine kritische Einstellung wichtig, um den Schwerpunkt vom präluziden Traum auf den luziden zu verlagern. Er vertritt den Standpunkt, daß es vier Grade dieser entscheidend wichtigen kritischen Haltung gibt:[7]

1. Der Träumer erkennt eine Ungereimtheit in seinem Traum erst, nachdem er aufgewacht ist. So könnte mir zum Beispiel bei einem meiner obigen Träume das Bild der Verwandlung meiner Tochter in einen Schlangenball erst *nach* dem Erwachen zu denken gegeben haben.

2. Der Träumer bemerkt eine Ungereimtheit schon während des Träumens; er findet sie etwas seltsam, aber akzeptiert sie doch. So könnte ich zum Beispiel das Bild meiner Tochter während des Traumes mit einer gewissen Neugier betrachtet haben.
3. Der Träumer bemerkt eine Ungereimtheit im Traumgeschehen und wundert sich darüber. So hätte ich zum Beispiel das Bild meiner Tochter gesehen und im Traum gesagt: „Das ist aber absonderlich."
4. Der Träumer bemerkt eine Ungereimtheit im Traum und sagt sofort: „Aber das ist *unmöglich,* das muß ein Traum sein" und wird luzid. Das ist im wesentlichen das, was ich getan habe, als ich mitansehen mußte, wie sich das Bild meiner Tochter in einen Ball aus Schlangen verwandelte.

Entwickeln Sie während Ihrer Träume eine kritische Einstellung und Sie werden imstande sein, luzide Traumabenteuer zu erleben.

Es ist auch möglich, direkt vom Wachzustand in einen luziden Traum hinüberzuwechseln. In diesem Fall beobachtet der Träumer beim Einschlafen seine eigenen Gedankenabläufe und gelangt auf diese Weise in einen luziden Traum. Green behauptet, daß das nur bei Träumern vorkomme, die diese Erfahrung ganz bewußt anstreben. Die wachbewußt träumenden Yogis haben dieses Vorgehen bis zur Vollkommenheit entwickelt. Nur wenige Menschen in der westlichen Welt verfügen über diese Fähigkeit.

Der russische Philosoph Ouspensky[8] berichtete, er habe es sich zur Gewohnheit gemacht, willentlich in einen luziden Traum einzutreten. Er schrieb, daß seine Versuche, das Bewußtsein im Schlaf zu bewahren, einen „eigenartigen Halb-Traumzustand" erzeugt habe. Wenn er einen luziden Traum zu Beginn seiner Schlafenszeit hatte, dachte er über ihn nach und konnte nachher nicht mehr einschlafen. Deshalb schien es ihm einfacher zu sein, luzide Träume am Morgen zu erleben, wenn er schon erwacht war, aber noch im Bett lag:

„Im Wunsch, diese Zustände zu schaffen, schloß ich nach dem Erwachen wieder meine Augen und begann zu

> dösen, gleichzeitig hielt ich mich an ein bestimmtes Bild
> oder einen Gedanken. Und manchmal begannen in solchen
> Fällen diese seltsamen Zustände, welche ich ‚Halb-Traum-
> zustände' nenne. Ohne bestimmte Bemühungen würden
> solche Zustände nicht kommen."[9]

Bemerkenswert ist Ouspenskys Praktik, ein bestimmtes Bild im Geiste festzuhalten. Das trägt dazu bei, einen Traum über den betreffenden Gedanken hervorzurufen. Auch Sie möchten vielleicht versuchen, vom Wachzustand direkt in einen luziden Traum zu gelangen. Denken Sie in diesem Fall daran, daß *alle luziden Träume* — ob das Bewußtsein nun während des Traumes erlangt wird oder gar nicht erst aufgegeben wurde — *leichter nach mehreren Stunden Schlaf auftreten.*

Der holländische Psychotherapeut Frederik van Eeden[10] bezeichnet sich selbst als gewohnheitsmäßigen luziden Träumer. Van Eeden, der seine interessantesten Träume während zweier Jahre in einem allgemeinen Tagebuch aufgezeichnet hatte, begann dann seine luziden Träume während der nächsten vierzehn Jahre gesondert zu sammeln (vom 20. Januar 1898 bis zum 26. Dezember 1912). Insgesamt schrieb er 500 Träume auf, von denen 352 luzid waren. Das ist ein erstaunlich hoher Prozentsatz an luziden Träumen. Die moderne Schlafforschung weist allerdings darauf hin, daß die Gesamtanzahl der von ihm *erlebten* Träume größer als die von ihm beschriebenen gewesen sein muß, etwa zwischen 1000 bis 1500 pro Jahr, wenn man durchschnittlich mit drei bis vier REM-Perioden pro Nacht rechnet. (Meine eigenen Traumprotokolle umfassen jährlich etwa 900 Träume, seit ich die im 8. Kapitel beschriebene Technik anwende.) Immerhin hat van Eeden eine sehr große Anzahl luzider Träume gesammelt. Seine häufig vorkommenden luziden Träume waren — so stellt er fest — höchst erfreulich und enthielten oftmals Sequenzen, in denen er schwebte oder flog. Er behielt beinahe vollständig die Erinnerung an sein waches Leben und konnte Willenshandlungen in ihnen ausführen. Er erinnerte sich sehr deutlich an seine luziden Träume (die allgemein leicht erinnert werden können) und fühlte sich in ihnen bei bester Gesundheit. Van Eeden schreibt weiter

(Hervorhebung von mir): „ausnahmslos *fielen alle meine luziden Träume in die Zeit zwischen fünf und acht Uhr morgens."* Meine eigenen Erfahrungen bestätigen das, denn alle meine luziden Träume fielen auch in die Zeit zwischen 0500 und 0830 Uhr.[11] Wenn man ausgeruht ist, mag es vielleicht leichter sein, bewußt zu werden. *Unsere Bemühungen, luzid zu werden, haben in den frühen Morgenstunden mehr Erfolg.*

Was ist nun dieses schwer faßbare Etwas, dieser luzide Traum, wenn Sie ihn einmal im Griff haben? Sie werden feststellen, daß sich Ihre luziden Träume in verschiedenen Beziehungen von Ihren gewöhnlichen Träumen unterscheiden. Außer der offensichtlich verblüffenden Eigenschaft des luziden Traumes, daß Sie sich in ihm voll Ihres Traumzustandes bewußt sind, gibt es noch eine weitere grundlegende Eigenschaft. In einem luziden Traum ist alles viel wirklichkeitsgetreuer als in einem gewöhnlichen Traum. Tiere und Objekte fangen seltener an zu sprechen und zu handeln wie Menschen, wie sie das in einem normalen Traum oft tun. Ihr eigener Körper wird nur selten seine Form verändern, und die anderen Traumgestalten handeln auf wirklichkeitsgetreue Art und Weise. Es gibt allerdings einige Ausnahmen, was den Wirklichkeitscharakter der oben erwähnten Traumerfahrungen betrifft: man kann fliegen, auf wundersame Weise die Umgebung beeinflussen und gestalten, durch ein Tunnel stürzen oder schweben, der als Sinnbild der räumlichen und zeitlichen Verschiebung aufgefaßt werden kann. Im allgemeinen jedoch sind luzide Träume realistisch.

In den luziden Träumen ist die Wahrnehmung ganz besonders lebhaft. Die Farben sind naturgetreu; Klänge, Geräusche, Geschmacks- und Geruchswahrnehmungen, Tastgefühl, Wärme- und Kältesinn, Schmerz- und Bewegungsempfindungen — all das erscheint durchaus real. Tatsächlich scheinen luzide Träumer gern zu experimentieren, um herauszufinden, wie wirklichkeitsgetreu ihre Wahrnehmungen im Traum sind. Als Beispiel sei van Eeden angeführt:

„Am 9. September 1904 träumte ich, ich würde an einem Tisch vor einem Fenster stehen. Auf dem Tisch lagen mehrere Gegenstände. Ich war mir voll bewußt,

daß ich träumte und überlegte mir, was für Experimente ich durchführen könnte. Zunächst versuchte ich, mit einem Stein Glas zu zertrümmern. Ich legte ein kleines Tablett aus Glas auf zwei Steine und schlug mit einem anderen Stein darauf. Doch es wollte nicht zerbrechen. Dann nahm ich ein Rotweinglas vom Tisch und schlug kräftig mit meiner Faust darauf, wobei ich mir überlegte, wie gefährlich das im Wachzustand sei. Doch das Glas blieb ganz. Aber siehe da! — Als ich nach einiger Zeit wieder hinschaute, war es zerbrochen.

Es zerbrach, wie es sich gehört, aber etwas zu spät — wie ein Schauspieler, der sein Stichwort verpaßt. Das gab mir den seltsamen Eindruck, in einer T r u g - W e l t zu sein, die zwar geschickt in Szene gesetzt war, aber dennoch kleine Fehler aufwies.

Ich nahm das zerbrochene Glas und warf es aus dem Fenster, um festzustellen, ob ich das K l i r r e n hören könnte. Und das Geräusch war so zu hören, wie es sein sollte. Ich sah sogar zwei Hunde instinktiv davor weglaufen. Ich dachte mir, die Imitation dieser Komödienwelt ist wirklich gut gemacht. Dann sah ich eine Karaffe mit Rotwein. Ich kostete davon und stellte bei völliger Geistesklarheit fest: ‚Wunderbar — das ist genau der Geschmack von Wein. Wir können also in dieser Traumwelt auch auf Wunsch Geschmackseindrücke hervorrufen'."[1][2]

Die luzide Traumwelt scheint so real wie die physische zu sein, das eigene Verhalten ist psychologisch wirklichkeitsgetreu, und die Wahrnehmungen des Träumers gleichen denen des wachen Lebens. Die Gedankenabläufe jedoch sind im luziden Traum weniger realistisch als im wachen Leben (wenn auch realistischer als im gewöhnlichen Traum). Das Gedächtnis und das analytische Denken stehen dem luziden Träumer für allgemeine psychologische Überlegungen und Ansichten voll zur Verfügung. Sie werden beispielsweise während des luziden Traumes fähig sein, sich an Theorien über das luzide Träumen zu erinnern und darüber nachzudenken. Ferner erinnert sich der luzide Träumer seiner Kenntnisse über die physische Welt, seiner Vorhaben, die er im luziden Traum ausführen will, und ebenfalls seines persönlichen Wissens, das er sich schon seit langem erworben hat. Sie werden sich also erinnern können, wer Sie sind, und daß Sie sich vorgenommen haben, im luziden Traum zu fliegen. Am wenigsten genau ist des Träumers Erinnerungsvermögen in bezug auf derzeitige bestimmte Einzelheiten der jüngsten Vergangenheit, die verzerrt erscheinen können. In einem luziden Traum wohnen Sie vielleicht noch in einem Haus, aus dem Sie erst kürzlich ausgezogen sind. Solche Ereignisse und Einzelheiten der jüngsten Vergangenheit sind in einem luziden Traum oft ungenau dargestellt. Celia Green stellt allerdings fest, daß das Erinnerungsvermögen „von Person zu Person unterschiedlich ist und umso besser wird, je mehr die betreffende Person luzides Träumen entwickelt".[13]

Besonders interessant ist die Feststellung, daß die Erinnerung *an* einen luziden Traum im wachen Leben außerordentlich klar und deutlich ist. Der luzide Traum regt gewöhnlich ungemein an und wird sogar viel leichter in Erinnerung behalten als ein gewöhnliches Ereignis im wachen Leben. Wenn Sie einen luziden Traum erleben, werden Sie das sofort wissen und sich daran erinnern können.

Die emotionalen Äußerungen umfassen einen ebenso weiten Bereich wie die des wachen Lebens, angefangen von der gelassenen Akzeptierung des luziden Traumgeschehens bis hin zu den höchsten Graden der Ungebundenheit und der Begeisterung. Ich habe die Notwendigkeit schon erwähnt, während eines luziden Traumes ruhig zu bleiben. „Gewohnheitsmäßige luzide Träumer betonen fast einhellig die Wichtigkeit der emotionalen Zurückhaltung, wenn die Erfahrung verlängert und ein hohes Maß an Luzidität beibehalten werden soll".[14] In einem meiner luziden Träume wurde ich derart erregt bei der Aussicht fliegen zu können, daß ich beinahe aufgewacht wäre. Deshalb entschied ich mich für eine weniger aufregende Tätigkeit, und der luzide Traum ging weiter. Auch emotionale Konflikte bringen einen luziden Traum zu einem schnellen Ende. Wenn Sie etwas unternehmen, das Ihnen physisch gefährlich scheint, oder Sie sich von einem Gefühl überwältigen lassen, dann verlieren Sie die Luzidität. *Genießen Sie den luziden Traum, ohne sich allzu sehr emotional zu engagieren.*

Es gibt zwei Traumereignisse, die oft im Zusammenhang mit einem luziden Traum auftreten: falsches Aufwachen und Fliegen. Bei einem falschen Aufwachen meint der Träumer, er sei aufgewacht und blicke auf den eben erlebten Traum zurück, wobei er aber immer noch weiterträumt. Dieser Zustand kann nach einem luziden Traum auftreten, aber auch nach einem normalen Traum und manchmal auch dann, wenn Sie sich überhaupt an keinen vorangegangenen Traum erinnern können. Es kann sogar mehrfach hintereinander zu einem falschen Aufwachen kommen. Träumer vermögen manchmal trotz Anwendung strengster Maßstäbe nicht zu entscheiden, ob sie träumen oder nicht, und beurteilen ihren Zustand fälschlicherweise als physische Wirklichkeit. Sie meinen, schon aufgewacht zu sein, und merken erst später, daß der scheinbar vorhandene Wachzustand bloß wieder ein weiterer Traum gewesen ist. Ein solcher Zyklus von Träumen innerhalb eines einzigen Traumes kann sich über drei oder vier Träume hinweg fortsetzen. Philosophen, die dieses mehrmals hintereinander auftretende falsche Aufwachen selbst erlebten, haben darüber Vermutungen angestellt, ob das, was wir als Leben betrachten, möglicherweise nur wieder eine andere Traumschicht ist.[15]

Green unterscheidet zwei Arten von falschem Aufwachen. Die erste ist ziemlich allgemein verbreitet. Der Träumer hat einen Traum, in dem er über eine frühere Traumerfahrung zu sprechen oder nachzudenken scheint. Das beginnt manchmal damit, daß der Träumer meint, in seinem Bett aufgewacht zu sein, wobei alles ziemlich den tatsächlichen Verhältnissen entspricht. Erfahreneren Träumern fällt es unter diesen Umständen zuweilen ein, die gewohnte Umgebung nach Anhaltspunkten zu überprüfen, welche die Realität bestätigen könnten.

In meinen eigenen Traumaufzeichnungen gibt es viele Beispiele für diese Art des falschen Aufwachens. Eines habe ich schon geschildert. Meine Erfahrungen mit dem falschen Aufwachen hängen vielfach mit meiner Methode zusammen, die Träume während der Nacht auf einem Notizblock aufzuschreiben. Als ich einmal im Traum nach dem Schreibblock griff, schlug ich die Seiten in der falschen Richtung auf. Im Traum öffnete ich die Augen, um nachzusehen, ob der Block schreibbereit sei. Zu meiner Überraschung sah ich Seite um Seite voller Traumnotizen mit prächtigen schwarzen Filzstiftzeichnungen. In diesem Falle setzte sich der Traum auf normale Weise fort. Zu anderen Zeiten träumte ich, daß ich meinen Traum gerade niederschreibe, werde aber einen kurzen Moment luzid und merke, daß ich das nicht tue. Ich wecke mich dann selbst auf, um die Niederschrift zu machen.

Diese Art des falschen Aufwachens schließt noch andere Erfahrungen mit ein. So hörte ich in einem Traum Geräusche und versuchte zu sehen, wie spät es sei. Im Traum gelang es mir aber nicht, meine Augen zu öffnen. Dann schien die Uhr stehen geblieben zu sein. Der Traum ging weiter, als ob alles Wirklichkeit sei. Ungewöhnlich an diesem Traum ist, daß ich vor dem Schlafengehen ein Kissen vor den Radiowecker gestellt hatte, um das aufgetretene lästige Vibrieren zu dämpfen. War ich mir nun einfach bewußt, daß ich das getan hatte, oder erlebte ich einen Fall „von Sehen mit geschlossenen Augen",[16] von dem andere berichtet haben? *Auch wenn Sie meinen, von einem Traum aufgewacht zu sein, prüfen Sie stets, ob das stimmt.*

Bei der zweiten Form des falschen Aufwachens scheint der Träumer wirklich in seinem Schlafzimmer aufzuwachen, aber es herrscht dabei eine ungewisse, fremdartige Atmosphäre. Der Träumer bleibt gewöhnlich im Bett, und es kann unterschiedlich lange dauern, bis er merkt, daß etwas ungewöhnlich ist. Lähmende Ungewissheit, plötzliches Erfassen der Situation oder Aufregung können entweder sofort oder nach einigen Minuten eintreten. Diese Art falschen Aufwachens unterscheidet sich von der ersten dadurch, daß es *immer* (und nicht nur manchmal) damit beginnt, daß der Träumer in seinem Bett liegt und eine außergewöhnliche Stimmung der Ungewissheit herrscht. Diese Art des falschen Aufwachens wird selten erlebt. Nicht alle luziden Träumer berichten darüber und nur wenige haben sie erlebt, die sich überhaupt nie mit solchen Dingen, wie sie hier besprochen werden, beschäftigt haben. Der Träumer wird sich zunächst bewußt, daß er nicht in einem normalen Wachzustand ist. Entweder wacht er dann wirklich auf, oder er bleibt in diesem Zustand und sieht Erscheinungen. Oliver Fox behauptet, daß er von diesem Traumzustand aus leicht in einen außerkörperlichen Zustand eintreten kann.

Meine langjährigen Traumaufzeichnungen enthalten nur einen einzigen Fall dieser Art:

> *Ich schlief in meinem Bett und hörte plötzlich Geräusche, als würde jemand herumgehen und atmen. Ich wurde wach und rief: „Wer ist da?" Schließlich bekam ich in der Dunkelheit etwas zu packen — es war meine jüngste Tochter. Ihre Hände waren eisig kalt. „Was ist los?", fragte ich, und sie antwortete: „Ich bin gekommen, um dir zu sagen, daß ich dich verlasse. Heute nacht fahre ich weg und gehe nun."*
> („Erscheinung" — 14.6.73)

An dieser Stelle im Traum stand ich auf und rang mit ihr, und der Traum ging auf gewöhnliche Art weiter. Der befremdliche Teil war die Stimmung, als ich im Traum „aufwachte". Es war ein gespenstisches Gefühl, das Atmen in der Dunkelheit zu hören, aber niemanden zu sehen. Vor dem Traum hatte ich Greens Beschreibung von dieser Art falschen Aufwachens gelesen, so daß ich möglicherweise nur die Erfahrung anderer auf meine eigene Situation übertragen hatte. Tatsächlich befürchtete ich damals, meine Tochter würde weggehen. *Versuchen Sie immer festzustellen, ob das Aufwachen aus einem Traum wirklich oder falsch ist. Sollten Sie merken, daß es ein falsches Aufwachen ist, dann können Sie einen luziden Traum herbeiführen.*

Oft gehen den luziden Träumen Flug-Träume voraus, zumal luzide Träumer viel mehr Träume vom Fliegen haben als normale Träumer.

Flug-Träume sind ganz allgemein bekannt. Ein Forscherteam untersuchte die Traumberichte von Studenten aus Kentucky und aus Tokio.[17] Ungefähr 39% beider Studentengruppen hatten erlebt, daß sie im Traum geflogen oder durch die Luft geschwebt seien.

Psychiatrische Patienten weisen einen geringeren Prozentsatz an Flug-Träumen auf.[18] Als man sie befragte, ob sie sich an Träume erinnern könnten in denen sie „selbst durch die Luft geflogen seien; nicht in einem Flugzeug, sondern mit dem eigenen Körper, der zu fliegen vermochte", bejahten nur 19% von 748 befragten Patienten. Wollten diese Befragten vielleicht nicht allzu verschroben erscheinen? Oder gibt es tatsächlich Unterschiede zwischen diesen beiden Gruppen, was die Häufigkeit der Flug-Träume anbetrifft?

Was immer auch die Erklärung sein mag, luzide Träumer berichten vergleichsweise über eine große Zahl von Flug-Träumen: „Fast *alle* gewohnheitsmäßigen luziden Träumer erwähnen Flug-Träume"[19] (Hervorgehoben von mir). Solche Träume sind nach van Eeden eine Art Vorankündigung für luzide Träume:

> *„Wenn ich in meinen Träumen zwei oder drei Nächte hintereinander geflogen bin, dann weiß ich, daß ein luzider Traum bevorsteht. Der luzide Traum selbst wird oft durch Fliegen eingeleitet und während der ganzen Zeit von einem Gefühl des Fliegens begleitet".*[20]

Auch Whiteman und Fox sprechen davon, daß sie während des Schwebens oder Fliegens in einem Traum die Luzidität erlangt haben, und bei Arnold-Forster steigerte sich die Fähigkeit, in den Träumen zu fliegen, als sie Luzidität erreichte und ihre Träume kontrollieren lernte. Auch die Durchsicht meines eigenen Materials hat ergeben, daß von den vier luziden Träumen, die ich in letzter Zeit erlebt habe, deren zwei mit nichtluziden Flug-Träumen verbunden waren, die den eigentlichen luziden Träumen vorangingen — und zwar *in derselben Nacht. Versuchen Sie Flug-Träume zu erzeugen, und Sie sind auf dem richtigen Weg zum luziden Träumen.*

So merkwürdig es auch scheinen mag, Sie können *lernen*, in Ihren Träumen zu fliegen. Mary Arnold-Forster ist ein gutes Beispiel dafür. Sie beschreibt in ihrem 1921 erschienenen Buch, wie sich ihre Fähigkeit, im Traum zu fliegen, mit den Jahren entwickelte. Sie erinnert sich, daß sie die ersten Flug-Träume erlebte, als sie noch ein sehr kleines Kind war und in London lebte. Nachts auf der Treppe hatte sie Angst, am Treppenabsatz vorbeizugehen, der zum dunklen Wintergarten führte. Sie träumte, sie sei allein und fürchtete sich auf der Treppe:

> *„Damals machte ich die beglückende Entdeckung, daß es ebenso leicht war, die Treppe hinunterzufliegen als hinabzusteigen, und daß die Angst verschwand, sobald meine Füße sich vom Boden abhoben — ich war absolut sicher. Diese Entdeckung hat die Beschaffenheit meiner Träume seitdem verändert. Am Anfang flog ich nur einige Stufen hinunter und immer nur abwärts. Aber bald begann ich weiter zu fliegen. Wenn mich in meinen Träumen irgendetwas erschreckte, versuchte ich, mich in die Luft zu erheben. Doch während einiger Jahre war ich unfähig, eine größere Höhe zu erreichen oder wirklich leicht zu fliegen. Erst nach und nach löste sich der Flug-Traum von seiner anfänglichen Bindung an das Gefühl der Angst und der Notwendigkeit, fliehen zu müssen. Während langer Zeit war es für mich oft eine Anstrengung zu fliegen, aber von Jahr zu Jahr wurde es leichter und ich gewann mehr Sicherheit. Allmählich hörten die „schlechten Träume" ganz auf. Als ich dann erkannte, daß ich durch Fliegen immer entkommen konnte, gehörte das Gefühl, vor etwas Unbekanntem fliehen zu müssen, der Vergangenheit an. Aber die Fähigkeit zu fliegen wurde größer und ist seither immer besser geworden".*[21]

Moderne Psychologen bezeichnen Mary Arnold-Forsters Benutzung Ihrer Flug-Fähigkeit zu anderen Situationen als solchen, die eine Flucht erfordern, als Verallgemeinerung.[22] Wenn Arnold-Forster feststellt, daß „jeder Traum, in dem sie fliegt dazu führt, daß beim nächsten Mal das Fliegen leichter wird",[23] so ist das reines Lernen. *Auch Sie können in Ihren Träumen fliegen lernen,* wenn Sie es nicht bereits schon tun.

Arnold-Forster beschrieb ihre beiden Methoden des Fliegens im Traum. Bei der einen stieß sie sich vom Boden ab oder sprang in die Höhe und flog dann ohne weitere Anstrengung davon. „Eine leichte Ruderbewegung mit den Händen"[24] ermöglichte es ihr, schneller zu fliegen, höher zu steigen oder zu steuern, besonders wenn sie durch Tür- und Fensteröffnungen flog. Das gab ihr auch Zuversicht und Kraft bei langen Flügen. Im zweiten Fall glitt sie nur ein Stückchen über dem Boden dahin, ohne dabei die Füße zu gebrauchen, so als ob sie völlig mühelos schreite. Meistens flog sie durch „hohe Räume und weitläufige Treppenhäuser in palastartigen Gebäuden", die sie nicht kannte, aber sie manchmal ans Britische Museum oder an andere Kunstgalerien erinnerten. Sie flog „wie ein Vogel" an der Decke entlang und kam herunter, um durch Türen und Fenster zu schweben. Immer trug sie dabei ihr „Flugkleid", ein Gewand mit geraden, geschlossenen Falten, die etwa zehn Zentimeter über ihre Füße hinausreichten. Dieses Kleid erschien in ihren Träumen, nachdem sie einmal geträumt hatte, sie schwebe auf einem stark begangenen Bürgersteig dahin und befürchtete, die Leute würden auf sie aufmerksam werden, wenn sie bemerkten, daß sie ihre Füße nicht wie alle anderen zu bewegen brauchte. Ihr Flugkleid vermied eine solche Bloßstellung, und sie konnte unbelastet bei jeder Flugerfahrung wieder etwas Neues lernen.

Arnold-Forster ebenso wie van Eeden fanden das Gleiten und Fliegen in ihren Träumen äußerst vergnüglich und konnten sich leicht daran erinnern. Mary Arnold-Forster schrieb die ständig ansteigende Zahl an Flug-Träumen folgender Ursache zu: Nachdem sie einmal entdeckt hatte, wie sie sich von schlechten Träumen befreien konnte, versuchte sie herauszufinden, inwieweit sie imstande war, schöne Träume hervorzurufen. Indem sie sich voll auf ein bestimmtes Traumthema wie z.B. das Fliegen konzentrierte, träumte sie *zwei bis drei Nächte* später davon. Manchmal dauerte es auch ein wenig länger; das hing davon ab, wie stark sie sich tagsüber auf dieses Thema zu konzentrieren vermochte. „Besonders nach einem Gespräch über das Fliegen konnte ich fast sicher sein, bald davon zu träumen".[25] Diese Zeitspanne ist uns schon früher begegnet: zwei bis drei Nächte. Sie erinnern sich, daß Stevensons Geschichte von *Dr. Jekyll und Mr. Hyde* zustande kam, nachdem er sich während zwei bis drei Tagen „fast den Kopf darüber zerbrochen" hatte. *Konzentrieren Sie sich intensiv zwei bis drei Tage lang auf Flug-Träume oder luzide Träume, und sprechen sie darüber. Dann werden sie eher davon träumen.*

Arnold-Forster konzentrierte sich nicht nur auf das Thema im allgemeinen, sondern sie plante auch genau, was sie im

Traum ausführen wollte — beispielsweise eine neue Art zu fliegen.

> *"Es dauerte lange bis ich mehr als eineinhalb Meter über dem Boden fliegen konnte. Das war erst möglich, nachdem ich den Vogelflug beobachtet und darüber nachgedacht hatte. Ich beobachtete, wie sich die Lerchen in den Himmel über den Wiltshire Hügeln emporschwangen, wie ein Turmfalke in der Luft schwebte, wie die Krähen mit kräftigen Flügelschlägen aufflogen und wie die Schwalben schnell dahinglitten. Erst dann gelang es mir, in meinen Träumen auf die gleiche Art wie die Vögel zu fliegen".*[26]

Sie war also aufgrund ihrer Beobachtungen im Wachzustand fähig, im Traum eine neue Flugart auszuführen. Sie dachte auch sehr viel darüber nach, wie es sein müßte, wenn sie über Wälder, hohe Gebäude und das Meer fliegen würde, bevor sie diese Flüge in ihren Träumen unternahm. Einmal steuerte sie im Traum ein kleines Flugzeug im Vertrauen darauf, daß sie bei technischen Schwierigkeiten Zuflucht zu ihrer natürlichen Flugweise nehmen könne.

Arnold-Forsters Vorgehensweise gleicht den Erfahrungen Guareschis, der seine Frau Margherita lehrte, ein Fahrrad zu benutzen, Reifen zu wechseln und in den Bergen zu klettern. Diese Fertigkeiten lernte seine Frau im Wachzustand, damit sie ihre Probleme im Traumzustand lösen konnte. *Beachten Sie tagsüber besonders diejenigen Dinge, die Sie im Traum machen wollen.*

Zuerst gelang es Arnold-Forster also, ihre schlechten Träume auszuschalten oder umzuwandeln; dann entwickelte sie eine besondere Technik, eine „zweite Formel", die es ihr ermöglichen sollte, den gewünschten Traum herbeizuführen. Hatte sie sich bisher tagsüber auf den gewünschten Traum konzentriert, darüber gesprochen und besonders jene Einzelheiten beobachtet, die sie in ihren Träumen erleben wollte, ging sie nun weiter. Sie kam auf diesen Gedanken im Verlauf eines Traumes, in dem sie Gast bei einem geselligen Beisammensein war. Im Traum erklärte ihr Schwager einigen anwesenden Herren ihre Methode des Fliegens und bat sie, einen Flug vorzuführen, was sie auch tat. Die Zuschauer diskutierten kritisch darüber. Da trat einer der Herren vor und gab eine Erklärung für das Rätsel. Anschließend ergriff sie die Hand eines Anwesenden und überredete ihn, mit ihr zusammen ein kleines Stückchen zu fliegen.

Die Erklärung, die der Herr in ihrem Traum gegeben hatte, benutzte Arnold-Forster als Ausgangspunkt für ihre zweite Formel: „Sie wissen, daß das Gesetz der Schwerkraft hier keine Macht über Sie hat. Wenn das Gesetz aufgehoben ist, können Sie nach Belieben fliegen. Haben Sie Vertrauen zu sich selbst, dann brauchen Sie keine Angst zu haben".[27] *Sie können diese Techniken verwenden oder eigene erfinden, um Ihre Fähigkeit zum Fliegen zu entwickeln.*

Obwohl Arnold-Forster in diesen Flug-Träumen nicht besonders auf ihr Bewußtsein geachtet hat, ist es klar, daß diese Träume luzid gewesen sind.[28] Mit der Verwendung ihrer besonderen Formeln muß Arnold-Forster nämlich erkannt haben, daß sie sich in einem Traumzustand befand, wo das Gesetz der Gravitation aufgehoben war. Dieses Bewußtsein nutzte sie dazu, unangenehme Träume zu verändern und vermehrt die angenehmen Traumelemente hervorzurufen. Auch wir können unsere unerwünschten Träume ändern und die erfreulichen Träume mehren.

Bis zum jetzigen Zeitpunkt bin ich noch kein gewohnheitsmäßiger luzider Träumer. Meine Traumaufzeichnungen weisen jedoch zusätzlich zu den bereits angeführten Eigenschaften der luziden Träume viele Flug-Träume auf. Letztes Jahr habe ich im Monat durchschnittlich drei Flug-Träume gehabt. In gewissen Monaten hatte ich überhaupt keine, dann wieder nur einen einzigen, aber manchmal sogar deren fünf. Später steigerte sich die Anzahl bis auf sechs Flug-Träume pro Monat. Meine eigenen Erfahrungen bestätigen viele Ergebnisse, die Arnold-Forster gemacht hat.

Jeder Träumer entwickelt seinen eigenen „Flugstil". Arnold-Forster stieß sich mit den Füßen vom Boden ab oder sprang in die Höhe und steuerte mit Ruderbewegungen ihrer Hände, oder sie glitt ganz einfach ein wenig über dem Boden dahin. Andere Träumer „fliegen", indem sie über Bäume und

Häuser springen. Sie kommen dazwischen immer wieder auf den Boden und springen dann weiter, wobei ihre Sprünge jedesmal höher werden.[29] Wieder andere lehnen sich zurück, als ob sie auf dem Wasser dahintreiben.[30] Manche fliegen in einem Sessel, benutzen ein kleines Flugzeug oder kombinieren verschiedene Flugtechniken. Für gewisse Träumer ist das Fliegen mit großer Anstrengung verbunden, während andere sich regelrecht von einer Kraft vorwärtsgetrieben fühlen.

Mein eigener Flugstil ist sehr unterschiedlich. Meistens stoße ich mich vom Boden ab, wie vom Grund eines Schwimmbeckens, halte meine Arme nach vorne ausgestreckt und mache Bewegungen wie beim Brustschwimmen. Nachdem ich Arnold-Forster gelesen hatte, versuchte ich es auch mit ruderartigen Bewegungen der Hände. Bei anderen Gelegenheiten bin ich in meinen Träumen geflogen, indem ich 1. mich nach hinten lehnte und schräg nach oben vorwärtsgetrieben wurde, 2. mich schwungvoll in die Luft hinauskatapultierte und dann vom Wind mitgerissen wurde, 3. mich von der Höhe hinunterstürzte, 4. einen Hang hinunterrutschte und dann meine Füße abhob, **um davonzusegeln und zu gleiten,** 5. in zusammengekauerter Stellung dahinschwebte, 6. durch hohe Luftsprünge, wenn ich sonst nichts zu tun hatte, oder 7. ein Flugzeug oder ein Raumschiff benutzte.

Normalerweise bin ich selbst diejenige, die im Traum fliegt (in 36 von 42 Flug-Träumen des letzten Jahres). In anderen Flug-Träumen beobachtete ich ein fliegendes Pferd oder eine fliegende Kaffeekanne. Ich sah auch schon eine herumhüpfende prächtige Schneeammer, eine Zeichnung eines fliegenden Brautpaares oder zwei flatternde Schmetterlinge.

Einige dieser Flugträume sind überaus lebhaft, und mit starken körperlichen Empfindungen des Fliegens verbunden (vgl. „TV-Show am späten Abend"). Diese Träume sind wahrscheinlich präluzid, da sie kritische Bemerkungen über das Fliegen enthalten. Zusätzlich zu den Empfindungen des Fliegens treten zuweilen noch andere Gefühle auf. In zwei von fünf *intensiv* empfundenen Flug-Träumen des letzten Jahres traten auch sexuelle Gefühle auf. Noch ein anderes Gefühl erlebte ich nach einem falschen Aufwachen, dem ein Flug-Traum folgte.

Ich war mir ganz sicher, wirklich zu fliegen, bis ich dann aufwachte. Und sogar nach dem Erwachen hielt das eigenartige Gefühl noch eine Weile an. In anderen Träumen fliege ich einfach in der Luft, ohne von einem Start geträumt zu haben, wobei es eher so ist, daß ich mich beim Fliegen beobachte, als daß ich es selbst erlebe.

Die verschiedenen Flugarten benutze ich für unterschiedliche Zwecke. Meistens helfen sie mir, einer bedrohlichen Lage zu entfliehen oder schneller und leichter etwas zu erledigen. Sie dienen mir auch dazu, etwas besser überprüfen und anordnen zu können, und stellen einen Weg dar, der es mir ermöglicht, einen umfassenden Überblick über eine bestimmte Situation zu erlangen, um auf diese Weise planen zu können, was ich als nächstes tun möchte. Gelegentlich, wenn ich auf etwas warten muß, vertreibe ich mir die Zeit mit Springen oder ich benutze das Fliegen als symbolische Darstellung meines Wunsches, irgendwohin gehen zu wollen. Schließlich fliege ich auch, um etwas zu sehen und tolle Dinge zu erleben.

Wie Arnold-Forster konnte auch ich aus meinen Flugträumen viel lernen. Als ich einmal aufrecht einen Abhang hinabschwebte, entdeckte ich, daß sich die Flugrichtung durch meine Beinhaltung steuern ließ. Diese Entdeckung benutzte ich acht Monate später in einem Traum, in welchem ich aufrecht stehend über dem Boden schwebend meine Pflanzen goß. Von meinen Zehen floß Wasser und durch die Veränderung meiner Beinhaltung lenkte ich den Wasserstrahl so, daß jede Pflanze die richtige Menge erhielt. In einem anderen Traum gelang es mir, einer bedrohlichen Situation fliegend zu entkommen. Anschließend nutzte ich meine neue und überlegene Lage aus, um einen Angriff aus der Luft durchzuführen. Auf diese und viele andere Weisen hat das Fliegen im Traum einen immer größeren Wert für mich bekommen.

Überraschend oft schließen die Träume einer Nacht mit einem Flugtraum ab (21 von 42 Träumen des letzten Jahres gehören dazu).[31] Das paßt gut zur Beobachtung, daß die Träume im Verlaufe der Nacht bizarrer werden, und der Behauptung, daß luzide Träume gewöhnlich erst nach einer gewissen Ruhezeit auftreten, nämlich zwischen fünf und acht

Uhr morgens. *Sie werden eher mit der Herbeiführung von Flug-Träumen Erfolg haben, wenn Sie Ihre Bemühungen auf die Träume am Morgen richten.*

Luzide Träumer haben nicht nur mehr Flug-Träume als die normalen Träumer, sie können auch ganz bewußt deren Häufigkeit steigern. Sie lernen in ihnen Bewegungen, die ihnen das Fliegen erleichtern und sogar noch angenehmer als sonst schon erscheinen lassen.

Aber weshalb erleben luzide Träumer häufiger Flugträume als normale? Die Deutungen, die für das Fliegen im Traum gegeben werden, sagen über diese Tatsache nichts aus.[32] Sie erklären auch nicht die von Ellis gemachte, überraschende Beobachtung, daß Flug-Träume zu den ersten, bei Kindern auftretenden Träumen gehören und in der zweiten Lebenshälfte weniger häufig sind. Einer seiner Bekannten stellte bei sich fest, daß nach seinem 50sten Lebensjahr keine Flugträume mehr erlebt wurden. Bei Ellis hörten sie noch früher auf, bzw. wurden sehr selten. Freud ist auch hier — wie in vielen anderen Fällen — der Ansicht, daß der Wunsch, im Traum zu fliegen, „nichts anderes als das Verlangen nach sexueller Betätigung bedeutet".

„Freud gab zu, daß er über Träume vom Fliegen nichts aus eigener Erfahrung zu sagen habe, da er selbst sie nie gehabt hatte. Aber Auskünfte seiner Patienten überzeugten ihn, daß dies gewöhnlich angenehme Träume sind, die bestimmte genitale Stimulationen aus Bewegungsspielen in der Kindheit wiedererzeugen, wie Schaukeln, Wippen und von Eltern oder erwachsenen Verwandten im Scherz in die Luft geworfen und wieder aufgefangen werden".[33]

Alle meine Flug-Träume, ungeachtet in welcher Form und zu welchem Zweck, sind wunderbar — vor allem solche, die von starken physischen Empfindungen begleitet sind. Wenn es mir in Zukunft gelingen sollte, meine Vorfreude auf das Fliegen so weit zu zügeln, daß ich nicht aus dem luziden Traum aufwache, in dem ich mich gerade befinde, dann werde ich mich mit Bestimmtheit für das Fliegen entscheiden. (Seit dieses Kapitel zum ersten Mal geschrieben wurde, ist mir das gelungen — ich bin in luziden Träumen geflogen!)* Flug-Träume sind außerordentlich erfreulich, und ich frage mich, ob das die Erklärung für das häufige Auftreten solcher Träume bei luziden Träumern ist. Der luzide Träumer kann seine Betätigungen ja selber wählen und entschließt sich gern für das Fliegen.

Eine andere mögliche Erklärung wäre auch, daß an dem einzigartigen Zustand, während des Traumes voll bewußt zu sein, ein Gefühl des Fliegens entsteht. Heilige in religiöser Ekstase, und Menschen an der Schwelle des Todes berichten meistens von Gefühlen des Fliegens.[34] Veränderte Bewußtseinszustände könnten also von Flugempfindungen begleitet sein.

Bis heute ist der eigentliche Wert der Flug-Träume noch nicht bekannt. Wir können also nur spekulieren. Vielleicht sind sie mit einem Gefühl der Freiheit verbunden, dem Bewußtsein zu abenteuerlichen Erfahrungen fähig und imstande zu sein, mit Neuartigem und dem sich ständig Verändernden fertig zu werden. Es mag auch sein, wenn wir in unseren Träumen fliegen, daß wir uns im wachen Leben freier fühlen. Sicher ist auf jeden Fall, daß jene Menschen, die regelmäßig in ihren Träumen fliegen, beinahe ausnahmslos diese Art Betätigung herrlich finden. Und außerdem bieten uns solche Träume einen „leichten Flug" in die luzide Traumwelt an.

Verglichen zu Ihren gewöhnlichen Träumen besitzen Sie in einem luziden Traum ein außergewöhnliches Maß an Kontrolle. Wir wissen bereits, daß luzide Träumer ihre Kontrollfähigkeit dazu verwenden, um unerwünschte Träume zu beenden oder zu verändern, die Zahl der erfreulichen Träume, wie z.B. Flug-Träume zu erhöhen und besondere Geschicklichkeiten, z.B. ganz spezielle Flugbewegungen zu erwerben. Außerdem macht es vielen luziden Träumern Freude, in ihrer Traumwelt zu experimentieren und die Macht ihrer Kontrollmöglichkeiten auszuprobieren. Eine der Personen, die Green Material zur Verfügung gestellt haben, berichtet:

---

*Anm. des Verlegers: Siehe das im Herbst 1980 erscheinende Buch von Patricia Garfield „Ekstase. Der Weg des Traum-Mandala."

> „Im Traum ging ich eine Straße entlang, die gerade war
> und, wie ich glaubte, auf der einen Seite eine Mauer hatte.
> Da merkte ich, daß ich träumte. Ich wußte, daß ich ver-
> sucht hatte, diesen Zustand herbeizuführen, und überlegte
> mir: ‚Nun kann ich etwas ausprobieren!' Ich dachte, ich
> hätte gerne einen Apfel. Da sah ich auf der Straße vor mir
> einen Lappen liegen. ‚Bis ich meine Hand ausstrecke, wird
> es ein Apfel sein.' Doch bevor ich hinunterreichte, fand
> ich schon einen Apfel in meiner Hand, den ich prüfte
> und dabei dachte: ‚Eine durchaus beachtliche Imitation
> eines Apfels'."[35]

In einem anderen Traum arbeitete dieselbe Person mit einem
Atommodell:

> „Ich kam zu einem Atom, das in einem Loch, in welches
> ich ein Verbindungsstück einsetzen wollte, ein kleines
> Kügelchen stecken hatte. Ich sage zu ihm: ‚Ich befehle
> dir hinauszugehen.' Das tat es denn auch".[36]

Das Gefühl, im Traum etwas beeinflussen zu können, ist
außerordentlich.
P.D. Ouspensky, der russische Philosoph, führte ähnliche
Versuche mit unterschiedlichem Erfolg durch:

> „ ‚Dieses schwarze Kätzchen soll sich in einen großen
> weißen Hund verwandeln. Im Wachzustand ist dies un-
> möglich und wenn dies geschieht, dann bedeutet dies,
> daß ich schlafe.' Ich sage dies zu mir und sofort wird das
> schwarze Kätzchen in einen großen weißen Hund ver-
> wandelt. Zur selben Zeit verschwindet die gegenüberliegen-
> de Wand und enthüllt eine Gebirgslandschaft mit einem
> Fluß, der wie ein Silberband in der Ferne entschwindet.
>
> ‚Das ist merkwürdig', sage ich zu mir; ‚ich verlangte
> nicht diese Landschaft. Woher kam sie?' Einige schwache
> Erinnerungen beginnen in mir aufzusteigen, eine Erinne-
> rung, diese Landschaft schon irgendwo gesehen zu haben
> und wie sie irgendwie mit dem weißen Hund verbunden ist.

Aber ich fühle, daß wenn ich mich da hineinziehen lasse, daß ich das Wichtigste vergessen werde, an das ich mich erinnern soll, nämlich, daß ich schlafe und meiner selbst bewußt bin, d.h. daß ich in dem Zustand bin, den ich lange begehrt und zu erreichen versucht habe. Ich bemühe mich, nicht an die Landschaft zu denken, aber in diesem Augenblick scheint irgendeine Macht mich rückwärts zu ziehen. Ich fliege rasch durch die Rückwand des Raumes und fliege in gerader Linie weiter, die ganze Zeit rückwärts gerichtet und mit einem schrecklichen Lärm in meinen Ohren. Plötzlich stehe ich still und erwache".[37]

Sie können sich beinahe alles in einem luziden Traum wünschen, es wird geschehen. Interessant ist es natürlich, wenn Sie sich selbst dabei beobachten, welche Wahl Sie treffen.

Bei der Durchsicht meiner eigenen Traumaufzeichnungen habe ich viele präluzide Träume und manches falsche Aufwachen gefunden. Luzide Träume jedoch sind selten. Zum Beispiel finden sich innerhalb der letzten acht Monate nur drei unbestreitbar luzide Träume. Sie traten alle zu einer Zeit auf, als ich viel über luzides Träumen las und darüber nachdachte. Mein Traumleben reagierte offensichtlich auf meine damalige intensive Beschäftigung. Doch haben mit meinen Bemühungen, luzide Träume herbeizuführen, alle die damit verbundenen Merkmale, wie präluzides Träumen, falsches Aufwachen und Flug-Träume, zugenommen. Und mit der Zeit lernte ich luzid zu werden. Die verschiedenen Methoden, die ich oben beschrieben habe, erwiesen sich für die Herbeiführung der Luzidität bei diesen drei Träumen als erfolgreich. Nachdem ich luzid geworden war, fragte ich als erstes, was ich nun tun sollte. Ich „horchte in mich hinein" und wollte zuerst fliegen, aber allein der Gedanke daran war für mich derart aufregend, daß ich aufzuwachen begann. Indem ich mich daran erinnerte, nicht zu gefühlsbetont zu reagieren, war ich imstande, den Traum zu verlängern. Ich entschied mich stattdessen, mich selbst zu sehen. Das geschah in einer erfreulichen und interessanten Weise, ganz anders als bei früheren, beängtigenden, nichtluziden Träumen.

In den anderen beiden luziden Träumen wollte ich einen

Orgasmus erleben. Es folgten zwar leidenschaftliche Gefühle, aber es fehlte ihnen doch etwas, da ich mich vorsehen mußte, mich nicht selbst zu wecken. Es gelang mir jedoch in einem erst vor kurzem erlebten luziden Traum „nackte Babies" vom 15.9.73, einen Orgasmus zu erleben. Ich nahm einfach an, daß es möglich sein *mußte*, starke gefühlsmäßige Erfahrungen in einem luziden Traum zu machen, wenn man an den Zustand gewöhnt ist, im Traum voll bewußt zu sein. Ich konnte in „Meinen Namen schnitzen" gerade noch damit zu Ende kommen, denn als ich dann meinen Namen las, erkannte ich sofort, weshalb Ouspensky[38] glaubte, es sei unmöglich, den eigenen Namen in einem luziden Traum auszusprechen: Um mich herum begann es zu vibrieren und zu donnern — und ich erwachte. Es ist also nicht unmöglich, den eigenen Namen in einem luziden Traum auszusprechen, aber es *bewirkt* den Abbruch des Traumes.*

In jeder dieser luziden Träume sehe ich immer noch Wirkungen der Symbolik — meine Reaktion auf die mögliche sexuelle Aktivität meines Kindes; der Wunsch zu wissen, wie ich mich selbst sehe; die nähere, wärmere Beziehung zu meinem „großen, schwarzen" Unbewußten; das Bedürfnis „meinen Namen zu schnitzen" — um ein Zeichen zu setzen. Symbole kommen also immer noch vor, aber das Traumabenteuer wird doch lebendiger.

Meine Traumaufzeichnungen enthalten eine ungewöhnliche Art sehr kurzer luzider Träume, verbunden mit falschem Aufwachen: Oft träume ich, daß ich den Traum in meiner speziellen Technik (siehe 8. Kapitel) auf einen Notizblock (oder sonst etwas) schreibe, und erkenne dann, daß ich das in Wirklichkeit nicht tue.

Zum Beispiel:

Am Ende eines Traumes schreibe ich meinen Traum mit

---

* Anm. des Übersetzers: Es ist allerdings mit der Zeit durchaus möglich, ohne weitere Folgen auch den eigenen Namen in einem luziden Traum auszusprechen, soweit ich das anhand meiner eigenen Erfahrungen beurteilen kann.

einem Bleistift quer über das Kissen. Es ist etwas über westliche Philosophie. Ich zwinge mich aufzusitzen, um zu sehen, ob die Schrift auch klar lesbar ist, erkenne aber nur eine Reihe von Punkten und Strichen. Dann zwinge ich mich richtig aufzuwachen, um den Traum niederzuschreiben.
("Punkte und Striche" — 7.1.72)

In dem Moment, da ich erkenne, daß ich nicht aufgewacht bin und schreibe, muß ich für einen Augenblick luzid geworden sein. Ich folgere daraus, daß ich träume, und benutze die Luzidität, um mich selbst aufzuwecken und den Traum aufzuschreiben. Häufig kommt es zu einem falschen Aufwachen, dem ein kurzer luzider Moment folgt, der dann zum richtigen Aufwachen führt. Benutze ich die Traumkontrolle, dann läßt sich die Luzidität auf verschiedene Art nutzen: 1. Um aufzuwachen und meinen Traum niederzuschreiben, 2. um „mich selbst zu sehen" und 3. um einen Orgasmus zu erleben. Diese Entscheidungen wurden *während* des Traumes getroffen und waren nicht zum voraus geplant. Es gibt also zwei Möglichkeiten: *Entweder entscheiden Sie sich schon vorher, was Sie tun wollen, wenn Sie luzid geworden sind, oder Sie warten ab, bis Sie luzid sind und entscheiden sich im luziden Traumzustand für ein bestimmtes Vorhaben.*

Viele luzide Träumer planen im voraus paranormale Experimente, die sie im luziden Zustand durchführen wollen. Sie versuchen zum Beispiel, in ihren Träumen Reisen zu unternehmen, um Informationen zu erhalten, das man als Hellsehen oder Telepathie bezeichnen könnte, oder führen Versuche mit außersinnlicher Wahrnehmung durch. Nach Green ist eine Reise im Traum „eine ziemlich unzuverlässige Sache, da der Betreffende mit hoher Wahrscheinlichkeit seinen luziden Zustand verlieren oder aufwachen wird, bevor das Ziel der Reise erreicht ist".[39] Dennoch berichtet Oliver Fox von einem verblüffenden Erfolg. An einem Abend, den er mit seinen beiden Freunden Slade und Elkington verbrachte, war das Gespräch auch auf Träume gekommen. Bevor sie sich verabschiedeten, kamen sie überein, sich wenn möglich in ihren Träumen in der Southampton Parkanlage zu treffen. Noch in derselben Nacht hatten sowohl Fox als auch Elkington Träume, in denen sie luzid waren. Beide gingen im Traum zum Park, begrüßten einander, stellten Slades Abwesenheit fest und beendeten ihre Träume. Am nächsten Tag traf Fox seinen Freund Elkington auf der Straße, der ihm sofort den gleichen Traum erzählte, den er selbst erlebt hatte. Dann kam auch Slade hinzu, der feststellte, daß das Experiment fehlgeschlagen sei, denn er habe überhaupt nichts geträumt. Fox und Elkington waren erstaunt über diese Erklärung, mit der Slade seine Unfähigkeit, die Traumverabredung einzuhalten, begründete. Dieses Experiment konnten sie jedoch nicht mehr wiederholen, doch haben auch andere auf demselben Gebiet verblüffende Erfolge erzielt.

Wenn Sie in einem luziden Traum mit außersinnlichen Wahrnehmungen (ASW) experimentieren wollen, so müssen Sie sich im Traumzustand an diese Absicht erinnern und daran denken, daß räumliche Entfernungen belanglos sind. Das ist nicht immer leicht. Wenn ich an der Ostküste der USA bin, wo ich mich häufig zu Besuchen aufhalte, und in meinem Traum an die Westküste „reisen" will, wo ich wohne, beunruhigt mich der Gedanke, daß „es so *weit* weg ist", oder daß „es zu kalt sei, um nachts dorthin zu gehen". Green empfiehlt, sich im Wachen einzuprägen, daß Traumereignisse völlig unabhängig sind. Ferner rät sie, bei Versuchen mit ASW die erforderlichen Techniken vorauszuplanen, so zum Beispiel das Herbeizitieren einer Person, mit der man sich treffen möchte, oder den Befehl, daß eine Tür erscheine, hinter der sich der Mensch oder der Ort befindet, den Sie sehen möchten. Einige luzide Träumer versuchen anderen Personen Mitteilungen zu überbringen. *Luzides Träumen bietet Ihnen unbegrenzte Möglichkeiten zum Experimentieren.*

Bis heute weiß man nicht, bis zu welchem Grad Traumkontrolle möglich ist. Das Ausmaß an Traumkontrolle ist bei den verschiedenen luziden Träumern unterschiedlich. Arnold-Forster hatte vielleicht deshalb mehr Erfolg bei der Traumkontrolle als viele andere luzide Träumer, weil sich schon ihre Eltern mit ihren Träumen beschäftigt hatten. Das mag bei ihr zu einer entsprechend größeren Veranlagung und Entwicklungsmöglichkeit geführt haben, ähnlich wie bei den Senoi, die ihre Kinder zu Traumerfahrungen anleiten. Ein nicht so erfahrener luzider Träumer, Jean-Paul Richter, soll bekannt haben: „daß es für ihn unmöglich gewesen sei, willentlich die Erscheinung bestimmter Bilder hervorzurufen oder zu verhindern, zu wissen, ob die hervorgerufenen Bilder freundlich oder beängstigend sein würden".[40] Es ist offensichtlich, daß seine Fähigkeit zur Traumkontrolle nicht stark entwickelt war, denn wir wissen ja, daß es möglich ist, schreckliche Traumbilder umzuwandeln.

Aber selbst der erfolgreichste luzide Träumer versichert, daß es eine Grenze bei der Traumkontrolle gibt.[41] Alle sind sich einig, daß sich der „Wille" nur bis zu einer gewissen Grenze durchsetzen kann. Vielleicht täuschen sie sich. Bedenken Sie die Tatsache, daß die luziden Träumer zu einer Zeit erfolgreich gewesen sind, in der die öffentliche Meinung herrschte, solche Versuche seien ganz unmöglich. Könnten wir nicht in einer Umgebung, die luzides Träumen anerkennt, noch viel weiter gelangen? Die wachbewußt träumenden Yogis bestehen darauf, daß es eine vollkommene Traumkontrolle gibt.

Obwohl luzide Träumer unterschiedlicher Meinung sind bis zu welchem Grade Traumkontrolle möglich ist, sind *alle* fähig, ihre Träume in einem Umfang zu kontrollieren, der weit über das hinausgeht, was uns früher möglich schien. Der „unwillkürliche" Traumprozeß kann in beachtlichem Maße beeinflußt werden.

Luzides Träumen ist jetzt für Sie erreichbar, und Sie erleben darin ungeahnt erregende und ganz persönliche Abenteuer. Ich habe Ihnen beschrieben, daß Sie in einem luziden Traum alles tun können, was Sie gern möchten: irgendwohin fliegen, irgend jemanden lieben oder andere schöne Erfahrungen machen. Sie können direkt aus der schier unermeßlichen Fülle Ihres Geistes schöpfen, indem Sie persönliche Fragen stellen oder um kreative Erzeugnisse bitten, damit sie Ihnen im luziden Traum erscheinen mögen. Wenn Sie außersinnliche Wahrnehmungen ausprobieren wollen, so bieten sich in luziden Träumen unzählige Gelegenheiten dafür. Alles dies ist schon von großem Wert. Aber Sie können noch mehr erleben.

In einem luziden Traumzustand lassen sich kristallklare

Traumbilder erzeugen, die für eine eingehende sorgfältige Untersuchung festgehalten werden können. Träumer sehen oft wunderbare Gemälde oder lesen herrliche Bücher in ihren Träumen; wenn sie dann erwachen, ist die Erinnerung daran getrübt, undeutlich und verwischt — sie können das Gesehene im Wachzustand nicht wiedergeben. Luzide Träumer können nun lernen, solche flüchtigen Traumbilder *fest*zuhalten, sie von allen Seiten zu betrachten und sie derart genau zu studieren, daß ihre Wiedergabe im Wachzustand fast so leicht ist wie die Herstellung einer Kopie.

Diese Methode, in einem luziden Traum die Bilder ganz deutlich festzuhalten, gleicht der Methode, die der Anthropologe Carlos Castaneda[42] in einem seiner Bücher über die Abenteuer mit Don Juan Matus, einem älteren Zauberer aus dem Stamme der Yaqui-Indianer, beschrieben hat. Castaneda schildert Don Juans Anweisungen, die es erlauben, Traumbilder beinahe beliebig lange festzuhalten. Man nimmt sich vor, die eigenen Hände (oder sonst etwas) zu betrachten, erinnert sich während des Traumes an diese Absicht und führt sie aus, indem man im Traum fest auf die eigenen Hände starrt. Das Bild wird nur so lange betrachtet, als es deutlich bleibt und sich nicht verändert. Mit der Zeit baut man sich auf diese Weise eine ganze Anzahl klarer Traumbilder auf. Castanedas Ziel war es, durch seine Träume einen Zugang zur Kraft zu bekommen, um „Krieger" zu werden. Mir ist es auch gelungen, die von Castaneda beschriebene, besondere Form der Traumbilderzeugung und -festhaltung auszuführen, doch benutze ich diese Fähigkeit lieber dazu, ureigenste (idiosynkratische) Traumbilder eingehend zu untersuchen. Wenn Sie Erfahrung im luziden Träumen haben, können Sie dazu übergehen, Traumgemälde genau zu betrachten, Traumbücher zu lesen oder irgendwelche interessante Traumbilder in außergewöhnlicher Klarheit zu beobachten.

Aber als luzider Träumer haben Sie noch mehr Möglichkeiten; denn in einem luziden Traum können Sie Ihren besonderen Zustand, in dem Sie wissen, daß Sie träumen, als eine Art innere Werkstatt benutzen. Hier können Sie ganz gezielt Verhaltensweisen einstudieren und Fertigkeiten einüben, die Sie im Wachzustand verbessert haben möchten — von der Perfektionierung der Tennisschläge bis zu Verhaltensweisen, die Sie benötigen, um sich durchzusetzen, läßt sich alles in einem luziden Traum vorteilhaft einüben. Wählen Sie ein Gebiet und vervollkommnen Sie sich darin.

Die Vorstellung von der eigenen inneren Werkstatt läßt sich auch auf die therapeutische Ebene ausdehnen. Jemand, der zum Beispiel eine zwanghaft auftretende Angst vor bestimmten äußeren Objekten oder Situationen hat, ohne daß eine wirkliche Gefahr besteht, d.h. unter einer Phobie leidet, kann sich als luzider Träumer den angsterzeugenden Dingen stellen und sich auf diese Weise „desensibilisieren". Während des luziden Träumens (einem inneren Ereignis) weiß er genau, daß er träumt und nicht verletzt werden kann — und genau mit solchen gedanklichen Vorstellungen versucht ihm unter Umständen ein Psychotherapeut im Wachzustand zu helfen. Entwöhnte Alkoholiker träumen manchmal, sie seien im Traum „betrunken" und glauben dann, sie seien wieder ihrer Trinkleidenschaft verfallen. Würde ein solcher Mensch lernen, luzid zu träumen, so könnte er die Furcht aus seinen Träumen verbannen und bewußt ein Verhalten im Traum einnehmen, das er akzeptieren kann — die Flasche hinschmettern oder aus der Bar gehen, um sich auf diese Weise für das wache Leben zu festigen. Die Möglichkeiten, luzide Träume zu therapeutischen Zwecken zu nutzen, sind beträchtlich.

Des weiteren sind luzide Träume von großem Wert für die Möglichkeit, eine Verbindung zwischen der Wachwelt und der Traumwelt herzustellen. Überlegen Sie sich einmal diese einzigartige Situation: Sie schlafen, fühlen sich dennoch voll bewußt und können nach ihrem Willen im luziden Traum handeln. Denken wir auch daran, daß sogar ganz normale Träumer dafür geschult worden sind, mit einfachen Bewegungen während des Schlafens auf äußere Reize zu reagieren. Charles Tart hat auf die Möglichkeit eines „Zwei-Weg-Kommunikationssystems" zwischen einem Träumer und einer wachen Person hingewiesen.[43] Könnten luzide Träumer nicht sogar viel leichter solche Reaktionen erlernen?

Wenn Versuchspersonen imstande wären, dem Versuchsleiter den Zeitpunkt des Beginns eines luziden Traumes anzuzeigen, so könnten die Forscher genau ermitteln, ob sich zwischen luziden und nichtluziden Träumen Unterschiede in den EEG-Aufzeichnungen nachweisen lassen. Vielleicht könnten wir dann sogar zum allerersten Male etwas über den Traum von der Versuchsperson erfahren, während der Traum noch andauert, und wären nicht allein auf einen späteren Bericht angewiesen.

Die therapeutische Verwendbarkeit der luziden Träume, der Zugang zu abenteuerlichen Welten, der durch sie erschlossen wird, zusammen mit der Möglichkeit, mit einem luziden Träumer während seines Traumes zu kommunizieren – das alles gibt den luziden Träumen einen ganz besonderen Stellenwert sowohl in der wachen Welt wie auch in der Traumwelt.

Was wir von luziden Träumern lernen können.

Zusammenfassung

1. Sie können lernen, während Ihrer Träume bewußt zu werden. Diese Art der Traumkontrolle ist zwar schwieriger als andere, aber sie kann erreicht werden.
2. Je häufiger Sie gewisse Fähigkeiten in den luziden Träumen einüben, desto wahrscheinlicher treten sie im Wachzustand auf.
3. Sobald Sie luzid geworden sind, müssen Sie wachsam bleiben, um nicht einerseits in einen gewöhnlichen Traum zurückzufallen oder andererseits wegen der Luzidität allzu aufgeregt zu werden und zu erwachen.
4. Lernen Sie erkennen, wann Sie in einem präluziden Zustand sind (werden Sie sich der Möglichkeit bewußt, daß Sie träumen könnten). Bleiben Sie argwöhnisch. Versuchen Sie während des Traumes, die Realität Ihrer Erfahrung zu prüfen.
5. Wenn Sie erkannt haben, daß Sie in einem präluziden Zustand sind, wird es leichter für Sie, den Traum ganz luzid werden zu lassen. Es braucht Zeit, bis man fähig ist, luzid zu träumen, aber es ist möglich, so weit zu kommen.

6. Kurze Augenblicke der Luzidität können zu länger andauernden Zuständen ausgedehnt werden.
7. Denken Sie daran, daß Traumereignisse keine physisch realen Ereignisse sind, bis Sie sich auch im Traum daran erinnern können. Prägen Sie sich Sätze ein, die Sie selber gebildet haben, wie zum Beispiel: „Ich weiß, das ist ein Traum, also kann ich nicht verletzt werden. Ich will mal sehen, was sich als Nächstes ereignet."
8. Sie können lernen, unangenehme Träume „abzustellen". Sie können aus ihnen aufwachen. Allerdings wäre es besser, sie in einer veränderten Form weitergehen zu lassen.
9. Eine Möglichkeit, luzid zu werden, besteht darin, vor lauter Angst zu merken, daß Sie träumen.
10. Eine weitere Möglichkeit zur Luzidität ergibt sich aus der Tatsache, daß Sie fremdartige Dinge in Ihrem Traum als traumartig erkennen.
11. Sie können auch luzid werden, indem Sie Widersinnigkeiten in Ihren Träumen erkennen.
12. Luzidität kann durch eine kritische Einstellung erreicht werden, die Sie in Ihren Träumen beibehalten.
13. Alle luziden Träume erhält man leichter nach mehreren Stunden Schlaf — für die meisten Menschen ist das die Zeit zwischen 0500 und 0800 Uhr. Bevorzugen Sie für Ihre Bemühungen diese Zeitspanne.
14. Luzide Träume sind im allgemeinen sehr realistisch (mit einigen bemerkenswerten Ausnahmen wie z. B. Fliegen). Traumbilder sehen aus und handeln wie im wachen Leben. Gefühlsregungen und Empfindungen aller Art werden vom luziden Träumer äußerst lebhaft erfahren. Gedächtnis und analytisches Denkvermögen sind in luziden Träumen besser als in normalen, doch können besondere Einzelheiten aus der jüngsten Vergangenheit des Träumers verzerrt erscheinen. An luzide Träume kann man sich sehr leicht und deutlich erinnern.
15. Lassen Sie es nicht zu, daß Sie in einem luziden Traum zu aufgeregt werden, da Sie sonst aufwachen.
16. Wenn Sie meinen, aus einem Traum aufgewacht zu sein, dann prüfen Sie, ob das tatsächlich der Fall ist. Sollten Sie

entdecken, daß Sie ein falsches Aufwachen erlebt haben, können Sie einen luziden Traum herbeiführen.
17. Luzide Träumer haben viel öfter Flug-Träume als die normalen Träumer. Erzeugen Sie Flug-Träume und die Wahrscheinlichkeit einen luziden Traum zu erhalten, wird größer.
18. Sie können lernen, in Ihren Träumen zu fliegen. Konzentrieren Sie sich darauf, sprechen Sie darüber. Wiederholen Sie tagsüber Sätze wie: „Die Schwerkraft spielt im Traum keine Rolle — ich kann fliegen." Beobachten Sie Dinge, die mit dem gewünschten Traum einen Zusammenhang haben. Planen Sie eine neue Flugtechnik. Führen Sie Ihre Versuche, einen Flugtraum herbeizuführen, zu einer Zeit durch, wo sie gut ausgeruht sind. Flug-Träume können für Sie von psychologischer Bedeutung sein, weil Sie Ihnen ein Gefühl der Freiheit und Stärke verleihen, das sich auf das wache Leben überträgt.
19. In einem luziden Traum können Sie fast alles, was Sie sich wünschen, erscheinen lassen. Entweder planen Sie schon zum voraus was Sie tun wollen, oder Sie warten, bis Sie in einem luziden Traum sind, und entscheiden sich dann für irgendetwas.
20. Luzide Träume eröffnen schier unbegrenzte Möglichkeiten für Experimente: Sie können es mit der außersinnlichen Wahrnehmung versuchen; können Fertigkeiten einüben, die Sie im Wachzustand verbessert haben wollen; und können sich selbst helfen, irrationale Ängste zu überwinden. Denken Sie stets daran: In einem luziden Traum ist alles möglich!

Siebentes Kapitel

Was wir von wachbewußt träumenden Yogis lernen können

Sie können furchtlos werden und jegliche Angst vor den schrecklichsten Traumbildern verlieren, wenn Sie erkennen, daß sie nichts anderes als Ihre eigenen Gedanken sind. Diese zu Gestalt gewordenen, in Formen gehüllte Gedanken leben und handeln nur durch den Atem, den Sie ihnen einhauchen. Sie sind die Macht, die ihre Traumkreaturen schafft. Sie geben ihnen Leben. Sie sind der Autor des Stückes, das sie aufführen, der Regisseur und Produzent. Sie können ihnen gestatten, eine Show zu ihrer Unterhaltung oder zu ihrer Information zu improvisieren – aber immer, immer können Sie eingreifen. Ihre Traumgestalten arbeiten für Sie. Sie können zu Frankenstein-Monster werden, die Ihren Schöpfer zerstören – aber nur wenn Sie vergessen, daß diese Gedanken aus Ihnen hervorgegangen sind. Sie haben nicht nur die Macht, sie zu verwandeln, Sie können auch neue Gedanken zu neuen Formen gestalten und mit ihnen in eine neue Beziehung treten. Die tibetanischen Yogis des wachbewußten Traumzustandes sagen, daß Sie sich Ihrer Rolle als Erzeuger Ihrer Traumbilder vollkommen bewußt werden können.

Yogis[2] betonen, die Kontrolle bis zu einem Punkt entwickelt zu haben, wo ihr Körper in einen natürlichen Schlafzustand eintritt, während der Geist völlig bewußt bleibt. Sie treten bewußt in den Traumzustand ein, in welchem Sie willentlich agieren können. Diese Yogis versichern, daß „der Traumbildcharakter verändert und umgeformt werden kann allein durch den Willen, daß es geschehe".[3] Und dann kehren sie mit vollständiger Erinnerung an alles was im Traum geschehen ist, in den Wachzustand ihres Körpers zurück. Für westliche Ohren mag das ganz unglaublich tönen. Im Westen findet man es schon schwer genug zu glauben, daß ein Träumer in einem Traum überhaupt bewußt *werden* kann, wie das bei luziden Träumern der Fall ist, ganz zu schweigen von der *Beibehaltung* eines kontinuierlichen Bewußtseins im Wachen und Schlafen. Und doch scheint es möglich zu sein. Die Fähigkeiten der Yogis, Körper und Gedanken zu beherrschen, übersteigt bei weitem die entsprechenden Fähigkeiten in der westlichen Welt. Warum also nicht auch in der Traumkontrolle? Was wir von diesen „ins Ohr geflüsterten"[4] Lehren über Traumkontrolle wissen, stammt zur Hauptsache aus den Schriften von W.Y. Evans-Wentz, einem Gelehrten aus Oxford, der mehrere Jahre in Indien und Sikkim lebte und die dortigen Geheimlehren studierte. Das in diesem Kapitel verwendete Material basiert weitgehend auf seinen Arbeiten. Wir wollen einmal sehen, wie der junge Mönch Ram[5] (den wir uns vorstellen) lernt, dieses beachtliche Ziel der Traumkontrolle zu erreichen, und was wir von diesen alten, geheimen Techniken für unser eigenes Leben übernehmen können.

Der junge Ram rafft seine safrangelbe Robe zusammen und setzt sich mit gekreuzten Beinen auf den steinigen Boden vor seinen Guru. Sie sind allein am äußersten Rand des Klosters hoch oben auf einem steilen Felsen. Durch den kalten Nebel sieht er die kleinen Steinhäuser der Dorfbewohner im fernen Tal und die langhaarigen Yaks, die an den Hängen dahinziehen. Doch für Ram ist das alles so weit weg, als wäre es eine andere Welt. Aus der Nähe trägt ihm der Wind das Läuten der Tempelglocken, das sanfte Gemurmel der betenden Mönche und den Duft des beißenden Weihrauchs zu. Ram schließt jedoch das und alles andere aus seinem Bewußtsein aus und richtet seine ganze Aufmerksamkeit auf seinen Guru. Diese Augenblicke der besonderen Unterweisung, in denen er von seinem Meister auf dem Pfad vom Nichtwissen zur rechten Erkenntnis geführt wird, sind die wichtigsten in seinem Leben. Es mag viele Wege zur Erkenntnis geben, aber es ist unmöglich, den Weg allein zu finden. Ram muß seinen unerleuchteten menschlichen Verstand zuerst disziplinieren, bevor er sich mit der erleuchteten Göttlichkeit vereinigen kann.[6] Er nickt kurz mit seinem geschorenen Kopf und zeigt damit seinem Guru, daß er bereit ist. Die Meditation beginnt.

Tiefer und tiefer versenkt sich Ram in sich selbst. Jede

Wahrnehmung von Dingen aus der äußeren Welt schwindet. Tief in seinem Innern sammelt er seine Aufmerksamkeit auf einen winzigen Punkt. Ram hat viele Jahre gebraucht, um dieses „Auf-einen-Punkt-Gerichtetsein"[7] zu erreichen. Zuerst galt es, seinen Körper zu bezwingen und vollständige Herrschaft über sein niederes Selbst zu gewinnen, bevor er dazu übergehen konnte, seine seelisch-geistigen Vorgänge willentlich zu lenken. Ein alter Lama (Priester des tibetischen Buddhismus)[8] schrieb vor mehr als 300 Jahren die geheimen Lehren auf, welche den Schülern mündlich schon während Hunderten von Jahren vor dieser Zeit gelehrt worden waren. Ram hat diese Lehren unter der Leitung seines Guru gewissenhaft befolgt. Zuerst lernte er, wie man seine eigene Körperwärme beeinflußt. Durch Meditation und Übung hatte er sich geschult, die grimmigste Kälte leicht zu errtragen. Seine Fähigkeit „psychische Wärme" zu erzeugen, wurde an einem bitterkalten Winterabend[9] geprüft. Nackt saßen Ram und seine Gefährten mit gekreuzten Beinen im schneidend eisigen Wind am Ufer des zugefrorenen Sees. Auf ihren Körpern lagen Tücher, die zuvor ins eisige Wasser getaucht worden waren, und die sie nun mit ihrer eigenen Körperwärme trocknen mußten. Diejenigen, die nicht imstande waren, wenigstens drei dieser Tücher zu trocknen, hatten die Probe nicht bestanden. Die anderen dagegen durften als Zeichen ihres Erfolges ein einziges Baumwollhemd oder eine Baumwollrobe tragen und wurden ehrerbietig als „Repa" (der mit Baumwolle Bekleidete) angeredet.

Die meisten Tibeter müssen sich gegen die rauhen Winterwinde und die frostige Kälte schützen. Sie tragen Pelzmützen, mit Wolle gefütterte Mäntel und Stiefel — und trinken jeden Tag 30 bis 50 Tassen heißen gebutterten Tee. Wer es in einem solchen Land nur in Baumwollkleidung aushalten kann, der wird natürlich sehr geachtet.

Nun ist Ram allein durch die Macht seiner konzentrierten und disziplinierten Gedanken gegen alle Extreme von Hitze und Kälte gefeit. Durch solche und viele andere Übungen und Prüfungen hat Ram die Überzeugung gewonnen, daß sein Körper nur eine von seinem Geist geschaffene Illusion darstellt. Er ist für den nächsten Schritt bereit.

Für die Menschen des Westens ist diese Art zu denken verblüffend, und doch ist sie nicht einmal so weit von Auffassungen entfernt, die wir akzeptieren können. Sie wissen wie stark Ihre innere Einstellung Ihr Wahrnehmungsvermögen und Ihr Können beeinflußt. Eine Frau, die einen schweren Autounfall erlitten hatte, war imstande, den Wagen hochzuheben, um ihr verletztes Kind zu befreien, und ohne Schmerzen zu verspüren mit ihm in ein Krankenhaus zu fahren. Erst als das Kind in sicheren Händen war, brach sie zusammen. Man stellte fest, daß ihr Rückgrat gebrochen war. Unmöglich? Vielleicht. Aber die intensive Beschäftigung mit einer entscheidend wichtigen Sache — einem verletzten Kind — könnte jegliche Schmerzempfindung für eine gewisse Zeit ausgeschaltet haben. Wie oft „vergessen" wir einen leichten Kopfschmerz, Zahnschmerzen oder Bauchweh, wenn etwas Aufregendes passiert. Es kann doch sein, daß Menschen lernen können, auch ohne Notlage oder aufregende Ablenkungen, ihre Aufmerksamkeit auf vollkommene Art und Weise zu lenken.

Auf vielerlei Weise formen oder „erschaffen" wir unsere Erfahrung. Wir wählen aus den mannigfaltigen Ereignissen, die sich in und um uns abspielen, nur denjenigen Teil aus, dem wir im Augenblick gerade unsere Aufmerksamkeit zuwenden wollen. Wenn wir uns sexuell erregt fühlen, dann scheint *alles* stimulierend zu wirken; wenn wir befriedigt sind, sehen wir die gleichen Reize in einem anderen Licht. Es gibt eine Unmenge verschiedener Möglichkeiten, das gleiche Geschehen zu erleben. Ein bestimmter Film wirkt auf jeden Zuschauer wieder anders. Es gibt keinen Weg, der allein „richtig" ist. Wenn die einen sagen, die Welt sei eine Illusion und andere sagen: „Es gibt tausend verschiedene Arten, die Dinge zu sehen. Alle sind das Produkt des Betrachters," so sind das vielleicht nur verschiedene Ausdrucksweisen um das gleiche zu sagen. Vielleicht können auch wir lernen, den inneren Zustand zu erzeugen, der die Art unserer Wahrnehmungen bestimmt. Sehen wir nun weiter, wie Ram auf seinem Pfad vorwärtsschreitet.

Auf seinem Weg der „rechten Erkenntnis" muß Ram sechs Lehren beherrschen. Die Wärme des Körpers kann er bereits beeinflussen. Damit hat er die erste Lehre verwirklicht, die

Lehre von der psychischen Wärme. Auch die zweite, die *Lehre vom trugvollen Körper* hat er schon gelernt, denn er kann seinen Körper kontrollieren. Jetzt ist er für die dritte Lehre bereit: *die Lehre vom Zustand des Traumes*. Wenn er klar erkennt, daß sowohl die im Wachzustand als auch die während des Schlafens im Traum gemachten Wahrnehmungen von ihm selbst erzeugt werden, also „Illusionen" sind, wird er unter Umständen die ekstatische Klarheit der Wahrnehmung erleben und damit die *Lehre vom reinen Licht* realisiert haben. Wenn er diese vierte Stufe erreicht hat, wird er verstehen, daß alles im Universum nur ein Teil des „Höchsten Traumes", des Traumes des Buddha ist. Wenn Buddha erwacht, dann endet sein Traum und damit die Schöpfung. Der Yogi ist nur ein winziges Teilchen dieses gewaltig großen Traumes. Wenn er sich dieser Tatsache voll bewußt wird und damit zur Erleuchtung erwacht ist, erfährt er das Eins-Sein (Nirvana) mit der ganzen Schöpfung.

Ram wird einmal sterben und dann den Nachtod-Zustand (Bardo) erleben, der symbolisch gesprochen 49 Tage dauert. Doch kann er ebenso 500 bis 1000 Jahre andauern, das wird ganz von Rams spiritueller Entwicklung abhängen. Der *Bardo* wird als eine Art verlängerter Traumzustand betrachtet.[10] Hier erlebt der Verstorbene je nach der Glaubenshaltung, die er im Leben eingenommen hat, schreckliche Visionen. Rams Guru wird seinen Schüler auf diese Erfahrung der „Von-Angesicht-zu-Angesicht-Setzens" vorbereiten, indem er ihm beschreibt, was er im nachtodlichen Zustand zu erwarten hat. Das ist die *Lehre vom Zustand nach dem Tode*.

Ram muß wissen, wie er mit den grauenhaften Visionen des nachtodlichen Zustandes fertig werden kann, um frei zu werden vom ewigen Wechsel von Tod zu Wiedergeburt. Gelingt ihm das nicht, dann wird er im *Bardo* leiden müssen und sich gezwungen sehen, diesem Zustand durch eine Wiedergeburt zu entkommen. Daher hat das Erlernen der Traumkontrolle für den Yogi einen ganz anderen Zweck: nämlich die Befreiung von der Wiedergeburt. Schließlich will Rams Guru sicher gehen und ihn in die *Lehre der Bewußtseins-Übertragung* einführen, die ihm zeigt, wie er sein Bewußtsein aus dem Nachtod-Zustand in einen neuen Körper übertragen kann. So gerüstet, wird Ram auf alles vorbereitet sein, was auch immer geschehen mag. Wir wollen uns auf zwei dieser Lehren beschränken: der Lehre des Traumzustandes und der des Zustandes nach dem Tode. So esoterisch sie auch scheinen mögen, sie geben uns doch einige zusätzliche und hilfreiche Erkenntnisse für die Traumkontrolle.

Die Lehre vom Traumzustand[11] umfaßt vier Stufen, die Ram beherrschen muß: die Natur des Traumzustandes verstehen; den Trauminhalt verwandeln; erkennen, daß der Traumzustand eine Illusion ist; und über den Traumzustand meditieren.

Um den Traumzustand verstehen zu lernen, beschließt Ram als erstes, sich im Wachen und im Schlafen ununterbrochen bewußt zu bleiben, die Bewußtseinskontinuität aufrecht zu erhalten. Sein Guru weist ihn an, sich ständig zu vergegenwärtigen — egal unter welchen Umständen und während des ganzen Tages —, daß alle Dinge ihrer wahren Natur nach traumhaft sind. Wenn Ram sich nachts zum Schlafen in seinem winzigen Kämmerchen auf das dünne Polster hinlegt, betet er zu seinem Guru, er möge ihm helfen, fähig zu werden, die Natur des Traumzustandes zu begreifen, und nimmt sich selber fest vor, sich darum zu bemühen.

Dann beginnt Ram, ganz spezielle Atmungstechniken und Techniken zur Steigerung der Vorstellungskraft anzuwenden. In seinem kleinen Schlafraum ist es dunkel und alles ist ruhig, deshalb ist es besonders leicht, sich im Geiste lebhaft Bilder auszumalen. Langsam gleitet Ram in den Schlaf hinüber. Diese Übung können wir vergleichen mit der Methode, *sich gedanklich bis in die letzten Minuten vor dem Einschlafen mit dem Thema zu beschäftigen, über das man zu träumen wünscht.* Wir haben schon gesehen, wie wirkungsvoll dieses Vorgehen für eine Trauminduktion ist. Es kann aber auch zur Luzidität führen.

Am nächsten Morgen führt Ram die „topfförmige" Atmung[12] siebenmal aus und elfmal bemüht er sich, die Natur des Traumzustandes zu verstehen. Dann konzentriert er sich auf einen „gleichsam knöchernen weißen Punkt zwischen den Augenbrauen".[13] Am Abend versenkt er sich wieder in diesen Punkt. Am nächsten Morgen bemüht sich Ram einundzwanzigmal, die

Natur des Traumzustandes zu verstehen und konzentriert sich nun auf einen schwarzen, bohnengroßen Punkt am Grunde seines Geschlechtsorgans. Inzwischen ist er soweit, daß er den Traumzustand als eine Illusion begreift. Beachten Sie, daß die Bemühungen zur Erlangung der gewünschten Erkenntnis zeitlich genau bestimmt sind (wiederum zwei bis drei Tage), und daß sie gesteigert werden. Wie oft konzentrieren wir uns nur für fünf Minuten auf *einen* Gedanken? Versuchen Sie es einmal. Fünf Minuten sind viel länger als Sie glauben. Unsere Sinne huschen fast so schnell von Gedanke zu Gedanke, wie ein Kolibri von Blüte zu Blüte fliegt und jeweilen nur ganz kurz im Schwebeflug bei einer einzelnen Blüte verharrt. Es kann durchaus sein, daß *ständige Konzentration auf einen einzigen Gedanken* tiefgreifende Auswirkungen auf die Wiedererzeugung dieses Gedankens in einem veränderten Bewußtseinszustand hat. Und einundzwanzig Bemühungen! *Intensive Konzentration auf einen Gedanken kann die Wahrscheinlichkeit seiner Wiederkehr im Traumzustand vergrößern.*

Ram muß darauf achten, daß sein Traum nicht „zerfließt", d.h. wohl, daß er achtgeben muß, nicht sein Bewußtsein während des Traumes zu verlieren. Ram wurde gewarnt, daß er in dem Moment aufwachen könnte, wenn er nahe daran ist, die Natur des Traumzustandes zu begreifen: Das klingt verdächtig nach einem kurzen Augenblick von Luzidität, die der Träumer dazu benutzt, um aus dem Traum aufzuwachen. Sein Guru verschreibt ihm das beste Mittel dagegen: Kräftige Nahrung und körperliche Arbeit bis zur Ermüdung. Dadurch wird der Schlaf tiefer, und das heilt die Neigung, in dem Moment aufzuwachen, wenn man im Traum luzid wird.

Wenn Ram verunsichert wird durch einen ständig wiederkehrenden Traum, dessen Inhalt sich nicht ändert, soll er öfter über diesen Traum nachdenken mit dem festen Vorsatz, die Bedeutung dieses Traumes zu verstehen. Gleichzeitig soll er die „topfförmige" Atmung ausführen und sich den Punkt zwischen den Augenbrauen vergegenwärtigen.

Ram mag sich auch bewußt sein, geträumt zu haben, aber es gelingt ihm nicht, sich an seine Träume zu erinnern. In diesem Fall rät ihm sein Guru, „Befleckung und Unreinheit" zu vermeiden. *Auch Ihnen wird es leichter fallen, sich auf die Induktion und die Kontrolle Ihrer Träume zu konzentrieren, wenn Ihr Leben friedlich verläuft.*

Möglicherweise wird es Ram gar nicht bewußt, daß er überhaupt träumt. Dies wird als „Zerfließen in die Ablehnung" bezeichnet. Studenten in meinen Traumseminaren machen oft genau diese Erfahrung in den ersten paar Nächten nach den ersten Unterrichtsstunden und nennen dies „Lampenfieber". Der Guru empfiehlt Ram in diesem Fall ein besonders interessantes Gegenmittel. Wie gewöhnlich wird er dazu angehalten, „topfförmig" zu atmen und über den Punkt am Grunde seines Geschlechtsorganes zu meditieren. Zusätzlich muß er noch den *Viras* (die „Helden") und den *Dakinis* (die „Feen") Opfer darbringen. Evans-Wentz[14] ist der Auffassung, daß die Gurus glauben, gewisse nicht-menschliche Wesen würden ihre Schüler auf dieser Stufe ihrer Entwicklung davon abhalten, außergewöhnliche Kräfte zu gewinnen. Deshalb ist es für Ram notwendig, sich auf dieser Ebene mit den Bewohnern, den Viras und Dakinis, anzufreunden, bevor er sich im Traumzustand durchsetzen kann und keine Behinderungen mehr befürchten muß.

Dieser Glaube, daß der Schüler Freundschaft mit den Bewohnern des fremden Reiches, das er betreten will, schließen muß, ist der Senoi-Praxis sehr ähnlich, sich mit allen Traumgestalten anzufreunden. Doch unterscheiden sich die beiden Vorgehensweisen in der Form: Ram bringt im Wachzustand Opfer dar; die Senoi kämpfen mit ihren Feinden im Traum und wandeln sie in Freunde um. Das Ergebnis mag ähnlich sein: beide gewinnen Traumwesen, die zur Zusammenarbeit bereit sind. *Auch Sie müssen eigene Traumfreunde gewinnen, die Ihnen in Ihrer Entwicklung helfen.*

Ram konzentriert sich täglich darauf, zu erkennen, daß seine Traumbilder seinen eigenen Gedanken entspringen und bemüht sich, während seiner Träume bewußt zu bleiben. Sein Guru sagt ihm, er solle jetzt beginnen, die Form der Traumbilder zu verändern:

„*Im Traum vom Feuer beispielsweise denke: ‚Was soll*

die Furcht vor einem Feuer, das mir in einem Traum begegnet!' Halte diesen Gedanken fest und trample auf dem Feuer herum. Und ebenso zertrample alles mit deinen Füßen, was du auch immer träumen magst".[15]

Ganz offenbar gleicht diese Anweisung dem Senoi-Konzept von der Bekämpfung der Gefahr in den Träumen. Die Yogi-Form dieses Grundsatzes erfuhr ich selbst, als ich mich intensiv mit ihren Ideen beschäftigt und dieses Kapitel geschrieben habe. In einem Traum klettere ich über einen Hügel:

> *Als ich den Berg hinabgehe, kommen mir Äste in den Weg und plötzlich erscheinen viele große, gelbe summende Bienen. Ich habe Angst, sie könnten mich stechen. Dann sage ich zu mir selbst: „Sie können mich gar nicht stechen.* ***Bienen im Traum sind keine wirklichen Bienen, also können sie mir nichts tun."*** *Ich schlenkere meine Arme hin und her, als ich weitergehe. Die Bienen schwirren immer noch herum, aber sie ängstigen mich nicht mehr. Sie fliegen mir aus dem Weg, indem ich meine Arme bewege.*
> *(„Gelbe Bienen" — 7.10.73)*

Senoi und Yogis bieten den furchterregenden Traumbildern die Stirn, doch im Gegensatz zu den Senoi wird von den Yogis verlangt, daß sie ihre Traumbilder, seien diese nun furchterregend oder nicht, verändern, um zu prüfen, ob er fähig ist, eine Umwandlung herbeizuführen. Handelt ein Traum von Feuer, dann sollte Ram es in Wasser verwandeln, in das pure Gegenteil. Sind im Traum kleine Gegenstände vorhanden, sollte er sie in große umwandeln und umgekehrt, um „das Wesen der Dimensionen" zu verstehen. Handelt der Traum nur von einem einzigen Ding, ist er in einen Traum abzuändern, in dem viele Dinge vorkommen, und umgekehrt, um das „Wesen der Einheit und Vielheit" zu begreifen. Dieses Vorgehen gleicht mehr dem der luziden Träumer, die ihre Träume einzig deswegen verändern, um zu sehen was dabei herauskommt — einen Apfel erscheinen lassen, ein Weinglas zerbrechen und anderes mehr.

Wenn Sie sich im Traum bewußt bleiben, können Sie jede Verwandlung, die Sie wünschen, durchführen. Die Möglichkeiten, die sich hieraus ergeben, sind beinahe unbeschränkt. Ich werde weiter unten auf sie zurückkommen.

Nachdem es Ram gelungen ist, seine Trauminhalte willkürlich zu verändern, bekommt er vom Guru eine neue Aufgabe: er soll über die verschiedenen Paradiese (Buddha-Reiche)[16] nachdenken und sich überlegen, wie sie zu erreichen sind. Er stellt sich beim Einschlafen im psychischen Zentrum im Innern des Halses einen roten Punkt vor und glaubt fest daran, daß er jedes der gewünschten Buddha-Reiche mit all seinen Charakteristiken erschauen wird. Und er sieht im Traum das gewählte Reich. Selbstverständlich hat Ram hier auf ähnliche Weise einen Traum induziert, wie das die Griechen der Antike, die Ägypter und die Chinesen mit ihren Trauminkubationszeremonien getan haben. Der Träumer erwartet, daß er einen Gott (oder ein Buddha-Reich) in seinem Traum sehen wird und sieht ihn (es) dann auch. Je mehr Sie die Traumkontrolle beherrschen, desto leichter gelingt es Ihnen, die gewünschten Bilder hervorzurufen.

Ram übt eifrig weiter, er verändert den Inhalt seiner Träume, induziert ganz bestimmte Traumbilder — bis er alles meisterhaft beherrscht. Jetzt verlangt sein Guru von ihm, daß er seinen eigenen Körper und alle anderen im Traum gesehenen Körper als das erkennt, was sie sind: Illusionen von Gottheiten. Ferner wird Ram angewiesen, er dürfe vor keinem einzigen Traumbild mehr Angst haben oder Grauen empfinden. Das scheint zunächst ein schwer zu befolgender Rat zu sein. *Wenn Sie sich jedoch bewußt sind, daß Sie träumen, und wissen, daß kein schreckliches Traumbild Ihnen etwas anhaben kann, wenn Sie es nicht wollen, dann ist es wesentlich leichter, furchtlos zu werden.*

Beachten Sie auch hier die Ähnlichkeit mit dem Senoi-Konzept. Die Aufforderung des Gurus an seinen Schüler, alle Furcht vor Traumbildern zu verlieren, gleicht der Auffassung der Senoi, daß Traumgestalten einem Träumer nur solange etwas anhaben können, als er vor ihnen wegläuft; er darf also keine Angst vor ihnen haben, sondern muß sich umdrehen und kämpfen. Der Rat ist grundsätzlich derselbe, nur die

Begründung ist etwas anders. Der Yogi darf sich vor den Traumbildern nicht fürchten, weil sie nur Illusionen seiner eigenen Gedanken sind und einfach aufgegeben werden können. Der Senoi darf keine Angst haben, weil die Traumbilder Illusionen sind (der Tiger in seinem Traum ist nicht derselbe, wie der Tiger, den er am Tag im Dschungel sieht). Sie können bekämpft und gezwungen werden, ihm zu dienen. Wichtig zur Entwicklung der Traumkontrolle scheint in beiden Systemen *der Wegfall der Angst* vor den Traumbildern zu sein. Es scheint nicht einmal nötig zu sein, sich einer Gefahr zu stellen und sie zu bezwingen, wenn Sie sich dessen bewußt werden, daß Sie träumen, und daß Traumbilder Sie nicht verletzen können. *Werden Sie sich bewußt, daß Sie träumen, und alle Furcht wird aufgelöst.*

Zusätzlich zu Rams Verständnis von der Beschaffenheit des Traumzustandes, der Veränderung des Trauminhaltes, und der vollkommenen Vergegenwärtigung, daß Träume Illusionen sind, meditiert Ram über die Formen der Gottheiten, die er in seinen Träumen sieht. Er hält sein Bewußtsein frei von Gedanken und im Zustand der Ruhe, um diese göttlichen Gestalten in Einklang mit dem „gedankenfreien Zustand des Bewußtseins" zu bringen. Das klingt fast so, als ob der Schüler seine Traumbilder hervorruft, um über sie zu meditieren. Wenn er diesen Vorgang beherrscht, erkennt er, daß das Wesen sowohl des wachen wie auch der des träumenden Zustandes eine Illusion ist. Alle subjektiven Erfahrungen werden als Ausfluß des reinen Lichtes erkannt, d.h. als Schöpfung des Buddha. Und in dem Moment verschmelzen die illusionären Erscheinungen (Täuschungen) mit dem reinen Bewußtsein. Wenn der Schüler, wie Evans-Wentz sagt, erst einmal erkannt hat, daß das Wesen des Wachzustandes und das Wesen des Traumzustandes Illusionen sind, dann „ist der Schüler bereit, weiter auf dem Pfad voranzuschreiten, an dessen Ende der völlig traumlose Zustand erreicht wird, der frei ist von der Illusionshaftigkeit aller Lebensbedingungen, denen des Wachzustandes und denen des Schlafzustandes".[17] Damit endet die Lehre vom Traumzustand, und es folgt die Lehre vom reinen Licht, dann die des Zustandes nach dem Tode und anschließend wird die Lehre von der Bewußtseinsübertragung dargelegt.

Der normale westliche Träumer. mag sich fragen, was ihm dieses esoterische Material zu bieten hat. Doch wir haben gesehen, daß die Praktiken, mit denen sich die Yogis befassen, Variationen von uns bereits bekannten Konzepten sind: genügend Ruhe und inneren Frieden, damit wir uns auf die Träume konzentrieren können; Gewinnung von Traumfreunden; Herbeiführung bestimmter, gewünschter Träume; und die Bewußtwerdung in den Träumen, um Traumbilder umzuwandeln und die Angst vor ihnen zu verlieren.

Die Yogis unterscheiden sich vor allem in der Beibehaltung des Bewußtseins während des Einschlafens und der Vollkommenheit, bis zu der sie die Traumkontrolle betreiben. Vielleicht befähigt die straffe Disziplin von Körper und Geist in Meditationen und Übungen die Yogis, diese dem westlichen Menschen unbekannten Verhaltensweisen zu vollbringen. Wir werden dies wohl niemals mit letzter Sicherheit wissen, solange wir uns nicht selbst diesem harten Training unterziehen. Die Yogis dehnen ihre Auffassung von der Furchtlosigkeit gegenüber den Traumbilder über die Lebensspanne des Körpers hinaus aus: Ein Yogi soll in seinen Träumen auch furchtlos sein, wenn er tot ist.

Als *Bardo* wird der Nachtod-Zustand, der Zustand zwischen dem Tod und der Wiedergeburt in einem nächsten Leben bezeichnet. Er wird als eine Art Traumzustand aufgefaßt, doch ist der nachtodliche Zustand kein gewöhnlicher Traumzustand, weil der „Träumer" tot ist. *Der Bardo Thödol (das tibetanische Totenbuch)* ist als Führer gedacht und enthält Anweisungen, die der Verstorbene während seiner nachtodlichen Erfahrung befolgen soll. Obwohl diese Hinweise nicht für normale Träumer gedacht sind (der Träumer ist ja tot), werden Sie sehen, daß sie auch für einen westlichen Träumer von Nutzen sein können, falls er sich noch während seines Lebens mit seinen Träumen beschäftigen möchte. In seinem psychologischen Kommentar zur zweiten Auflage des Tibetanischen Totenbuches wies C. G. Jung auf den außerordentlichen Wert hin, den diese Texte für ihn hatten (vielleicht aus anderen Gründen als wir):

> „*Seit dem Jahre seines Erscheinens (1927), ist mir der Bardo Thödol sozusagen ein steter Begleiter gewesen, dem ich nicht nur viele Anregungen und Kenntnisse, sondern auch sehr wesentliche Einsichten verdanke*".[18]

Auch wir werden ihn nützlich finden.

Der Führer für die Verstorbenen, der *Bardo Thödol*[19], besteht aus drei Teilen: Der erste Teil, genannt *Tschikhai-Bardo*, schildert die seelischen Ereignisse (die subjektiven Erfahrungen) im Moment des Todes und wie ein Yogi richtig sterben soll. Der zweite Teil, der *Tschönyid-Bardo* behandelt die traumartigen Erscheinungen, die während des *Bardo* auftreten. Im dritten Teil, dem *Sidpa-Bardo*, werden Anweisungen gegeben, welche die natürliche Neigung zur Wiedergeburt und die Wahl eines neuen Mutterleibes betreffen. Am Sterbebett eines jeden Tibeters, sei er nun Yogi oder nicht, wird der *Bardo Thödol* vorgelesen. Eine Ausnahme wird nur dann gemacht, wenn es sicher ist, daß der Sterbende direkt die Buddhaschaft erlangen wird. Die Yogis wurden bereits zu Lebzeiten im *Bardo Thödol* unterrichtet. Da sie also den *Bardo Thödol* schon gut kennen, dient das Vorlesen an ihrem Sterbebett einzig als Gedächtnisstütze für die unmittelbar bevorstehenden nachtodlichen Erfahrungen. Für die gewöhnlichen Leute ist das Vorlesen dagegen unbedingt notwendig, denn es könnte ihnen helfen, die Buddhaschaft ohne Meditation zu erlangen. Allein schon das einfache Anhören hilft ihnen im Nachtod-Zustand. Deshalb wird der *Bardo Thödol* auch „die Lehre von der Befreiung durch Hören im (oder vom) Nachtod-Zustand" genannt.

Im zweiten Teil des *Bardo Thödol* sind Ähnlichkeiten mit gewissen Senoi-Konzepten vorhanden. Der erste Teil, der *Tschikhai-Bardo*, der Anweisungen enthält, wie man mit den Symptomen des Sterbeprozesses umgeht, hilft uns bei unseren Fragen über den Traumzustand nicht weiter. Aber im zweiten Teil, dem *Tschönyid-Bardo* gibt es vieles, was an die Auffassung der Senoi erinnert. Die wichtigste Regel ist, genau so wie bei der Lehre vom Traumzustand, die Aufgabe der Furcht, die Notwendigkeit sich selbst den grauenhaftesten Bildern zu stellen und trotz allem weiterzugehen. Die Senoi werden dazu angehalten, den angsterregenden Traumbildern entgegenzutreten, und sie zu bekämpfen, obwohl es nicht ganz klar ist ob die Senoi ihre Traumgestaltungen als wirkliche, unabhängig von ihnen existierende Geister auffassen oder vielmehr als Teile ihrer selbst. Dem Yogi wird geraten, er solle einfach vorwärtsschreiten, aber ohne daß er wie ein Senoi dazu verpflichtet wäre, einen Gegenangriff zu unternehmen. Ebenso wie bei der Lehre vom Traumzustand *ist das Wichtigste die Furchtlosigkeit vor Ihren Traumbildern.*

Im *Tschönyid-Bardo* wird der Verstorbene ständig den Bildern der entsetzlichen ,,Friedlichen Gottheiten" und der grauenhaften ,,Zornigen Gottheiten" ausgesetzt. Einmal sieht sich der Verstorbene beispielsweise allen 58 ,,Bluttrinkenden Gottheiten" gegenüber:

> ,,*Sie erscheinen, mit ihrem oberen Zahn die Unterlippe beißend, mit glasigen Augen, die Haare oben auf dem Kopf zusammengebunden, großleibig, schmaltaillig, eine (karmische) Merktafel in der Hand, von ihrem Munde gehen Klänge aus, als da sind ,Schlage! Erschlage!' (Menschen-) Gehirn schleckend, Blut trinkend, Köpfe von Leichnamen reißend, Herzen herausreißend: so kommen (sie) und füllen die Welten*".[20]

Das ist bestimmt ebenso grauenhaft wie irgendeine Alptraumerfahrung im Traumzustand eines Lebenden. Wenn man mit diesen Gottheiten fertig werden kann, dann ist es fast ein Kinderspiel, Alpträume zu bewältigen. Die Yogis bezeichnen Traumbilder als ,,Gedankenformen". (Dieses Konzept ist ähnlich wie das der Gestalt-Psychologen, die alle Traumbilder als Teile des Träumers auffassen.) Ich bin mir da nicht so ganz sicher, ob ein westlicher Mensch sich besonders gemütlich fühlen wird beim Gedanken, daß die schrecklichsten Traumgestalten seine ,,eigenen Gedankenformen" sind. Doch ist diese Auffassung immer noch angenehmer, als glauben zu müssen, diese grauenhaften Gestalten seien Götter oder Teufel, die gekommen seien, den verstorbenen ,,Träumer" zu bestrafen. *Erkennen Sie, daß die schrecklichen Traumbilder in Ihren*

Träumen aus Ihren eigenen Gedanken entspringen. Die Fähigkeit, Traumbilder (ob als Lebender oder Verstorbener) als seine „eigenen Gedankenformen" zu erkennen, ist das Geheimnis der Yoga-Traumkontrolle.

Der dritte *Bardo*-Zustand, der *Sidpa-Bardo*, wird als der „Übergangszustand zur Wiedergeburt" bezeichnet. Auch hier ist der Verstorbene weiteren Illusionen ausgesetzt:

> „Auch dämmern schemenhafte Trugbilder, daß man von verschiedenen schrecklichen Raubtieren verfolgt wird. Schnee, Regen, Dunkelheit, heftige (Wind-)Stöße, und Halluzinationen, daß man auch von vielen Leuten verfolgt werde; (auch) Klänge wie von Bergen, die zusammenbröckeln und von zornig überschäumenden Meeren und Geheul von Feuer und von (plötzlich) auffahrenden wütenden Winden".[21]

Der Verstorbene ist aufgefordert zu erkennen, daß alle seine Leiden eine Folge seines Verhaltens und seiner seelisch-geistigen Einstellung sind.

Wie auch seine Erfahrungen sein mögen, er sollte sie beiseite schieben und meditieren. Er wird anfangen, sich nach einem neuen Körper zu sehnen, doch muß er diesem Wunsch widerstehen.

Hat sich bis zu diesem Zeitpunkt immer noch keine Erkenntnis der Illusion ergeben, wird der Verstorbene als nächstes ein Gericht über seine guten und bösen Taten über sich ergehen lassen müssen und anschließend die schrecklichsten Leiden erdulden, die ihm der „Herr des Todes" als Strafe auferlegt hat. Seine Rettung wäre auch hier, wie immer, die Erkenntnis, daß die Illusionen ihren Ursprung in ihm selbst haben — er sollte meditieren. „So es ein ungebildeter Bauer ist, der nicht weiß, wie man meditiert",[22] wird ihm geraten, „sorgfältig die wahre Natur von dem, was dich erschreckt"[23] zu untersuchen, denn das, was ist, ist in Wirklichkeit überhaupt nicht vorhanden. Hier besteht eine Ähnlichkeit zum Vorgehen des luziden Träumers, in welchem das analytische Denken in einem präluziden Traum eingesetzt wird, um Luzidität hervorzurufen. *Versuchen*

Sie, Ihre Traumbilder noch während des Traumes zu analysieren.

Der Verstorbene wird die verschiedenen Lichter sehen, die aus den sechs unterschiedlichen Welten herstammen.[24] Sein eigener Körper wird nun die Farbe derjenigen Welt annehmen, in die er wiedergeboren werden soll. Jetzt müßte er über das „reine Licht" meditieren und versuchen, seine Wiedergeburt zu verhindern. Wenn auch dies scheitert und keine Erkenntnis bringt, dann wird der Verstorbene einen mächtigen Drang zur Wiedergeburt verspüren. Der Mutterschoß erscheint ihm als Zufluchtsort, in dem er vor Schnee, Regen, Dunkelheit, stürmischen Winden und Halluzinationen sicher sein wird. Doch muß er dem Wunsch, wiedergeboren zu werden, widerstehen. Er kann seine Wiedergeburt verhindern, indem er sich weigert, in einen Mutterschoß einzugehen, oder indem er die „Lehre über das Schließen der Schoßespforte"[25] anwendet. Kann er aber die Wiedergeburt nicht mehr verhindern, sollte er wenigstens versuchen, in einem Land wiedergeboren zu werden, wo die Religion geachtet wird — eine schwierige Aufgabe. Dann wird er in einen Mutterschoß eintreten.

Wenn der Vorleser dreimal den *Bardo Thödol* dem Verstorbenen vorgelesen hat, rezitiert er verschiedene Rituale und Gebete. Es wird empfohlen, den *Bardo Thödol* während 49 Tagen zu lesen, um dem Verstorbenen jede Möglichkeit zu geben, auf der einen oder anderen Stufe befreit zu werden.

Das Tibetanische Totenbuch enthält viele Gedanken, die uns schon in dieser Nacht eine große Hilfe sein können. Als ersten Grundsatz merken wir uns die *Konzentration auf den Traumzustand*.

Bei den Träumern der Antike und den kreativen Träumern, die ganz spezielle Träume hervorbrachten, haben wir schon rudimentäre Arten der Konzentration auf den Traumzustand beobachten können. Dann fanden wir sie auch bei den amerikanischen Indianern, den Senoi, bei Don Juan und den luziden Träumern. Besonders Mary Arnold-Forster plante tagsüber, wie sie mit den angsterregenden Träumen fertig werden könnte, denen sie nachts begegnete, und sie beschäftigte sich ausgiebig mit angenehmen Traumbildern und mit der Induktion lehrreicher und kreativer Träume. Die Konzentration auf den Traumzustand entwickelte sich bis zum „Auf-einen-Punkt-Ausgerichtetsein", wie das bei den Yogis der Fall ist.

Zweifellos sind die meisten westlichen Menschen zu den „Ungebildeten" zu rechnen, „die nicht wissen, wie man meditiert". Die Fähigkeit zur voll konzentrierten Aufmerksamkeit verleiht den Gedankenprozessen des einzelnen Menschen zweifellos eine gewaltige Durchschlagskraft. Vielleicht lernt derjenige Schüler, der die Lehren des *Bardo Thödol* und die Meditationsanweisungen befolgt, einen ganz besonderen Traumzustand hervorzurufen, der den westlichen Menschen unbekannt ist.

Der besondere Traumzustand, von dem die Yogis sprechen, hat große Ähnlichkeit mit dem „Halb-Traumzustand", den der russische Philosoph Ouspensky beschreibt. Es existiert ein tantrischer Text aus dem 10. Jahrhundert (*Spandakârikâ* des Vasagupta), der auf einen „Zwischenzustand" zwischen dem Wachen und dem Schlafen hinweist, indem es möglich ist, Träume zu induzieren und zu kontrollieren.[26] Der Schüler muß lernen, sich während dieser Übergangsphase vom Wachen ins Schlafen bewußt zu bleiben. Ich selbst verfüge über eine zu geringe Erfahrung, was den Übergang in den Traumzustand bei *erhaltenem* Bewußtsein (statt erst im Traum bewußt zu werden) betrifft, um diesen Zustand diskutieren zu können.

Ich vermute, daß der westliche Träumer, durch die Steigerung seines Konzentrationsvermögens schneller und wirksamer die Zahl der hilfreichen Traumgestalten und die informativen und kreativen Träume zu erhöhen vermag. Mit Hilfe der Konzentration könnten alle Arten von positiven kreativen Traumzielen erreicht und gefördert werden. *Steigern Sie Ihre Konzentrationsfähigkeit und meditieren Sie, dann werden Sie die Traumkontrolle verstärken können.*

Ein anderer wichtiger Gedanke, den das *Tibetanische Totenbuch* betont, ist die *Furchtlosigkeit vor den Traumbildern.* Dieses Grundprinzip — ähnlich wie die Konzentration — ist nicht nur für den Yoga des wachbewußten Traumzustandes charakteristisch, aber das Ausmaß, bis zu dem dieses Prinzip durchgeführt wird, ist im Yoga einzigartig. So sind zum Beispiel die Bilder, unter denen der Verstorbene zu leiden haben soll, in der Tat entsetzlich, bis er sie als seine eigenen Gedankenformen erkennt. Sie können kaum mit einem gewöhnlichen Alptraum verglichen werden und sind wohl eher mit den Visionen eines Psychotikers oder denen eines durch Drogen hervorgerufenen „Horror-Trips" vergleichbar. Was wäre das für ein wunderbarer Erfolg, wenn es auch der westliche Mensch fertigbrächte, panikartige Reaktionen zu vermeiden und zu lernen, Halluzinationen psychotischer und drogeninduzierter Art und Alpträume zu meistern! Wenn der Yoga des wachbewußten Traumzustandes dies tatsächlich vollbringt, wäre es von großem Wert, diese Methoden dem westlichen Menschen beizubringen.

Wir sollten alles verfügbare Material studieren, uns von Meistern dieses Systems beraten lassen und das Gelernte unserer eigenen Lebensweise anpassen. Ralph Metzner schreibt in seinem Buch „Maps of Consciousness":

„Wir können nicht einfach die indische Lebensauffassung oder den Zen-Buddhismus der Japaner übernehmen. Wir haben eine andere Kultur, unsere Kinder werden anders erzogen, unsere körperliche Verfassung unterscheidet sich von den Asiaten und die Entwicklung der bewußten Einstellung zum Leben ist seit dem Mittelalter nicht stillgestanden. Wir müssen die bei uns entwicklungsfähigen wesentlichen Inhalte den Tantras und den anderen alten Lehren entnehmen, sie unseren Bedürfnissen anpassen, davon benutzen, was immer möglich ist, sie experimentell untersuchen und durch Prüfung und Bestätigung absichern".[27]

Furchtlosigkeit vor Traumbildern ist bestimmt ein solcher wesentlicher Grundgedanke, den wir nutzen können. Ich glaube, es ist aber wichtig, die Form zu berücksichtigen, mit der diese Lehren vermittelt werden; denn diese grauenhaften Visionen werden dort genauso induziert, wie bei uns erfreuliche Bilder. Ein Yogi, der sein Leben lang von diesen Dingen hört, davon liest und alles noch auswendig lernt, wird ziemlich sicher noch zu seinen Lebzeiten etwas davon in seinem Traumleben erfahren. Diese „Alpträume" sind feste Vorstellungsformen, d.h. sie sind stereotypisiert. Das gibt es auch bei den amerikanischen Indianern und bei vielen anderen, die ganz bestimmte Gottesvorstellungen haben. Entscheidend ist jedoch meines Erachtens, daß die Anweisungen *gleichzeitig* auch die Methode angeben, wie man mit diesen Bildern umgeht und wie vermieden wird, daß man sich vor ihnen fürchtet.

Während ich an diesem Kapitel schrieb, erlebte ich einen sonderbaren, halluzinationsartigen Traum:

Im Traum bin ich mitten unter einer großen Zuhörerschaft. Ich sehe, wie Männer hoch oben auf einem Balkon des riesigen Auditoriums kleine Kügelchen in Ballons werfen, worauf diese platzen und eine Droge in die Luft freigeben. Lichter gehen aus. Ich schließe meine Augen und kann die Wirkung bereits spüren. „Oh, ja", sage ich wissend. Ich fliege bis auf Balkonhöhe hinauf, und wie ich so in der Luft herumschwebe, beobachte ich mich in einem Spiegel. Ich weiß, daß wegen der Drogenwirkung das Spiegelbild verzerrt sein wird. (Ich habe nie halluzinatorische Drogenerfahrungen gemacht, doch darüber Berichte gelesen und über entsprechende Erfahrungen reden hören.) Tatsächlich, mein Gesicht erscheint in einer Reihe bizzarrer Formen. In einem der Spiegelbilder ist mein Gesicht nur so von Narben überzogen. In einem anderen sehe ich wild aus, mit langem flatternden Haar und bin mit einem Bikini-Oberteil und einem Eingeborenenröckchen bekleidet. Wellen der Leidenschaft wogen bei jeder Bewegung durch meinen Unterleib, und meine Augen blicken wild und starr. Solche Anblicke meiner selbst würden mich in einem gewöhnlichen Traum sehr beunruhigen. Aber jetzt habe ich keine Angst, zum Teil deshalb, weil ich diese verzerrten Bilder erwartet habe. Ich überlege mir, wie erschreckt ich normalerweise wäre und sage zu mir selbst: „Denke daran, all das kommt aus dir! Es ist doch gut, daß ich durch das Yoga-Zeugs darauf vorbereitet bin." Ich habe Momente in denen ich in meine Gefühle abzugleiten drohe und ängstlich werde, aber ich schaffe es

und kann mich halten...
(,,Ballon-Droge" — 3.2.74)

Im Wachen ist es leicht, die Symbolik zu erkennen — die Sorge wegen meines gealterten Aussehens, das Netz der Fältchen, ein Blick auf meine ungestüme sexuelle Leidenschaft. Das sind wahrhaftig Bilder meiner Gedanken, es sind meine ,,Gedankenformen". Sie erschrecken mich nicht, weil ich sie ,,wiedererkannte". Im Traum sah ich sie deutlich und erlebte sie gleichzeitig (ein Spiegel bietet die Möglichkeit, sich als Spiegelbild zu sehen und sich dabei zugleich selber zu erfahren). Die Fähigkeit, angesichts schrecklicher Bilder keine Angst zu haben, lohnt die Mühe, die man aufwenden muß, sie zu erlangen. *In dem Moment, wo Sie die furchterregenden Bilder als Ihre eigenen Gedankenformen erkennen, befreien Sie sich von der Angst.*

Die Anwendung des Konzeptes der Furchtlosigkeit hat nicht nur den Vorteil, daß wir mit grauenhaften Visionen fertig zu werden vermögen, sondern nützt uns auch im Alltagsleben. Zum Beispiel ist es möglich, die Auffassung, daß der Verstorbene die zornigen Götter nicht zu fürchten brauche, weil sie nur andere Aspekte der friedlichen Gottheiten darstellen, auch in den Alltag zu übertragen. Wenn mein Mann ,,wütend" ist und ich reagiere auf ihn so, wie er sich im Augenblick gibt, dann ist meine Reaktion negativ. Denke ich jedoch daran, daß mein ärgerlicher Mann derselbe ist wie mein friedlicher, geliebter Mann und sich jetzt nur ein anderer Wesenszug äußert — ,,erkenne" ich, daß er derselbe ist —, dann ist es viel leichter in positiver konstruktiver Weise auf die Situation einzugehen.

Beachten Sie die Parallele zwischen der Erkenntnis, daß die angsterregenden Bilder im nachtodlichen Zustand Illusionen sind, die man selbst erzeugt, und der Bemühung der luziden Träumer, Traumbilder als Träume zu erkennen. Bei den Yogis führt diese Erkenntnis zur Befreiung aus dem Nachtod-Zustand und damit zur Erlangung der Buddhaschaft, während sie bei den luziden Träumern zu einem luziden Traumzustand führt, in dem die Freiheit besteht, alles auszuführen, was man sich wünscht. In beiden Fällen *führt die Erkenntnis zur Furchtlosigkeit, und dadurch zur Freiheit.*

Wir sollten die Möglichkeit, daß es einen Nachtod-Zustand gibt, in dem Visionen auftreten, nicht ganz von der Hand weisen. Sollte dem nämlich so sein, dann hat die Kenntnis, wie mit angsterregenden Bildern umzugehen ist, nicht nur einen therapeutischen Wert im Leben, sondern ist auch entscheidend für das Weiterleben nach dem Tode.

Die Voraussetzung zur Beseitigung der Furcht vor den Traumbildern besteht in der Erkenntnis, daß man träumt. Wiederum finden wir dieses Konzept nicht nur bei den Yogis (luzide Träumer haben es auch), aber es ist bei ihnen sehr viel weiter entwickelt. Die Tatsache, daß Träume nicht wirklich sind, wird dem Yogi sein ganzes Leben lang immer und immer wieder eingeprägt — durch den Guru und mittels eigener Meditationen. *Das Tibetanische Totenbuch* erklärt, wie die Furchtlosigkeit aus der Erkenntnis erwächst, daß die im Nachtod-Zustand auftretenden Traumbilder Illusionen sind:

> *„Durch des G u r u s auserwählte Lehre kommt man dazu, sie als die Gedankenformen zu erkennen, die den eigenen intellektuellen Fähigkeiten entspringen. Wenn zum Beispiel jemand eine Löwenhaut (als Löwenhaut) erkennt, ist er (von Furcht) befreit; denn selbst wenn es nur eine ausgestopfte Löwenhaut ist, man sie aber tatsächlich nicht als solche erkennt, entsteht Furcht; wenn man jedoch von irgend jemand erfährt, daß es nur eine Löwenhaut ist, wird man von der Furcht befreit. Ähnlich ist es hier, wenn die Scharen bluttrinkender Gottheiten, enorm an Ausmaßen, mit sehr untersetzten Gliedern, so groß wie die Himmel, dämmern, entstehen natürlich Schauer und Schrecken in einem. Sobald (aber) das Von-Angesicht-zu-Angesicht-Setzen gehört wird, erkennt (man) sie als die eigenen Schutzgottheiten und die eigenen Gedankenformen".* [28]

Sobald wir ein Traumbild als „bloßes Löwenfell" erkannt haben, brauchen wir es nicht mehr länger zu fürchten. Unsere Träume werden vollständig angst-frei, wenn Sie als Träume erkannt sind. Der Yogi benutzt diesen angstfreien Zustand, um auf Träume ganz und gar zu verzichten und schreitet weiter, um mit dem großen Traum des Buddha eins zu werden. Beide, die Yogis und die Senoi, erreichen dramatische Änderungen der Trauminhalte, doch unterscheiden sie sich beträchtlich hinsichtlich der Form der umgewandelten Träume und der längerfristigen Auswirkungen der Veränderungen. Die Yogis lösen sich schließlich von der Welt, von ihrem Körper und ihren Träumen, indem sie alles als Illusion betrachten. Die Senoi dagegen scheinen ihre Beziehungen zum inneren Erfahrungsbereich und die Auseinandersetzung mit der Umwelt immer erfolgreicher zu gestalten. So kann die Traumkontrolle je nach der Lebensphilosophie verschiedene Auswirkungen haben.

Es liegt an uns, ob wir den angstfreien Traumzustand anders nutzen wollen als die Yogis, zum Beispiel als einen Bewußtseinsbereich, in dem wir uns mit allen Aspekten der Selbsterkenntnis beschäftigen können. Entweder schauen wir einfach zu, was in unseren Träumen geschehen wird, denn wir wissen, daß uns kein Traumbild etwas anhaben kann, was auch immer kommen mag. Oder wir rufen ein besonders erfreuliches Traumerlebnis hervor, das wir dann genau beobachten und in seiner Bedeutung zu verstehen suchen. Wir können einen angstfreien Traum auch dazu verwenden, gewisse Fertigkeiten und Verhaltensweisen einzuüben, die wir im Wachzustand benötigen. Vielleicht stellen wir uns ein paar Fragen und beobachten, welche Antworten entstehen. Auf diese und andere Weisen ist für uns ein angstfreier Traumzustand, in dem wir uns bewußt sind, daß wir träumen, von großem Wert. Wir möchten unseren Traumzustand nicht als eine Illusion betrachten, sondern als einen weiteren Bereich wunderbarer menschlicher Wirklichkeit.

Was wir von wachbewußt träumenden Yogis lernen können

Zusammenfassung

1. Sie können lernen, Ihr Bewußtsein während des gesamten Traumzustandes beizubehalten.
2. Entschließen Sie sich, während Ihrer Träume bewußt zu bleiben. Beschäftigen Sie sich während des Tages und vor allem vor und während dem Einschlafen mit der Idee, im

Traum wachbewußt zu sein. Konzentrieren Sie sich zwei bis drei Tage ganz besonders auf diesen Gedanken.
3. Sorgen Sie für eine friedliche und ruhige Umgebung, die es Ihnen ermöglicht, sich ganz auf die Trauminduktion und die Traumkontrolle zu konzentrieren.
4. Verbessern Sie Ihre Konzentrations- und Meditationsfähigkeit, denn damit verbessern Sie auch Ihre Fähigkeit zur Traumkontrolle.
5. Schaffen Sie sich Traumfreunde.
6. Sobald Sie in einem Traum luzid werden, können Sie jede Veränderung herbeiführen, die Sie sich wünschen.
7. Wenn Sie im Traum Luzidität entwickeln, ist es Ihnen möglich, vollständig furchtlos vor allen Traumbildern zu werden.
8. Erkennen Sie, daß die angsterregenden Traumbilder aus Ihren eigenen Gedanken entstehen.
9. Erkennen Sie, während Sie sich im Traumzustand befinden, daß Sie träumen.
10. Wenn Sie erkennen, daß Ihre Traumbilder Ihre eigenen Gedankenformen sind und sich bewußt werden, daß Sie träumen, so haben Sie auch keine Angst mehr. Und wenn Sie sich nicht mehr vor Ihren Traumbildern fürchten, sind Sie frei, Ihre Träume für kreative und therapeutische Vorhaben zu nutzen.

Dritter Teil

So entwickeln wir die Traumkontrolle

Achtes Kapitel

Wie wir ein Traum-Tagebuch führen können

Ihr Traumleben bietet Ihnen viel Wundervolles: Kreative Erzeugnisse, herrliche Abenteuer, größere Fähigkeiten zur Bewältigung der Probleme des wachen Lebens und eine Art ganz persönliche innere Werkstatt, in der Sie jedes gewünschte Vorhaben entwickeln können. Jede Nacht sind Sie mehrmals als Ehrengast zur Traumparty eingeladen. Sie brauchen nur dabei zu sein, sich zu freuen, Ihre Geschenke in Empfang zu nehmen und wieder ins wache Leben zurückzukehren. Selbstverständlich müssen Sie sich dessen bewußt sein, sonst würden Sie – unbewußt und wie ein Betrunkener – vergessen, wen Sie dort gesehen und gehört haben, was Sie selbst getan haben, und alle Ihre Geschenke verlieren, bevor Sie zu Hause angekommen sind. *Sie können ein beinahe vollständiges Erinnerungsvermögen an Ihre nächtlichen Träume entwickeln und fähig werden, Ihre Geschenke mitzunehmen und im wachen Leben nutzbringend zu verwenden.*

Die Fähigkeit, sich an seine Träume zu erinnern, beginnt mit der Einstellung, die man Ihnen gegenüber einnimmt. Legen Sie großen Wert auf Ihre Träume, verwerfen Sie keinen; denn gerade der Traum, den Sie wie ein Waisenkind beiseite schieben und als lächerlich oder nichtssagend abtun, ist vielleicht derjenige, der die Anlage zu Großem in sich trägt und bei entsprechender Pflege zu schönster Blüte gelangen würde. Akzeptieren Sie jeden Traum, an den Sie sich erinnern, und behandeln Sie ihn mit Achtung. Schreiben Sie ihn nieder, geben Sie ihm eine dauerhafte Form. Nach ein paar Monaten, in denen Sie ein Traumtagebuch geführt haben, werden Sie überrascht feststellen, daß scheinbar unwichtige Symbole immer wieder erscheinen. Sie ändern sich in Form und Größe, können aber deutlich erkannt werden, wenn man sie niederschreibt. Sie wachsen im wahren

Sinne des Wortes. Mit der Zeit können Sie die Spuren ihrer Entwicklung verfolgen. Jeder Traum von Ihnen ist wie ein eigenes Kind. *Achten Sie sorgfältig auf Ihre Träume, und sie werden Ihnen außerordentliche Einsichten in Ihr eigenes Inneres vermitteln.*

Nehmen wir an, daß Sie Ihre Träume schon für wertvoll halten und bereit sind, sie so zu akzeptieren wie sie sind, albern oder bruchstückhaft. Wie können Sie nun mit ihnen in Verbindung kommen, sich an sie erinnern und sie festhalten, um jene erregenden Erfahrungen zu machen, welche die Beschäftigung mit ihnen zu geben verspricht?

Ihre Einstellung kurz vor dem Einschlafen ist von Bedeutung: Nehmen Sie sich jetzt vor, sich an Ihre Träume zu erinnern. Suggerieren Sie es sich. Einer Studentin schien es nützlich, vor dem Einschlafen ein halbes Glas Wasser zu trinken, wobei sie sich beim Trinken fest vornahm, ihre Träume in Erinnerung zu behalten. Am Morgen trank sie den Rest des Wassers und versuchte dabei, die Erinnerung heraufzuholen. Die gleiche Wirkung läßt sich durch folgende Autosuggestion erzielen: „Heute Nacht erinnere ich mich an meine Träume." *Denken Sie vor dem Einschlafen daran, daß Sie sich an Ihre Träume erinnern wollen.*

Falls Sie sich nicht bereits schon lebhaft Ihrer Träume erinnern können und diese Fertigkeit entwickeln möchten, beginnen Sie am besten *am Morgen* damit, *wenn Sie von ganz allein aufwachen.* Diese Art des Aufwachens (ohne von einem Wecker, vom Telefon oder durch Kindergeschrei geweckt zu werden) bedeutet, daß Sie direkt aus einer REM-Phase kommen. Jedesmal, wenn Sie spontan erwachen, wachen Sie aus einem Traum auf. Der Traum am Morgen aber ist der längste der ganzen nächtlichen Traumserie und dauert manchmal eine halbe Stunde bis zu 45 Minuten. So haben Sie viel mehr Traummaterial zur Verfügung, das Sie behalten können. Wenn Sie gewöhnlich von einem Wecker aus dem Schlaf gerissen werden, und bereits über die Aufgaben des Tages nachzudenken beginnen, bevor Sie überhaupt ein Auge aufgetan haben, vergessen Sie sofort alle Spuren des nächtlichen Traumgeschehens. Möchten Sie sich aber an Ihre Träume erinnern, dann wird es zu Beginn für Sie sehr hilfreich sein, es sich so einzurichten, daß Sie genügend Zeit haben, um ruhig zu schlafen und von allein aufzuwachen. Eine günstige Gelegenheit zum Anfangen wird sich an einem Wochenende oder gar an einigen friedlichen Ferientagen ergeben. Um einen Traum festzuhalten, ziehe ich ein natürliches Aufwachen dem künstlichen Gewecktwerden[1] vor, weil diese Methode in die spezielle Technik eingebaut werden kann, die weiter unten beschrieben ist. Außerdem erlaubt sie einen natürlichen Abschluß des Traumes, ohne daß Klingeln oder Summen das Traumgeschehen unterbrechen. (Die künstlichen Weckmethoden erweisen sich manchmal bei Personen als notwendig, die sich trotz allem nicht an ihre Träume erinnern.) *Richten Sie es sich zeitlich so ein, daß Sie von selbst aufwachen können.*

Wenn Sie wissen, daß Sie soeben einen Traum beendet haben, dann ist der nächste Schritt entscheidend: Öffnen Sie nicht Ihre Augen! *Bleiben Sie still mit geschlossenen Augen liegen und lassen Sie die Bilder wieder in Ihr Gedächtnis einströmen.* Denken Sie jetzt nicht darüber nach, was Sie am Tag noch alles tun müssen. Sie haben schließlich für diesen Versuch eine ruhige Zeit gewählt, eine Zeit ohne Hetze und Druck. Überlassen Sie sich ganz dem Gefühl, denn oft genügt dies schon, um die Bilder des soeben beendeten Traumes wiedererstehen zu lassen. Das kleinste Bruchstück des letzten Traumes kann Ihnen als Anhaltspunkt dienen, um die Traumserie der ganzen Nacht wieder zurückzuholen. Ich erinnere mich oft zuerst an die letzte Traumszene. Ich wache auf und höre noch die Worte, die ich oder eine Traumfigur sprechen, tanze die letzten Schritte oder lache über einen Scherz. Es ist die Schlußszene eines Traumspieles. Indem ich auf sie zurückblicke, erscheint die vorletzte Szene ebenfalls wieder und dann schließlich auch alle vorausgegangenen. Sie erstehen in umgekehrter Reihenfolge, wobei nicht dasselbe wie bei einem rückwärtslaufenden Film geschieht, denn ganze Szenen bleiben jeweils in sich geschlossen und reihen sich nur in umgekehrter Folge aneinander. „Ah, so war es ja! Bevor das geschah, passierte das. Und davor das . . ." Gelegentlich kommt ein Traum *als Ganzes* wieder, doch weitaus häufiger taucht die letzte Szene zuerst auf. Irgendein kleiner Traumfetzen, der völlig belanglos scheint, ist bei näherer Betrachtung mit einem wunderschön gestalteten Gewebe verwoben. Ganz ähnlich wird durch die Wiedererinnerung des letzten Traumes der Nacht die Erinnerung an die vorangegangenen geweckt. *Wenn Sie aus Ihrem Traum auf natürliche Weise erwachen, schließen Sie Ihre Augen (oder besser noch, öffnen Sie sie gar nicht erst), bleiben Sie still liegen, und lassen Sie die Traumbilder zurückfließen.*

Angenommen, es ist von Ihrem Traum nicht das geringste Bruchstück mehr vorhanden, von dem Sie ausgehen könnten. Sie spüren, daß Sie geträumt haben, Sie haben ein unbestimmtes Gefühl, aber ohne ein Bild, oder Sie wissen überhaupt nichts mehr. Geben Sie trotzdem nicht auf. Wenn sich nach zwei bis drei Minuten immer noch keine Traumerinnerung einstellt, so versuchen Sie folgendes: Denken Sie an einige Personen, die Ihnen nahestehen, an die Familie und an die engsten Freunde. Wie beim Durchblättern eines Buches stoßen Sie vielleicht auf das gesuchte Bild, das Sie dann sofort *erkennen* werden. Es gibt nämlich ein Gefühl, das Ihnen mit Bestimmtheit sagt, daß Sie etwas über diese Person geträumt haben. Es ist, als wenn Sie sich an einen vergessenen Namen wiedererinnern würden. Man weiß den Namen, er liegt einem auf der Zunge und man kennt sogar die erste Silbe, aber der ganze Name kommt einem nicht in den Sinn. Und wenn Ihnen dann der Name einfällt, oder ein anderer nennt ihn, dann wissen Sie sofort, daß es der richtige ist. *Gehen Sie in Gedanken alle für Sie wichtigen Personen durch, um Erinnerungen an Ihren letzten Traum auszulösen.*

Eigenartig ist die Tatsache, daß die Lage Ihres Körpers beim Erwachen für die Wiedererinnerung eines Traumes wichtig ist. Hermann Rorschach,[2] der Erfinder des berühmten Klecksbilder-Formdeutungstestes, machte die Beobachtung, daß es notwendig ist, nach dem Aufwachen still liegen zu bleiben, weil jede ruckartige Bewegung, wie das Herausspringen aus dem Bett, die Erinnerung an den Traum abreißen läßt. Das ist richtig, aber Sie können noch vorsichtiger sein und beim Aufwachen Ihre momentane Körperlage überhaupt nicht verändern. Bleiben Sie ganz still liegen und lassen Sie die Traumbilder aufsteigen. *Dann drehen Sie sich auf die andere Seite.* Liegen Sie auf der linken Seite, so drehen Sie sich auf die rechte, liegen Sie auf dem Bauch, dann drehen Sie sich langsam auf eine Seite oder auf den Rücken. Weshalb man sich durch dieses Vorgehen oft noch an zusätzliche Traumbilder erinnern kann, ist bis heute ungeklärt. Ein zeitgenössischer Wissenschaftler[3] nimmt an, die Träume seien irgendwie in codierter Form gespeichert, die leichter lesbar wäre, wenn der Körper sich in derselben Lage befindet, in der sich der betreffende Traum abgespielt hat: „Der Versuch, sich in einer falschen Körperlage an einen Traum erinnern zu wollen, gleicht etwa den Bemühungen eines Rechtshänders, mit der linken Hand zu schreiben".[4] Wenn wir die ursprüngliche Schlaflage einnehmen, in der wir geträumt haben, erinnern wir uns eher an den Traum. *Haben Sie das Gefühl, daß Sie sich in der Körperstellung, in der Sie erwacht sind, vollständig an den Traum erinnert haben, dann nehmen Sie mit immer noch geschlossenen Augen vorsichtig noch andere Schlafpositionen ein. Oft werden Sie sich auf diese Weise noch zusätzlich an weitere Träume erinnern können.*

Auch während des Tages fallen Ihnen manchmal Traumfetzen ein, plötzlich, wie aus heiterem Himmel, oder weil der Tonfall irgendeiner Person Sie an etwas erinnert, das Sie geträumt haben, weil Ihnen jemand etwas Bestimmtes sagt, oder weil Sie etwas sehen und dann blitzartig der Gedanke kommt: „Ach — genau das habe ich letzte Nacht geträumt!" Wie bei der Traumerinnerung am Morgen nach dem Aufwachen ist es auch hier wichtig, diese flüchtigen Traumvögelchen einzufangen, sie für einen Moment festzuhalten und dann zu beschreiben, auf ein Tonband aufzunehmen oder abzuzeichnen, bevor man sie wieder wegfliegen läßt. Sie mögen im Augenblick noch so lebendig und unvergeßlich scheinen, nach einem Tag oder spätestens nach zwei Tagen sind Sie Ihren Blicken total entschwunden und damit vergessen. Höchstens eine ganz schwache Erinnerung wird zurückbleiben, farblos und unzusammenhängend. Doch selbst bei einer nur bruchstückhaften Aufzeichnung vermögen diese Träume später für Sie von unschätzbarem Wert sein. Traumerinnerungen können durch Anregungen aus der Umgebung und sogar noch mehrere Tage nach einem Traum auftreten. Je schneller Sie jedoch einen

Traum festhalten, desto umfassender und genauer wird die Erinnerung an ihn sein — hier ist der Zeitpunkt von entscheidender Bedeutung.

Es hat sich klar gezeigt, daß *die Erinnerung an einen Traum unmittelbar nach einer REM-Phase die meisten Einzelheiten und damit die besten Resultate liefert.* Die Schlafforscher Wolpert und Trosman[5] weckten Schläfer zu vier verschiedenen Zeiten auf:

1. Während des Stadiums I des EEG-Gehirnwellenmusters, also mitten in einer REM-Phase: Die geweckten Schläfer berichteten, wie erwartet, von einer sich eben abspielenden Traumhandlung.
2. Bei einer starken Körperbewegung unmittelbar nach der REM-Phase: Es wurden vollständige, lebhafte und fest umrissene Träume erzählt.
3. Erst fünf Minuten nach Beendigung der REM-Phase: Die Versuchspersonen erzählten nur unklare Bruchstücke von Traumerlebnissen.
4. Zehn Minuten nach der REM-Phase: Die meisten konnten sich überhaupt nicht mehr an ihre Träume erinnern oder hatten nur noch einen ganz schwachen Eindruck vom Traumgeschehen.

Das bedeutet, daß schon *fünf Minuten* nach dem Ende eines Traumes die Erinnerung an ihn in Bruchstücke zerfällt, und sie nach zehn Minuten nahezu oder ganz verloren gegangen ist. Wollen Sie einen gewöhnlichen Traum vollständig im Gedächtnis behalten, so muß es schnell geschehen. Im Gegensatz dazu sind luzide Träume lebhaft genug, um länger in Erinnerung zu bleiben, weil Sie diese — bewußt — erleben, wie ein aufregendes Ereignis im Wachzustand. Auch Alpträume sind oft leicht zu erinnern. Nur bei einem gewöhnlichen Traum ist eine sofortige Achtsamkeit nötig, wenn Sie ihn festhalten wollen.

Sie dürfen nicht glauben, daß es unmöglich sei, einen Traum innerhalb von fünf Minuten nach seinem Ende einzufangen. Es ist möglich. Ich spreche nicht vom künstlichen Aufwecken, wie es im Schlaflabor durchgeführt wird. Wenn Sie natürlich in einem Labor schlafen, und ein Versuchsleiter überwacht die Aufzeichnungen Ihrer Gehirnwellen, kann er Sie beim Auftreten des typischen Traummusters aufwecken. Obwohl das eine interessante Erfahrung sein mag, ist diese Methode für uns kaum geeignet — wer möchte schon Nacht für Nacht in einem Labor schlafen. Sie können sich auch mit einem guten Freund absprechen, er solle die ganze Nacht wach bleiben und Ihren Schlaf überwachen. Als guter Beobachter wird er die schnellen Augenbewegungen auch ohne EEG sehen, die auf einen Traum hindeuten. Einer meiner Studenten des Traumseminars traf eine solche Vereinbarung mit seiner Freundin. Er hatte ein schlechtes Traumerinnerungsvermögen. Sie verbrachte die langen Nachtstunden lesend neben seinem Bett und verpaßte offenbar ein paar REM-Phasen — sehr zu ihrer und ihres Freundes Enttäuschung. Und diejenigen, die sie erwischte, unterbrach sie zu früh, so daß die Traumgeschichte erst begonnen hatte und nicht viel zu erzählen blieb. Sie können den Schlaf durch einen Freund überwachen lassen, der Sie zu gegebener Zeit weckt, doch ist das eher eine umständliche und ziemlich unsichere Sache. Eine andere künstliche Weckmethode besteht darin, daß Sie Ihren Wecker auf die Zeit einstellen, in der voraussichtlich ein Traum auftreten wird: etwa 90 Minuten nach dem Einschlafen und von da ab jeweils wieder 90 Minuten später. Auch bei dieser Methode wird aber — wenn überhaupt ein Traum erfaßt wird — das Traumgeschehen unterbrochen. Andernfalls wird der Schlaf gestört. Eine andere meiner Studentinnen, die sich einer Operation unterziehen mußte, wurde während ihres Spitalaufenthaltes jeweils nachts zu aufeinanderfolgenden Malen von der Krankenschwester geweckt, die ihr eine Spritze zu machen hatte. Sie war hoch erfreut, wenn sie gerade aus einem Traum geweckt wurde und schrieb ihn eifrig auf, während sie die Injektion bekam. Im allgemeinen empfehle ich jedoch das künstliche Wecken nicht, es sei denn, daß alle anderen Methoden zur Traumerinnerung versagen. Sie können sich selber dazu erziehen, nach Beendigung eines Traumgeschehens auf natürliche Weise aufzuwachen. Wenn Sie sich daran gewöhnen Ihren Träumen Wert beizumessen, sich genügend Zeit nehmen, um sie am Morgen zu erinnern, und sie jeden Tag regelmäßig aufschreiben, werden Sie schnell merken, daß Ihr Traumerinnerungsvermögen geradezu sprunghaft ansteigt. So ist es bei mir gewesen.

Mit vierzehn Jahren begann ich mich dafür zu interessieren, meine Träume aufzuschreiben, denn in meiner Familie wurden Freuds Ansichten über die Träume diskutiert. Das war damals gerade sehr in Mode. Ich wollte das selbst einmal überprüfen. Mein ganzes Leben lang bin ich stets in der Lage gewesen, mich leicht an meine Träume erinnern zu können (und heute noch erinnere ich mich an Kindheitsträume, die ich damals nicht aufgeschrieben habe). Ich begann also Träume, die mir auffallend erschienen, niederzuschreiben. Ich gab das Datum an, beschrieb die Träume, die ich am Morgen noch im Gedächtnis behalten hatte, fügte oft ein paar Notizen über Ereignisse des Vortages hinzu, machte manchmal einige Zeichnungen und versuchte zu analysieren. Vor allem war ich auf die Traumsymbolik neugierig. Aufzeichnungen machte ich damals nur sporadisch. Als ich älter wurde und die typischen Hochs und Tiefs des Teenagers durchmachte, stellte ich fest, daß die Aufzeichnungen der Träume für mich eine kathartische Wirkung hatten, d. h. ich fühlte mich dadurch befreit, weil ich mich in ihnen abreagieren konnte. Das half mir, meine wechselnden Gefühle zu verstehen und besser mit ihnen fertig zu werden. Meine Beschreibungen wurden vollständiger und ich machte regelmässiger Aufzeichnungen. Als ich Doktorandin der klinischen Psychologie war, wurden mir die beträchtlichen Möglichkeiten bewußt, die sich für eine wissenschaftliche Untersuchung von Traumaufzeichnungen ergeben, die sich über mehrere Jahre erstrecken. An meiner Universität hielt man aber von Träumen nicht sonderlich viel, es sei denn, sie wären Gegenstand für eine EEG-Untersuchung. Deshalb machte ich meine Dissertation über ein konkreteres und meßbares Gebiet.[6] Von diesem Zeitpunkt an wurden meine Aufzeichnungen umfassender und enthielten mehr zusätzliche Einzelheiten und weniger Lücken. Da ich nun jeden Tag die Träume aufschrieb, merkte ich bald, daß mein Traumerinnerungsvermögen sich außerordentlich entwickelt hatte. Es gab kaum mehr einen Morgen, an dem ich aufwachte, ohne mich lebhaft an einen Traum zu erinnern.

In dieser Zeit, als ich regelmäßig meine Träume aufschrieb, war ich plötzlich mitten in der Nacht hellwach. So etwas geschah selten und machte mich stutzig: „Was soll das? – Hellwach mitten in der Nacht!" Nichts war geschehen, das mich hätte wecken können. Dann aber wurde mir klar, daß ich gerade geträumt hatte. Ich war auf dieselbe Weise aus einem Traum aufgewacht, wie ich es am Morgen tat. Wie aber sollte ich ihn jetzt im Gedächtnis behalten? Zuerst vergegenwärtigte ich mir den Traum nochmals in der Absicht, ihn am Morgen zusammen mit dem letzten Traum aufzuschreiben. Jeder, der so etwas schon versucht hat, weiß, wie vergeblich dies sein kann. Nach zwei oder drei „Wiederholungen" scheint der Traum fest eingeprägt zu sein und man schläft wiederum ein. Am nächsten Morgen stellt man fest, daß nur noch eine geisterhafte Spur des ursprünglich so lebhaften Traumes übrig geblieben ist. Diese Methode erwies sich somit als unbrauchbar und als Zeitverschwendung. Aber stets wachte ich nun nachts nach einem Traum auf. Wie konnte ich ihn aufzeichnen? Ich war zu faul um aufzustehen. Ich wollte auch kein Licht machen und meinen Mann mit meiner Schreiberei im Bett stören. Also kritzelte ich ein paar kurze Sätze auf meinen immer griffbereit neben dem Bett liegenden Schreibblock und schlief wieder ein. Wieder wurde ich wach – ein neuer Traum, ein neues Gekritzel. Am Morgen konnte ich das in der Dunkelheit nur flüchtig Hingeschriebene kaum mehr entziffern, zumal die Schriftzüge sich vielfach überschnitten. Da stieß ich auf eine besondere Methode, dank der ich die flüchtigen Träume festhalten konnte, so daß sie bis zum nächsten Morgen überdauerten.[7]

Wenn ich während der Nacht oder am frühen Morgen nach einem Traum von selbst erwache, bleibe ich ruhig mit geschlossenen Augen liegen, nehme vom Nachttisch meinen 13 x 20 cm großen Block mit dem darauf liegenden Schreibzeug und schreibe, *immer noch mit geschlossenen Augen*, in folgender Weise: Ich greife den Block mit den Fingerspitzen der linken Hand und halte die breite Seite horizontal. Ich stütze den Block auf das Bett oder den daneben stehenden Nachttisch ab (auf meiner linken Seite liegend) oder halte ihn auf der Brust (wenn ich auf dem Rücken liege). Die rechte Hand halte ich in normaler Schreiblage, nur daß der kleine Finger nach oben abgespreizt wird, um die obere Blockkante zu ertasten. Ich gebe eine ausführliche Beschreibung des Traumgeschehens (nicht nur einzelne Sätze) und schreibe quer über den Block. Die Linien bleiben dabei gerade, weil der obere Rand des Blockes als Führung dient. Wenn ich ans Ende einer Linie komme, nehme ich die Fingerspitzen meiner linken Hand etwas herunter, um den Anfang der nächsten Zeile zu markieren. Dann ertaste ich mit der Feder in meiner rechten Hand die von den Fingern der linken Hand markierten Stelle. Es ist fast so, als ob der Wagen einer Schreibmaschine für die nächste Zeile zurückfährt. Da der kleine Finger immer ausgestreckt bleibt, korrigiert er die Tendenz zum Abwärtslaufen der im Dunkeln geschriebenen Zeilen. Ein Überschneiden der Schriftzeilen wird bei dieser Methode vermieden. Ist eine Seite voll geschrieben, so schlage ich das Blatt um, drücke es flach und schreibe auf die eben erwähnte Art weiter. Auf diese Weise nutze ich beide Seiten jedes Blattes aus.

Jeder neue Abschnitt wird mit einem Zeichen versehen, um deutlich zu machen, daß eine Schlafperiode folgt. Schon beim Schlafengehen notiere ich den ungefähren Zeitpunkt, bei dem ich einschlafen werde. Auch die jeweilige Zeit beim Aufwachen nach einem Traum wird festgehalten. Am Morgen habe ich dann mehrere Seiten voller schwankender Zeilen, die drei oder vier Träume umfassen, manchmal aber auch nur einen oder sogar sieben.

Diese Methode hört sich vielleicht kompliziert an, erweist sich jedoch bei praktischer Anwendung sehr bald als leicht und automatisch durchführbar. Am Anfang ist es schrecklich mühsam, den Block und das Schreibzeug aufzunehmen, aber auch das wird schnell erlernt. Auf diese Weise erhält man Traumaufzeichnungen, die unmittelbar auf eine REM-Periode folgen. Ich überprüfte dies, indem ich mehrere Nächte in einem Schlaflabor verbrachte. Mit dem EEG konnte bestätigt werden, daß ich tatsächlich jeweils nach einer REM-Periode aufwache (und gelegentlich auch außerhalb einer solchen). Ist der Traum einmal niedergeschrieben, so kann ich unbeschwert aufhören, mir über den Traum weitere Gedanken zu machen und schlafe schnell wieder ein. Es ist unnötig, den Traum ständig in Gedanken zu „wiederholen" und sich eifrig zu bemühen, ihn sich einzuprägen. Ich glaube, daß mit dieser Methode die Erinnerung vollständiger ist. Wenn Sie die Augen öffnen und sich im Bett aufrichten — sei es noch so behutsam —, und wenn Sie das Licht einschalten — es kann noch so schwach brennen —, es entsteht ein Einbruch in die visuelle Vorstellung des Traumes. Wird der Traum jedoch mit geschlossenen Augen aufgeschrieben, dann kommen auch die früheren Traumszenen zurück. Bei der Verwendung von Tonbandgeräten, auf die man die Träume spricht, wird meines Erachtens eine vollständige Erinnerung ebenfalls unterbrochen. Der schläfrige Träumer muß unmittelbar nach einem Traum schon ziemlich munter werden, um deutlich und laut genug zu sprechen. Dabei wird aber nicht nur die Erinnerung an den Traum, sondern auch der Bettnachbar gestört. Ich persönlich bevorzuge die oben beschriebene Schreibtechnik, weil sie mir den größten Nutzen bei geringstem Aufwand bringt. Sie möchten es vielleicht mit ihr versuchen, doch sollte jeder die Methode anwenden, die für ihn die bequemste ist und die ihm am meisten zusagt. *Welche Methode Sie auch benutzen, schreiben Sie Ihre Träume — am besten mit geschlossenen Augen — in der Reihenfolge, wie Sie sich an sie erinnern, auf.*

Wenn Sie es mit meiner Art der Traumaufzeichnung versuchen möchten, dann ist die von Ihnen gewählte Ausrüstung wichtig. Nehmen Sie einen unlinierten DIN-A5 Schreibblock mit fester Unterlage. Verwenden Sie einen Block, bei dem sich die Blätter wenden lassen, ohne daß sie abfallen, denn auf losen Blättern läßt es sich nicht gut schreiben. Blocks mit einer Spirale oder dickem oberen Rand (Abreißblöcke) sind unhandlich. Ein Bleistift ist zu leicht, um im schläfrigen Zustand Notizen zu machen. Nehmen Sie also einen Kugelschreiber von hoher Qualität und mit fester Spitze. Achten Sie auf das Gefühl beim Schreiben mit dem Kugelschreiber, wenn die Tinte fließt und auf das schleifende, kratzende Geräusch, wenn die Tinte ausgegangen ist, denn dadurch können viele Seiten verloren gehen. Halten Sie also einen zweiten Kugelschreiber in Reichweite bereit.

Wenn Sie wie ich, die Kurzschrift beherrschen, seien Sie auf der Hut, nicht in sie „abzurutschen". Einige Wochen lang waren meine Eintragungen teilweise oder ganz in Kurzschrift, obwohl ich mir vorgenommen hatte, sie zu vermeiden. Die Entzifferung der normalen wackligen Schriftzüge ist schon schwer genug und würde durch die Verwendung der Kurzschrift noch mehr erschwert. Gelegentlich waren die ersten Aufzeichnungen normal geschrieben, die folgenden wiesen Abschnitte auf, wo ich die Kurzschrift verwendet hatte, während der letzte Traum der betreffenden Nacht vollständig in Kurzschrift aufgeschrieben worden war. Und dabei war ich mir überhaupt nicht bewußt, die Kurzschrift benutzt zu haben. Mit besonderer Anstrengung gelang es mir später, die Kurzschrift zu vermeiden.

Bei der Anwendung dieser Technik ist ferner zu beachten, daß man sichergehen muß, ob man auch wirklich mit dem Kugelschreiber auf dem Block schreibt. Als ich mit dieser Technik begann, träumte ich oft, ich würde den Traum niederschreiben. Es bestand also keine Notwendigkeit mehr aufzuwachen. Manchmal glaubte ich mir wirklich sicher zu sein, den Traum aufzuschreiben, weil ich den Kugelschreiber und den Schreibblock in meiner Hand spüren konnte. Als ich dann ein bißchen mehr erwachte, merkte ich, daß ich die einzelnen Wörter mit meinen Fingern auf meine Haut schrieb, das eine Mal auf den rechten Oberschenkel, ein anderes Mal auf meine rechte Wange. Nun, nach langer Anwendung der Methode, passiert das nicht mehr. Der Traumzustand unterstützt jetzt meine Schreibabsichten. Einmal sah ich am Schluß eines Traumes einen dunkelhaarigen, schnauzbärtigen Berichterstatter, der in der Hand Schreiber und Notizblock hielt. Er blickte mich an und zeigte nach rechts. Ich wollte sehen, worauf er hinwies und drehte meinen Kopf in die angegebene Richtung. Als ich die Augen öffnete, sah ich meinen eigenen Block und den Kugelschreiber. Es war, als wollte die Traumgestalt sagen: „Nun ist es Zeit zum Schreiben." In einem anderen Traum sagte jemand: „Nun ist es Zeit für ein Geschäft." Ich fand mich wach, offenbar in der Absicht zu schreiben. *Die Zusammenarbeit mit dem Traumzustand verbessert sich, wenn Sie sich daran gewöhnen, die Träume aufzuschreiben und sich darum bemühen, Traumfreunde zu gewinnen.*

Es ist wichtig, die Träume in der Reihenfolge aufzuschreiben, wie sie Ihnen ins Gedächtnis zurückkommen, doch gibt es eine Ausnahme von dieser Regel: schreiben Sie einzigartige Sprachschöpfungen immer sofort auf. Wenn ich mich beim Aufwachen an ein Traumgedicht und außerdem an die dem Traum vorausgegangene Geschichte erinnere, wage ich es nicht, zuerst die Geschichte aufzuschreiben. Ich schreibe sogleich das Gedicht auf und dann erst den Rest des Traumes. Komme ich dann wieder an die Stelle, an der das Gedicht zuerst auftauchte, schreibe ich es oft nochmals auf, wenn ich mich noch daran erinnern kann. Später ist es interessant, die beiden Fassungen miteinander zu vergleichen. Erst mit offenen Augen und bei klaren Sinnen merke ich, daß sich innerhalb der wenigen Minuten, die die Aufzeichnung der Traumszene erforderte, oft mehrere Worte des Gedichtes geändert haben. *Sie haben eine größere Chance, einen einzigartigen sprachlichen Ausdruck in seiner ursprünglichen Form festzuhalten, wenn Sie ihn unmittelbar nach dem Aufwachen niederschreiben.* Das hilft vor allem bei ungewöhnlichen Ausdrücken, Namen oder bei eindrücklichen Redewendungen. Solche Traumerfindungen wie „Scandiumoxyd-Rose", Einkrabbeln", Emmanual Stile" und „Wemberly" hätte ich längst vergessen, wenn ich sie erst an der entsprechenden Stelle der Geschichte aufgeschrieben hätte. *Schreiben Sie alle außergewöhnlichen Ausdrücke zuerst auf.* Die Traumgeschichte läßt sich wegen der vielen Assoziationsmöglichkeiten leichter wiedererinnern als die einmaligen, fremdartigen Einzelschöpfungen, die für Sie von ganz besonderem Wert sein können.

Neben den Traumaufzeichnungen während der Nacht und am Morgen notiere ich auch alle ungewöhnlichen Begebenheiten. Manchmal bin ich derart müde, daß ich beim Schreiben für ein paar Augenblicke einnicke. Wenn ich dann wieder aufwache, schreibe ich „B.E." („bin eingenickt" oder gar „bin eingeschlafen"). Es ist schon vorgekommen, daß ich weitergeträumt habe, während ich den soeben beendeten Traum niederschrieb — wahrscheinlich eine Art hypnagogische Erfahrung. Werde ich mir dessen bewußt, schreibe ich „T.U." (Traumüberlagerung) und beschreibe sie ganz kurz. Manchmal läutet auch das Telefon und damit wird die Erinnerung und natürlich die Aufzeichnung unterbrochen. (Mit vier Kindern kann dies sogar mitten in der Nacht geschehen.) So etwas wird ebenfalls notiert. *Schreiben Sie alle ungewöhnlichen Vorkommnisse auf, die Ihre Aufzeichnungen beeinflussen.*

Ein allgemein vorkommendes Ereignis, das ich oft feststelle, sind traumhafte Bilder, die auftreten, wenn man in den Schlaf hinübergleitet. Man nennt sie hypnagogische Visionen oder hypnagogische Erfahrungen. Vielleicht haben Sie sich deswegen beim Einschlafen auch schon gewundert. Es handelt sich dabei nicht um gewöhnliche Träume, mehr um Bilder oder kurze Szenen, die man im Übergangsbereich vom Wach- zum Schlafzustand halb-bewußt wahrnimmt. Dieser Typus von Bildvorstellungen wurde vor allem von H. Silberer untersucht.[8] Er achtete besonders auf den Moment, wo die abstrakten Gedanken in konkrete Bildvorstellungen übergingen. Das Auftreten dieser Art des visuellen Denkens wird von Ihnen umso eher bemerkt, je mehr Sie beim Einschlafen darauf achten. Hervey de Saint-Denys weckte sich selbst jedesmal wieder auf, wenn er eine hypnagogische Vision hatte, um sie festzuhalten und aufzuzeichnen.[9] Ich habe mich entschlossen, nur eine oder zwei dieser hypnagogischen Erfahrungen aufzuschreiben, wenn die Bilder besonders interessant sind und bezeichne sie als „H.V." (hypnagogische Visionen). Ich zähle sie nicht zu den Träumen und verfolge sie auch nicht weiter. Sie sind unbegrenzt verfügbar, und ich ziehe es vor, mich auf den Traumzustand an sich zu konzentrieren.* Sie möchten vielleicht von interessanten hypnagogischen Erfahrungen Notiz nehmen wollen. *Wie Ihre Träume, so helfen auch sie Ihnen, Ihre eigene Symbolsprache zu verstehen.*

Es gibt einige Traumaspekte, die scheinbar nicht beschrieben werden können. Viele Träumer haben schon eine Ver-

---

*(Anm. des Übersetzers: Gerade der hypnagogische Zustand ermöglicht es aber, eine „außerkörperliche Erfahrung" zu machen und ist deswegen sehr beachtenswert! Für einige nähere Ausführungen vgl. Alfred Lischka *Erlebnisse jenseits der Schwelle* 1979 Ansata, Schwarzenburg. Wie der hypnagogische Zustand genutzt werden kann, um das Bewußtsein kontinuierlich zu halten, beschreibt auch Robert Monroe *Der Mann mit den zwei Leben* 1972 Econ, Düsseldorf.)

wandlung erlebt: z.B. vom Menschen in einen Vogel, um zu fliehen; oder eine Katze verwandelt sich im Traum in ein Ferkel. Manchmal verändert sich auch die Umgebung, während Sie unverändert bleiben und die Traumhandlung weitergeht. Sie sind in einem Haus und tun etwas, da wird die Umgebung zu einem Marktplatz, während Sie selber Ihre Tätigkeit fortsetzen. Andere Veränderungen geschehen fast unmerklich, und manchmal ist das Traumgefüge derart kompliziert, daß es jede Ausdrucksmöglichkeit übersteigt. Alles scheint gleichzeitig zu geschehen, die Traumhandlung läuft auf verschiedenen Ebenen ab, die Traumbilder erscheinen alle auf einmal oder eine Geschichte wird zwei oder dreimal mit leichten Abwandlungen wiederholt. Erweist sich ein Traum als unbeschreibbar, halte ich wenigstens das fest, was sich einigermaßen ausdrücken läßt und füge bei, daß er „komplex" oder „vielschichtig" gewesen sei. *Machen Sie wenigstens den Versuch, die schwer faßbaren Einzelheiten Ihrer Träume zu beschreiben.*

Viele Leute erinnern sich besser an ihre Träume, wenn Sie diese einem Freund erzählen können. Schon die Tatsache, daß der Traum sprachlich ausgedrückt wird, daß man versucht, ihn zu erklären oder genauer zu beschreiben, reicht aus, die Erinnerung an ihn zu steigern und vermehrt zu Erkenntnissen zu gelangen. Wenn Sie später manchmal den Traum wieder „vergessen" (verdrängen), wird Ihnen der Freund schnell ein Wiedererinnern ermöglichen. Die Versuchung ist groß, einen einmal erzählten Traum nicht mehr aufzuschreiben, achten Sie also besonders darauf, daß Sie es doch tun. *Teilen Sie Ihre Traumerfahrungen wenn möglich mit einem Freund, aber schreiben Sie sie auch auf.*

Setzen wir voraus, Sie hätten Ihre Träume in der Nacht oder am Morgen in irgend einer Form aufgeschrieben — vollständig oder stichwortartig —, oder auf Band aufgenommen. Jetzt sollten Sie Ihre Notizen in eine endgültige Form bringen, die für Sie am brauchbarsten ist.

Ich übertrage im Verlaufe des Tages meine hingekritzelten Notizen, die sich während der Nacht angesammelt haben, auf ein DIN-Format-Blatt, das ich mit dem Datum des betreffenden Tages versehe und mit einer Ortsangabe, weil ich ziemlich oft reise. Ferner beschreibe ich das Traumgeschehen, gebe die Zeit des Zubettgehens und Aufstehens an, führe an, ob ich mich im Wachzustand an die nächtlichen Träume erinnern konnte oder nicht, und gebe einige Assoziationen zum Traum und Hinweise auf das Geschehen des vorausgegangenen Tages. Manchmal füge ich auch Zeichnungen ungewöhnlicher Bilder oder analytische Anmerkungen bei. Diese Traumaufzeichnungen werden in chronologischer Reihenfolge als Jahrbücher zusammengefaßt. Zwischenblätter dienen als Monatsunterteilung. Meine heutige Sammlung umfasst 25 Jahre. Die 12 Bände nehmen zusammen auf dem Regal einen Platz von etwa 90 cm ein und enthalten über 10'000 Träume. Die letzten Jahre sind die vollständigsten mit etwa 1'000 Träume pro Jahr. (Z.B. gab es 1971 900 aufgeschriebene Träume aus 362 Nächten — drei Nächte hatte ich nicht geschlafen. Das sind pro Monat 75 Träume, d.h. pro Nacht durchschnittlich 3,12 Träume.) Um eine derart umfassende Aufzeichnung möchten Sie sich vielleicht gar nicht bemühen — trotzdem Sie viel daraus lernen können. Wenn Sie aber auch nur die Träume, an welche Sie sich erinnern, aufschreiben und sie dann systematisch geordnet und in chronologischer Reihenfolge aufbewahren, können Sie schon eine Menge an neuen Einsichten gewinnen. Das erlaubt Ihnen auch später eine nachträgliche Prüfung und hat gegenüber den Tonbandaufzeichnungen den großen Vorteil, daß sie leichter zugänglich sind (es sei denn, die Tonbandaufzeichnungen werden nachträglich in schriftlicher Form übertragen). Sie können die Veränderungen, die sich bei den Träumen ergeben, *sehen*. Möglich wäre auch, einen begrenzten Zeitraum für ausführliche Traumaufzeichnungen zu wählen. *Halten Sie Ihre Träume schriftlich fest — Sie können dabei viel über sich selbst lernen.*

Einer meiner Studenten hat einmal den Vorschlag gemacht, man solle jeden Traum wie eine Geschichte mit einem Titel versehen. Ich habe diese Anregung übernommen. Es ist bei der Durchsicht und beim Vergleich meiner Träume sehr viel einfacher, sich einen Traum anhand eines Titels, z.B. „Tanzendes Gemüse" vorzustellen, der gewisse Charakteristiken des Traumes wiedergibt, statt anhand einer Datumsangabe. Gerade die dem Traum besonders eigentümlichen Einzelheiten werden als Teile der Persönlichkeit betrachtet, die nun zum Vorschein kommen. Indem ein besonderer Aspekt des Traumes als Titel gewählt wird, kann man sich besser an ihn erinnern und entdeckt auch noch mehr Einzelheiten, die eine spezielle Aufmerksamkeit verdienen. *Wählen Sie für Ihre Träume solche Titel, die deren besondere Eigenschaften wiedergeben.*

Schriftlich festgelegte Träume lassen sich von den verschiedensten Gesichtspunkten aus untersuchen, die allerdings im Rahmen des vorliegenden Buches nicht diskutiert werden können. Im 9. Kapitel werde ich auf eine ungewöhnliche, meines Erachtens besonders wertvolle Betrachtungsweise zu sprechen kommen. Vorerst möchte ich aber kurz eine von mir ausgedachte Methode erwähnen, die sich als sehr hilfreich erwiesen hat. Ich schreibe nämlich die endgültige Fassung der Träume stets so auf, daß neben der eigentlichen Darstellung des Traumes ein Rand auf der rechten Blattseite freibleibt. Hier kann ich Assoziationen und Bemerkungen zu den einzelnen Traumbildern hineinschreiben. Bei dieser Art der Traum-Verarbeitung nehme ich nun eine Übersetzung vor, indem die Symbole, die in der Traumhandlung erscheinen, durch meine Assoziationen ersetzt werden. Mein Traum liest sich in der ursprünglichen Fassung zum Beispiel so: „Ich bin mit meinem Mann draußen am Fuß einiger kleiner Berge, als eine attraktive Frau erscheint, deren Haar in einer langen braunen Flechte über ihren Rücken fällt. Ich erkenne, daß sie blind ist. Sie ist gekommen, um meinen Mann um Rat zu fragen. Ich lasse deshalb die beiden allein." Wenn wir für einen Augenblick annehmen, daß alle Teile des Traumes Aspekte von mir sind, dann würde meine „Übersetzung" unter Einbeziehung der Assoziationen wie folgt lauten: „Der weise Teil von mir ist nahe einer rauhen Gegend (Schwierigkeiten), während meine altmodisch eingestellte Seite etwas nicht erkennen kann und deshalb Hilfe benötigt." Ein weiteres Beispiel: „Zusammen mit meiner Tochter bin ich im Wohnzimmer. Ich möchte, daß sie mir hilft, ein kleines Feuer zu löschen, das eben ausgebrochen ist. Ich schreie sie an, sie solle Wasser holen. Sie ist unglaublich widerspenstig und ärgerlich." Wiederum könnte die „Übersetzung" bei Verwendung meiner Assoziationen folgendermaßen lauten: „Ich habe ein kleines Problem, das gelöst werden müßte, aber der kindische Teil weigert sich mir zu helfen. Ich ärgere mich über mich selbst." Auf diese Weise „übersetze" ich Satz für Satz meiner Traumaufzeichnungen. Hieraus ergeben sich erstaunliche Einsichten. Dabei ist es wichtig, Assoziationen des augenblicklichen Gefühlzustandes einzubeziehen. Meine Tochter kann nämlich vieles bedeuten: Infantilität, Verletzlichkeit, Treulosigkeit, Begabung oder hervorbrechendes Durchsetzungsvermögen, je nach der momentanen Beziehung, die ich zu ihr habe, oder ihrer derzeitigen Verfassung. Selbstverständlich kann sie auch einfach als meine Tochter gemeint sein. In einem Traum hielt ich sie am Rande eines Vorsprunges fest, denn sie war nahe daran, hinunterzufallen. Ich schrie sie an, sie solle endlich auch selbst etwas tun, denn ohne ihre Unterstützung vermochte ich ihr Gewicht nicht mehr lange zu halten. In diesem Fall stellte das Traumbild meine Tochter — und weniger einen Teil von mir — so dar, wie ich *sie* sah und wies auf die Notwendigkeit hin, daß sie in einer ganz bestimmten Situation selbst etwas unternehmen müsse. Es ist jedoch immer lehrreich, es zuerst mit einer „Übersetzung" zu versuchen, so als wären alle Traumbilder Teile von einem selbst.

Träume sind wahrscheinlich der allerpersönlichste Ausdruck Ihres Lebens. Kein anderer kann Ihnen sagen, was Ihre Träume bedeuten — außer Sie selber. Ein Psychotherapeut, der ein gewisses Einfühlungsvermögen besitzt und Sie gut kennt, vermag vielleicht einige gute Vermutungen zu äußern. Aber nur Sie allein können die dazu gehörigen Assoziationen liefern. *Versuchen Sie ein paar Ihrer Träume mit Ihren augenblicklichen Assoziationen zu den darin enthaltenen Symbolen zu deuten. Sie können dabei viel über sich lernen.*

Manche Menschen erinnern sich leicht und oft an ihre Träume (hohes Traumerinnerungsvermögen), während andere sich nur selten und mühsam erinnern (geringes Traumerinnerungsvermögen). Man hat versucht, den Grund dafür herauszufinden. Gibt es etwa ganz bestimmte Unterschiede zwischen den beiden Gruppen? Schlüssige Resultate liegen bis jetzt noch nicht vor, doch sind sich Forscher im allgemeinen darüber einig, daß Leute mit einem geringen Traumerinnerungsvermögen wichtige seelische Erfahrungen eher verdrängen (von ihrem Bewußtsein ausschließen) oder verleugnen.[10] Sie scheinen angepaßt, selbstbeherrscht und defensiv eingestellt zu sein. Sie geben sich wahrscheinlich selbstsicherer aber weniger selbstbewußt als Leute mit gewöhnlich gutem Traumerinnerungsvermögen. Umgekehrt haben diejenigen, die sich gut an ihre Träume erinnern ein besseres Verständnis ihrer eigenen Person. Eher zögernd wird dagegen die Auffassung vertreten, daß Leute mit hohem Traumerinnerungsvermögen auch außerhalb ihres Traumlebens über ein größeres visuelles Vorstellungsvermögen verfügen und es öfter und wirksamer einsetzen, was wiederum die Träume leichter erinnerbar macht.[11] Auch weitere Unterschiede wurden festgestellt.[12]

Bei meinen Gesprächen mit Träumern rund um die Welt habe ich einen Unterschied zwischen den beiden Gruppen bemerkt: Frauen scheinen sich eher und vollständiger an ihre Träume zu erinnern als Männer. Das ist aber nur ein allgemeiner Eindruck, den ich gewonnen habe. Allerdings gibt es eine Studie, die meine Beobachtung stützt. Von einer großen Anzahl Schulkinder wurden die Traumberichte untersucht, wobei es sich zeigte, daß die Träume der Schülerinnen eindeutig länger und inhaltsreicher waren.[13] Dieser Befund ist möglicherweise eine Abwandlung der allgemeinen Feststellung, daß Frauen bei sprachlichen Tests den Männern überlegen sind. Wenn die Frauen also tatsächlich ein besseres Traumerinnerungsvermögen besitzen, ist das möglicherweise eine Folge der Einstellung, die ihnen unsere Kultur anerzieht. Frauen dürfen sich an ihre Träume erinnern, während Männer sich ganz auf die Praxis und die Arbeit auszurichten haben. Ein Mann, der am Morgen aufstehen und zur Arbeit gehen muß, beginnt oft bereits im Bett, seine Vorhaben zu planen. Noch bevor er überhaupt die Augen öffnet, denkt er schon an jene Dinge, die von ihm ein selbstbewußtes Auftreten, Sachverständnis und Entscheidungsvermögen verlangen. Und da eine Störung unmittelbar nach einer REM-Phase den betreffenden Traum vergessen läßt,[14] wird der Mann, der sich vom Augenblick des Erwachens an mit rationalem Denken beschäftigt ist, sehr wahrscheinlich die Erinnerung an den Traum abreißen lassen. Eine Frau dagegen, die weniger unter Druck steht und weniger unmittelbaren Ablenkungen unterliegt, hat vielleicht einfach deshalb ein besseres Erinnerungsvermögen, weil sie mehr Muße hat, über die nächtlichen Träume nachzudenken. Die Rollen von Mann und Frau wurden anerzogen; sie befinden sich heute in einem Prozeß der Wandlung. Vielleicht spielt der Lebensstil für das Traumerinnerungsvermögen eine weit wichtigere Rolle als die Geschlechtszugehörigkeit *als solche*.[15] *Träume sind leichter und öfter zu erinnern, wenn sie als wesentlich betrachtet werden und Sie sich dafür Zeit nehmen.*

Es ist gleichgültig wie groß augenblicklich Ihre Fähigkeit ist, sich an Ihre Träume zu erinnern, Sie können auf jeden Fall lernen, sowohl den Umfang als auch die Qualität Ihres Erinnerungsvermögens zu steigern. Ganz normale Träumer sind imstande, außergewöhnlich viel zu erinnern. In einer Studie wurde festgestellt, daß sich durch Schulung, die Fähigkeit nach einer REM-Phase von selbst aufzuwachen, mit einer bemerkenswerten Genauigkeit entwickeln läßt.[16] Für eine andere Studie lernten einige Studenten, ihre Traumerinnerungsfähigkeit wesentlich zu verbessern, indem sie zwei Wochen lang regelmäßig ihre Träume aufschrieben und einmal wöchentlich in Gruppen während drei Stunden über die Träume diskutierten.[17] Als man ihnen für eine Nacht die besondere Aufgabe stellte, ihre Träume zur kreativen Lösung eines Problems zu nutzen, erinnerten sie sich *viermal* mehr an sie als nach anderen Nächten. Die größte Steigerung ihres Traumerinnerungsvermögens verzeichneten diejenigen Träumer, die sich sonst kaum an ihre Träume erinnern konnten. Jene Träumer, die sich immer gut zu erinnern vermochten, zeigten mehr qualitative Veränderungen in ihrem Traumleben, als sie ihre Anstrengungen verstärkten, die Träume im Gedächtnis zu behalten und aufzuschreiben. Ihre Träume wiesen mehr Einzelheiten auf, wurden farbiger und sie erinnerten sich auch an andere Empfindungen und Gefühle viel besser. Viele, die sich an dieser Studie beteiligt hatten, fühlten, daß sie mit der Anerkennung ihrer Träume sich selbst besser akzeptierten. Diese Beobachtung zeigt gewisse Ähnlichkeiten mit dem Übertragungseffekt, der bei meinen Studenten festzustellen war. Als sie erfolgreich das

Senoi-Konzept anwandten, sich der Gefahr in den Träumen stellten und sie bezwingen konnten, waren sie auch im Alltag eher fähig, sich den Problemen zu stellen. Wir haben auch schon gesehen, daß jene Gesellschaften, die den Träumen eine wichtige Rolle zubilligen, Träumer mit einem lebhaften und starken Erinnerungsvermögen hervorbringen, deren Träume für den Alltag relevant sind.[18] *In dem Maße, wie Sie sich darin üben, die Träume anzunehmen, zu erinnern und aufzuschreiben, wird auch Ihr Erinnerungsvermögen besser. Ihre Träume werden lebhafter, reichhaltiger und für das wache Leben wichtiger.*

Ich glaube, daß Menschen, die sich schlecht an ihre Träume erinnern, Nutzen daraus ziehen können, wenn sie ihr Traumerinnerungsvermögen steigern. Mit Hilfe der oben erwähnten Methoden können sie lernen, sich ihrer Träume zu erinnern und sie aufzuzeichnen. *Wenn Sie sich schwer an Ihre Träume erinnern, können Sie lernen, Ihr Traumerinnerungsvermögen zu steigern und gelangen dadurch zu einem größeren Selbstverständnis.*

Menschen, die sich leicht an ihre Träume erinnern, können die Farbigkeit, die Lebendigkeit und die Details in ihren Träumen erhöhen. Bei Anwendung, der in diesem Buch beschriebenen kreativen Traumtechniken können sie ihre Angst verringern und im wachen Leben selbstsicherer werden. *Wenn Sie Ihre Träume schon sehr gut in Erinnerung behalten, können Sie noch mehr aus ihnen lernen und gleichzeitig Ihre Fähigkeiten und Ihr Selbstvertrauen steigern.*

Die Erinnerung an Ihre Träume und ihre Aufzeichnung gibt Ihnen ein dauerhaftes Dokument von unschätzbarem Wert, aus dem Sie sowohl Ihr Wissen im allgemeinen bereichern als auch tiefgründig mehr und mehr über sich selbst lernen können. Sie lernen aber nicht nur etwas *über* sich, sondern auch *von* sich selbst.

Wie wir ein Traum-Tagebuch führen können.

Zusammenfassung

1. Sie sind imstande, ein fast lückenloses Traumerinnerungsvermögen zu entwickeln. Akzeptieren und beachten Sie jeden Traum, mag er auch noch so dumm oder bruchstückhaft erscheinen. Eine vollständige Aufzeichnung Ihrer Träume kann Ihnen beachtliche Einsichten vermitteln.
2. Nehmen Sie sich vor dem Zubettgehen vor, jeden Traum zu erinnern. Legen Sie in Reichweite einen Schreibblock und einen Kugelschreiber bereit.
3. Eine unbelastete Zeit am Morgen, wenn Sie auf natürliche Weise (nach einer REM-Phase) aufwachen können, eignet sich zum Anfangen am besten. Wenn Sie Schwierigkeiten haben, sich an Ihre Träume zu erinnern, achten Sie besonders darauf, einen Zeitpunkt einzuplanen, wo Sie wirklich keine Eile haben und von selbst aufwachen können.
4. Nach dem Aufwachen aus einem Traum bleiben Sie still liegen. Lassen Sie die Traumbilder in Ihr Gedächtnis einströmen. Wenn Sie sich an nichts mehr erinnern, so stellen Sie sich die für Sie wichtigsten Menschen bildlich vor, weil diese Assoziationen zum vorangegangenen Traum auslösen könnten.
5. Verändern Sie *vorsichtig* Ihre Körperlage, wenn Ihnen nichts mehr zu einem Traum einfällt, und prüfen Sie, ob sich noch zusätzliche Traumerinnerungen einstellen.
6. Schreiben Sie Ihre Träume auf, sobald Sie sich daran erinnern — sofort nach dem Aufwachen, im Verlaufe des Tages oder mehrere Tage später.
7. Am umfassendsten und detailreichsten ist die Traumerinnerung unmittelbar nach der REM-Phase. Sie können lernen, nach jeder REM-Phase während der Nacht von selbst aufzuwachen und anschließend Aufzeichnungen zu machen ohne Ihren Schlaf zu stören. Beginnen Sie die Träume regelmäßig am Morgen mit geschlossenen Augen aufzuschreiben und Sie werden mit der Zeit ganz von

allein auch nach früheren REM-Phasen aufwachen. Auf diese Weise erhalten Sie die vollständigsten und genauesten Erinnerungen an Ihren Traum.

8. Sie können es auch mit einer künstlichen Weckmethode versuchen: ein Freund, der an Ihrem Bett wacht und sie etwa alle 90 Minuten weckt (dann sind Sie wahrscheinlich gerade in einer REM-Phase) oder direkt auf schnelle Augenbewegungen achtet; oder Sie benutzen einen Wecker. Gegen Morgen sind die REM-Phasen länger. Deshalb haben Sie eine bessere Chance, einen Traum zu behalten.

9. Machen Sie die ersten Traumaufzeichnungen immer mit geschlossenen Augen, denn durch das Öffnen verlieren Sie die Erinnerung. Welche Methode Sie für die endgültige Traumaufzeichnung gewählt haben, spielt dabei keine Rolle.

10. Der Traumzustand wird sich umso kooperativer erweisen, je mehr Sie Ihre Träume beachten und Traumfreundschaften schließen.

11. Schreiben Sie Ihre Träume in der Reihenfolge auf, wie Sie sie erinnern. Eine Ausnahme machen Sie nur bei sprachlichen Ausdrücken (Gedichte, Namen, ungewöhnliche Redewendungen), um sie nicht zu vergessen. Notieren Sie die bei den Traumaufzeichnungen auftretenden außergewöhnlichen Ereignisse (wieder einschlafen, Unterbrechungen). Auch hypnagogische Erfahrungen können Sie beschreiben. Versuchen Sie außerdem schwer faßbare Einzelheiten zu formulieren, z. B. eine gleichzeitige Überlagerung von Träumen.

12. Beim Erzählen eines Traumes erinnern Sie sich vieler zusätzlicher Einzelheiten, also nutzen Sie die Gelegenheit, Freunde an Ihren Träumen teilhaben zu lassen. Schreiben Sie aber dennoch immer Ihre Träume in endgültiger Form auf (auch wenn Sie nachts auf Tonband gesprochen haben) und ordnen Sie alle Träume chronologisch ein.

13. Wählen Sie bestimmte Titel für die einzelnen Traumgeschichten. Sie helfen Ihnen, sich leichter an Ihre Träume zu erinnern und machen Sie auf besonders beachtenswerte Eigenheiten aufmerksam.

14. Vielleicht versuchen Sie eine „Übersetzung" Ihrer Träume mit der Methode, die ich beschrieben habe, denn auf diese Weise lernen Sie viel über sich selbst.
15. Es spielt keine Rolle, wie gut oder wie schlecht Sie sich jetzt gerade an Ihre Träume erinnern. Sie können sowohl den Umfang als auch die Qualität Ihres Traumerinnerungsvermögens steigern. Wenn Sie Ihren Träumen einen wichtigen Stellenwert in Ihrem Leben beimessen und sich Zeit für sie nehmen, erinnern Sie sich leichter und öfter an sie. Die Träume werden wertvoller und ermöglichen in aufgeschriebener Form eine vertiefte Selbsterkenntnis und stärken das Selbstvertrauen in die eigenen Fähigkeiten.

Neuntes Kapitel

Wir wir die Traumkontrolle entwickeln können

In Ihnen schlummert eine Quelle großer Weisheit, zu der Sie gelangen, wenn Sie sich kreativ mit Ihren Träumen auseinandersetzen. Ich habe verschiedene Arten der Traumkontrolle beschrieben, von denen wir lernen können, und die sich auf unser eigenes Traumleben anwenden lassen. Träumer der Antike, kreative Träumer, träumende amerikanische Indianer, Senoi-Träumer, ein träumender Yakui-Indianer, luzide Träumer und wachbewußt träumende Yogis — sie alle lehren uns, wie wir mit den Träumen umzugehen haben. Es ist jedoch wichtig zu erkennen, daß Sie am meisten von Ihren eigenen Träumen lernen können. Wenn Sie Ihr eigenes Traumtagebuch eine Zeitlang geführt haben und es sorgfältig durcharbeiten, werden Sie vieles über sich selbst erfahren, was Sie weder aus Büchern, noch von einem Psychotherapeuten oder auf irgendeine andere Weise lernen können.

Was sollen wir von den Menschen halten, die während vieler Jahre sorgfältig ihre Träume aufgezeichnet haben? Wer sind sie? Was haben Sie entdeckt? Viele Traumforscher besitzen Traumaufzeichnungen anderer Leute, von ihren Patienten oder ihren Versuchspersonen, behalten aber ihre eigenen Träume meistens für sich.[1] Es gibt nur sehr wenige, die ihre eigenen Träume regelmäßig aufgezeichnet und uns die Unterlagen zugänglich gemacht haben. Diese sehr persönlichen Dokumente wurden oft verschlüsselt, wieder zurückgezogen oder gar zerstört.[2]

Von Sigmund Freud, dem Vater der Psychoanalyse, wurde zum Beispiel behauptet, er habe ein ausführliches Traumtagebuch geführt, „aber es wurde anscheinend im April 1885 zerstört, als Freud achtundzwanzig Jahre alt war, zusammen mit Tagebüchern, die er vierzehn Jahre lang geführt hatte".[3] Seine Begründung: „Das Zeug hüllte mich ein wie der Sand die

Sphinx." Für die in seinem Buch „Die Traumdeutung" dargelegte Theorie verwendete Freud 47 seiner eigenen Träume, auf die er sich stark bezog. Abgesehen von diesen 47 Träumen und anderen gelegentlichen Hinweisen wissen wir nur wenig über seine Traumaufzeichnungen und die Art, wie er sie durchführte. Vielleicht wären wir heute besser dran, wenn er uns sein Traumtagebuch hinterlassen hätte.

C. G. Jung dagegen harrte länger aus und beachtete seine Träume mehr. Einige seiner Originalaufzeichnungen sind noch erhalten. Nach seinem Bruch mit Freud war Jung innerlich verunsichert und das veranlaßte ihn, sich zurückzuziehen.[4] Seine Phantasien nahmen ihn ganz in Anspruch, und er versuchte, sie zu verstehen. Zuerst schrieb er sie (die Tagesphantasien und die Träume) in sein „Schwarzes Buch", das schließlich sechs schmale, ledergebundene kleine Bände umfaßte. Später übertrug er sie in das „Rote Buch", einen in rotes Leder gebundenen Folioband. Dieser enthielt die gleichen Phantasien in ausgearbeiteter Form und Sprache und in kaligraphischer gotischer Schrift, nach Art mittelalterlicher Handschriften. Als er begonnen hatte, seine Phantasien aufzuschreiben und mit ihnen zu arbeiten, war er von deren Übermacht so beeindruckt, daß er seine Vorlesungen an der Universität aufgeben mußte. Er fühlte, daß er über sich selbst noch viel zu wenig wußte. Er gab daher seine akademische Laufbahn auf und widmete sich während etwa vier Jahren dem Versuch, sein Phantasie-Leben zu verstehen. Wie Freud fühlte er sich überwältigt. Der wissenschaftliche Standpunkt war sein Mittel, um sich aus dem Chaos herauszuwinden, sonst hätten ihm die Phantasien „angehaftet wie Kletten oder Sumpfpflanzen". Er sagt auch, seine Familie und sein Beruf hätten ihm einen starken Halt in der Welt der Realität gegeben. Jung legte besonderen Wert darauf, täglich Zeichnungen eines Mandala[5] zu machen, denn er fühlte, daß es Kryptogramme des momentanen Zustandes seines Selbst waren. Aus einer Reihe solcher Mandalas konnte er seine psychischen Veränderungen von Tag zu Tag ablesen. Das Material, das in dieser Zeit seines intensiven Selbststudiums aus ihm auftauchte, bildete die Grundlage seines Lebenswerkes:

> *"Heute kann ich sagen: ich habe mich nie von meinen anfänglichen Erlebnissen entfernt. Alle meine Arbeiten, alles, was ich geistig geschaffen habe, kommt aus den Initialimaginationen und -träumen. 1912 fing ich es an, das sind jetzt fast fünfzig Jahre her. Alles, was ich in meinem späteren Leben getan habe, ist in ihnen bereits enthalten, wenn auch erst in Form von Emotionen oder Bildern".* [6]

Jung fühlte, daß die Jahre, in denen er sich ständig mit seinen inneren Bildern beschäftigte, die wichtigsten seines ganzen Lebens waren. Obgleich er sich zunächst von seinen Phantasien fast überschwemmt fühlte, bildeten sie die Grundlage, die ihn sein ganzes Leben lang beschäftigte, und aus der er von sich selbst lernen konnte. Und dieses Werk beeinflußte wiederum das Leben vieler anderer.

Sie werden wahrscheinlich nicht in der Lage sein, mehrere Jahre ihres Lebens der intensiven Erforschung Ihres Traumgeschehens zu widmen. Werfen Sie aber auch nicht wie Freud das möglicherweise Wertvollste weg, das Sie besitzen, weil Sie sich überwältigt fühlen. Weder das eine noch das andere Extrem ist erforderlich. Sie können schon sehr viel aus Ihren Träumen lernen, wenn Sie über einen längeren Zeitraum bescheidenere Aufzeichnungen machen. Zwischendurch haben Sie unter Umständen auch einmal Lust, über eine kürzere Zeitspanne die Registrierung zu intensivieren.

Der amerikanische Psychologe Julius Nelson[7] führte drei Jahre lang (von 1884 bis 1887) sorgfältig Buch über seine Träume und zeichnete im Jahr über 1'000 Träume auf, was darauf schließen läßt, daß seine Erinnerung nach den REM-Phasen ziemlich vollständig war. Nelson bemerkte eine erstaunliche Schwankung des *Umfanges* seiner Traumerinnerungen: Das regelmäßige Auf und Ab hing mit dem Mondzyklus zusammen. Nelson vermutete, daß dies auch bei den Frauen der Fall sei, zumal deren Menstruationszyklus dem Mondmonat entspricht.

Diese Idee machte mich neugierig, und ich begann meine Traumaufzeichnungen unter diesem Gesichtspunkt zu untersuchen. Ich verglich den Umfang meiner Traumerinnerungen mit meinem Menstruationszyklus (über den ich aus verschiedenen Gründen unabhängig von den Träumen Aufzeichnungen mache).[8] Tatsächlich trat ein grundlegendes Muster der Traumerinnerungen zutage: Während der Monatsblutung ist die Erinnerung an die Träume geringer (die ersten fünf Tage des Menstruationszyklus, wobei der erste Tag der Blutung als Tag 1 bezeichnet wird). Dann gibt es einen Höhepunkt etwa in der Mitte des Zyklus (6.–19. Tag), und ein weiterer Zeitraum mit geringerem Erinnerungsvermögen kurz vor Beginn der nächsten Regelblutung (für mich der 20. – 27. Tag). *Kurz vor und während der Monatsblutung habe ich die meisten Träume nicht erinnern können.* Auch andere Faktoren wie Krankheit und Ermüdung zeigen Auswirkungen, aber geringere als die einzelnen Stadien des Menstruationszyklus. Später fand ich, daß ein Biologe[9] ähnliche Untersuchungen in einem Schlaflabor durchgeführt hatte. Er maß die Zeitdauer der REM-Phasen und nicht den Umfang des Traumerinnerungsvermögens und erhielt ähnliche, aber keinesfalls identische Resultate. Der Wert dieses Untersuchungsergebnisses — wenigstens für Frauen — liegt in der Erkenntnis, daß es ganz normal ist, wenn die Traumerinnerung vor und während einer Monatsblutung abnimmt. Sie wird sich anschließend wieder normalisieren und in der Mitte des Zyklus ihren Höhepunkt erreichen. Eine Frau, die sich von Träumen „überflutet" fühlt, kann sicher sein, daß ihre Traumerinnerungen nicht mehr weiter ansteigen werden, sondern bald für eine gewisse Zeit wieder abebben. Ob die Männer im allgemeinen einen rhytmischen Wechsel der Traumerinnerung wie Nelson erleben ist zur Zeit noch nicht bekannt. Wir wissen auch nicht, ob die REM-Phasen der Männer ähnliche monatliche Schwankungen aufweisen, wie die der Frauen. Ferner ist noch unbekannt, was die Ursache für die monatlichen Schwankungen in bezug auf die Träume und Traumerinnerungsvermögen bei Frauen ist. Wir haben noch viel zu lernen. Immerhin haben uns die langfristig und sorgfältig durchgeführten Traumaufzeichnungen einzelner Träumer viel gezeigt, das für alle Träumer gilt, und Wege zu neuen Erkenntnissen gewiesen. Wer weiß, was Sie alles entdecken werden, wenn Sie Ihre Träume studieren ?!

Wenn Sie über eine ganze Reihe von Träumen verfügen, sind

Sie besser imstande, sie zu prüfen und etwas aus ihnen zu lernen, als bei einzelnen Träumen. C. G. Jung beobachtete, daß bei der Untersuchung ganzer Traumserien bestimmte Themen immer wieder auftreten. Durch solche Wiederholungen werden persönliche Dinge hervorgehoben und auffallende Unterlassungen offenbar. Für Calvin Halls umfangreiche Untersuchungen über geoffenbarte Trauminhalte waren ganze Traumsammlungen von z. B. 100 Träumen einer einzelnen Person sehr nützlich, weil er daraus ein genaues und umfassendes Bild des betreffenden Träumers erstellen konnte. Sobald Ihr Traumtagebuch umfangreicher geworden ist, werden Sie auch mehr und manchmal Verblüffendes über sich selbst in Erfahrung bringen.

Sie können Erstaunliches über sich selbst erfahren, wenn Sie die ungewöhnlichen Bilder in Ihren Träumen beobachten, in denen oft seltsame Geschöpfe und Dinge auftreten: ein langes pelziges weißes Vogelwesen mit Hunderten von Beinen, die über den Schnee gleiten und tanzen (der wundersame Schneevogel); ein Wesen so rund wie ein Ball, voller Federn und mit dunkeln Augen, das auf einer Steinmauer hockt (der Puffball); eine kleine grüne Frau mit einer Seerose auf ihrem Gesäß, die in einem Teich schwimmt und taucht (die Seerosendame); ein Gegenstand halb so groß wie eine Apfelsine und von derselben Farbe, die mit Zuckerwerkstückchen bedeckt ist und sich in ein Schmuckkästchen verwandelt ...

Jedes dieser besonderen, ganz persönlichen Bilder gibt uns die Gelegenheit, mehr über uns zu erfahren. Treten ähnliche Bilder in einer Reihe von Träumen auf, dann wird der Träumer darauf aufmerksam gemacht, daß er unbedingt auf sie achten soll. Nach Ernest Rossi, einem amerikanischen Traumforscher, stellt jedes Traumbild, das einmalig, wunderlich, fremdartig oder stark idiosynkratisch ist, einen neu in Erscheinung tretenden Teil des Träumers dar, aus dem sich ein neues Selbstverständnis entwickeln kann.[10] Einzigartige Traumbilder tragen zur Entwicklung Ihrer Persönlichkeit bei. Wer über ein ungewöhnliches Traumbild nachdenkt, kommt nach Rossi zu neuen Erkenntnissen, die integriert werden können und eine neue Identität formen. Damit wird man fähig, sich im wachen Leben auf eine andere Weise als zuvor zu verhalten. Und diese Verhaltensänderung führt wieder zu neuartigen Erlebnissen und Gefühlen, die ihrerseits auf die Ausbildung der Träume zurückwirken. Auf diese Weise wird die nächste Windung der Wachstumsspirale erreicht.

Dieser Vorgang der Integration neuer Erkenntnisse, die man aus Traumbildern gewonnen hat, wird Psychosynthese genannt. Die Betonung liegt dabei nicht auf der Analyse einzelner, aus dem gesamten Traumgeschehen herausgegriffener Teile wie in der Psychoanalyse, sondern eher auf der Einbeziehung der Traumbilder in das augenblickliche Selbstverständnis, so daß sich durch den Einbezug eine neue Form entwickeln kann. Ich benutzte die Psychosynthese zum Beispiel bei folgendem überraschenden Traum:

Ich bin mit einer Gruppe von Fachleuten an einer Konferenz. Zuerst sitze ich auf dem Boden oder auf einer Bank so nahe bei meinem Mann, daß ich ihn berühre. Mein Mann hat mit seinem Bruder einen Gedankenaustausch, während ich in einen Spiegel schaue und sehe, daß mein Haar lang und wellig ist, und ich einen langen Rock trage. Ich probiere verschiedene Frisuren aus. Ich halte mein Haar hoch und finde, daß es mir gut steht. Ich lasse einen Teil an jeder Wange herunterhängen und finde es so noch besser. Ich muß es noch auf eine andere Art versuchen. Es überrascht mich, daß ich an Veränderungen wie diesen tatsächlich meine helle Freude habe. Ich werde mein Haar sogar noch länger wachsen lassen.

An der Konferenz wird über verschiedene Aspekte des Träumens gesprochen. Mehrere Leute haben über die Symbolik des Wortes „leaving" (verlassen) gesprochen, das sich auch auf „leaves" (Blätter) bezieht, die vom Baum abfallen. Nun sitzen mein Mann und ich auf Stühlen in der vordersten Reihe. Alle haben begonnen zu essen. Ich stehe auf und sage: „Wir haben über ‚leaving' gesprochen und jetzt möchte ich über ‚branching' (Verzweigung, Verästelung) reden. Ich hatte einige Träume, die vom Wachsen handelten. Zum Beispiel wuchsen aus dem Kopf einer Frau Äste, die wie Geweihe aussahen. Es waren sehr viele

und es sprossen immer mehr und verzweigten sich ständig, bis es dicht und undurchdringlich wurde." Ich beschreibe das Bild noch genauer, steigere mich regelrecht hinein, werde ganz aufgeregt und ende mit einer schwülstigen Redewendung. Alles bleibt für einen Moment still. Mein Mann beugt sich zu mir hinüber, küßt mich auf die Wange und sagt: „Das hast du wirklich gut gemacht." Der Konferenzleiter, an den ich mich zur Hauptsache gewandt hatte, steht auf und holt sich noch mehr zum Essen. Niemand antwortet auf meine Ausführungen. Ich fühle mich frustriert und doch gleichzeitig heiter, weil ich mich geäußert habe. Als Gebäck aufgetischt wird, ist mein Lieblingskuchen nicht darunter, doch ein blondes Mädchen und ich essen, so viel wie wir wollen, von einer auseinandergebrochenen Ananastorte.
("Die sich verzweigende Frau" — 9.3.73)

Dieser Traum drückt zum Teil meine Frustration aus, die ich kurz vor der Billigung meines ersten wissenschaftlichen Vortrages über Träume empfand: Niemand außer meinem Mann hörte zu und spendete Beifall. Wenden wir uns dem eigenartigsten Traumbild zu, ohne die anderen Symbole näher zu betrachten, der Frau, die sich verzweigte. Was stellte sie dar? Ich konnte mich nicht erinnern, jemals zuvor einen solchen Traum gehabt zu haben. Oder täuschte mich da etwa mein Erinnerungsvermögen? Ich holte meine umfangreichen Aufzeichnungen hervor und blätterte sie zurück, auf der Suche nach anderen sich verzweigenden Frauen. Die Skizzen von ungewöhnlichen Traumbildern, die ich am linken Rand zu machen pflege, waren mir dabei eine Hilfe.

Zwei Jahre zurück fand ich einen fremdartigen ähnlichen Traum.[11] Am 1. Mai 1971 träumte ich von der Entdeckung einer großen Kraft in mir: Ich merkte, daß ich die Ranken einer eigenartigen, blaublühenden Pflanze, vor der ich mich leicht ängstigte, allein durch meinen inneren Wunsch zwingen konnte, sich zu mir hinzuwenden. Dann brauchte ich nur „Auf!" oder „Ab!" zu sagen, und die Ranken gehorchten. Dasselbe ließ sich auch mit meinen Haaren machen, was ein ähnliches Bild wie die verzweigte Dame ergab, und dann sogar mit meinem ganzen Körper, der in der Luft auf und ab schwebte. Ich führte das alles meinem Mann vor, der sehr beeindruckt war. Diese Entdeckung war für mich äußerst aufregend: es war mir möglich, mittels eines bestimmten Geisteszustandes solche Veränderungen zu bewirken, aber gleichzeitig fürchtete ich mich irgendwie davor, daß diese Kraft außer Kontrolle geraten könnte.

Obwohl diese beiden Traumbilder nicht gleich waren, führte ihre Ähnlichkeit zu der Erkenntnis, daß Haare in meinen Träumen auch Wachstum symbolisieren. Also überlegte ich mir, daß ich im Traum in der Frau, die sich verzweigte, mich selbst im Spiegel gesehen hatte (Selbst-Reflexion), wie ich mir das Haar hochstellte, dadurch meine Freiheit fand und beschloß, es wachsen zu lassen. Dieses Mal akzeptierte ich das Wachsen, ohne mich davor zu fürchten. Ich entdeckte dann noch weitere Träume, in denen geweihartige Verästelungen vorkamen. In einem fand ich ein nebensächliches Detail einer Geschichte, in der die weibliche Hauptfigur zwei kleine verästelte Geweihe trug. In einem anderen Traum hatte ein Mädchen eine Kappe auf, aus der viele grün belaubte Zweige sprossen. Auch das war nur ein nebensächlicher Aspekt eines Traumes, bei dem eine andere Handlung im Mittelpunkt stand. Im Traum von der sich verzweigenden Frau, erhielt das Bild zentrale Bedeutung, und konnte nicht länger übersehen werden. Indem ich darüber nachdachte und seine Entstehung während der letzten beiden Jahre verfolgte, wurde ich mir meiner kreativen Entwicklung, meines „Austreibens neuer Zweige" bewußt. Das verhalf mir zu einem neuen Verständnis meiner Persönlichkeit und machte es mir leichter, mich offen auf kreative Weise zu verhalten. Ich formte im Wachzustand das Traumbild der „Astfrau" aus Ton – ein Werk, das mich zutiefst befriedigte. Auch Sie tragen solche Bilder, die Wachstum ausdrücken in Ihrem Inneren. *Achten Sie auf ungewöhnliche Traumbilder, denken Sie darüber nach. Verfolgen Sie deren Veränderungen in Ihren gesamten Traumaufzeichnungen, und geben Sie ihnen Gestalt im wachen Leben. Machen Sie Ihre Traumbilder zu einem Teil Ihrer bewußten Persönlichkeit: So gestalten Sie aus Ihrem Traumzu-*

stand ein neues, besseres Selbst und lernen zugleich von sich selbst.

Auf welche Art Sie mit Ihren einzigartigen Traumbildern in Beziehung treten, bestimmt Ihre zukünftige seelisch-geistige Entwicklung:

> *Wenn wir die neuen Bilder nicht beachten, verpassen wir eine Entwicklungsmöglichkeit; verwerfen wir sie absichtlich, dann nehmen sie bösartige und beängstigende Formen an, die uns möglicherweise bis zu einem Grad verwirren, wo wir geisteskrank werden; beziehen wir sie aber in ein fantasievolles Drama und in einen Dialog mit ein, so werden sie uns zu neuen Erkenntnissen führen und damit zu einer neuen Persönlichkeit und zu neuen Verhaltensweisen.*[12]

In einem Traum muß der Träumer eine aktive Rolle spielen, wenn er die neu auftauchenden Elemente integrieren will.[13] Wer sich aktiv mit seinen Traumbildern befaßt, beeinflußt damit auch sein Verhalten im wachen Leben. Dafür ist das Senoi-Konzept besonders hilfreich. Träume, in denen Sie von Ihren Traumbildern gejagt, mißbraucht, nicht beachtet oder frustriert werden, verursachen einen „Traumkater", der Ihre täglichen Arbeiten überschattet. Träume dagegen, in denen Sie sich erfolgreich zur Wehr setzen, wundervolle Erfahrungen machen oder kreative Dinge entdecken, überschütten Sie mit einem „Goldstaub", der Sie zuversichtlich, glücklich und tatenfroh in den neuen Tag hinein begleitet.

Ich habe verschiedene Wege aufgezeigt, wie Sie den Inhalt Ihrer Träume bewußt beeinflussen können. Nun will ich sie unter folgenden Gesichtspunkten zusammenfassen! Was haben die Systeme der Traumkontrolle gemeinsam? Welche allgemeinen Regeln lassen sich aus ihnen ableiten? Wir können ein allgemeines System für kreatives Träumen aufstellen, indem wir unser Verhalten vor, während und nach dem Träumen beeinflussen.

In jedem System, das wir kennengelernt haben, ist die Einstellung des Träumers von größter Wichtigkeit. Mit dem kreativen Träumen ist es ähnlich wie mit der Liebe — haben Sie es noch niemals erlebt, können Sie es kaum glauben, daß Ihnen selbst so etwas geschehen könnte. Wenn die Liebe aber einmal für Sie Wirklichkeit geworden ist, wird kein Zyniker auf Erden Sie davon überzeugen können, daß es die Liebe nicht gibt. Und genauso ist es mit dem kreativen Träumen. Wenn Sie auch nur ein einziges Mal während eines Traumes sich der Tatsache voll bewußt gewesen sind, daß Sie träumen, dann *wissen* Sie um diese Möglichkeit. Haben Sie einmal in einem Traum ein eigenes Gedicht gehört, ein Gemälde gesehen oder die Lösung eines Ihrer Probleme erfahren, dann *wissen* Sie, daß man so etwas träumen kann. Von diesem Augenblick an werden Sie immer wieder aus Ihrem Traumzustand Inspirationen und Hilfe zu erlangen suchen. Manchmal mögen Sie enttäuscht, ein anderes Mal sogar beunruhigt sein, aber Sie kennen die Möglichkeiten, die im Traumzustand liegen und kümmern sich deshalb liebevoll um diese Beziehung. Jene aber, die „nicht an Träume glauben" oder sie als Unsinn[14] betrachten, erinnern sich entweder überhaupt nicht an ihre Träume oder träumen nur albernes Zeugs zusammen.

Träume sind genau das, was Sie aus ihnen machen. Betrachten Sie Ihre Träume als bedeutungsvoll, dann werden Sie bedeutungsvoll träumen und sich an bedeutungsvolle Träume erinnern. Sind für Sie die Träume kreativ, dann träumen Sie kreativ und erinnern sich auch an kreative Träume. Der Traumzustand antwortet stets auf die Vorstellungen, die Sie von ihm im Wachzustand haben. Die Auffassung, daß der Sinn des Lebens der Sinn ist, den wir ihm geben, trifft vielleicht auch auf die Träume zu: die Bedeutung der Träume entspricht der Bedeutung, die wir ihnen zusprechen.

Der allererste Schritt zum kreativen Träumen besteht darin, die Träume als einen wichtigen und bedeutenden Aspekt des Lebens anzuerkennen. Wenn Sie nicht dieser Auffassung sind, so übernehmen Sie diese einmal nur versuchsweise für eine gewisse Zeit. Sie können auf alle Fälle auf Ihre gewohnte Art weiterträumen, aber mit größter Wahrscheinlichkeit werden Sie gute Ergebnisse erzielen, wenn Sie Ihre Träume für wertvoll halten. Wir haben gesehen, wie wichtig Träume für den

Wachzustand sind, wenn sie im Leben der Gesellschaft eine Rolle spielen. Da unsere Gesellschaft den Menschen nicht für seine Träume belohnt, müssen Sie sich selbst die entsprechende Genugtuung für das im Traum Erreichte geben. Sie werden reichlich belohnt, wenn Sie Ihre Träume guten Freunden erzählen können, Einsichten gewinnen und erleben, wie Sie sich entfalten und wachsen.

Zur Hauptsache wird in diesem Buch dargestellt, daß es für einen Träumer möglich ist, den Inhalt der Träume sowohl ganz allgemein als auch im besonderen zu bestimmen, und sich im Traumzustand bewußt werden, daß man träumt. Das geschah und geschieht immer wieder — in allen Kulturen, einschließlich unserer eigenen. Trauminduktion kann auch durch Hypnose und andere wirksame äußere Suggestionen erreicht werden, aber ich glaube, daß Autosuggestion bei weitem vorzuziehen ist. Der Träumer behält so die Kontrolle, er kann selbst bestimmen, wie schnell er vorwärtsgehen möchte und die Art der Traumauseinandersetzung wählen, die ihm am meisten zusagt. Autosuggestion ist für einen Träumer glaubwürdiger und wirkungsvoller als Suggestion durch andere.[15] *Zusätzlich zur Anerkennung Ihrer Träume ist es wichtig, sich darüber klar zu sein, daß Sie das Traumgeschehen vorsätzlich beeinflussen können.*

Wir tragen eine riesige Bibliothek mit uns herum. Eine Unzahl von Bänden, endlose Sammlungen, die jede Erfahrung enthalten, die wir seit der Empfängnis gemacht haben. Alles wurde auf irgendeine Art, die wir nicht kennen, in unseren Gehirnen gespeichert. Je mehr wir erleben, Interessantes und Schönes, desto umfangreicher werden die Texte, die wir auf unseren Traumwanderungen aus den Regalen nehmen können. Alles ist vorhanden und uns zugänglich, es wartet nur darauf, gelesen, durchschmökert, sorgfältig geprüft und neu zusammengestellt zu werden — in eigene Kreationen und schöpferische Lösungen. Je umfangreicher Ihre Erfahrungen sind, desto größer sind die Chancen, außergewöhnliche Kombinationen zu schaffen. *Machen Sie umfangreiche und vielseitige Erfahrungen und entwickeln Sie Ihre Fähigkeiten auf Gebieten, die Ihnen besonders zusagen. In Ihren Träumen können Sie dann über die Kenntnisse verfügen.*

Sie können das Auftreten kreativer Träume beschleunigen, wenn Sie sich ganz besonders mit dem speziellen Gebiet beschäftigen, von dem Sie träumen wollen. In jedem System wird auf diese Weise vorgegangen. Die Träumer der Antike konzentrierten sich auf die Gottheit, die ihnen erscheinen und sie heilen sollte; Kreative Träumer wie Stevenson unternahmen große Anstrengungen, um eine neue Geschichte zu erfinden, bevor ihnen dann nach zwei bis drei Tagen der Traum das Gewünschte brachte; junge amerikanische Indianer ertrugen auf der Suche nach ihren Traumvisionen tagelang Hunger und Durst, dachten angestrengt über die Schutzgeister nach und warteten geduldig auf deren Erscheinen; die Senoi beschäftigen sich fast ausschließlich mit ihren Träumen; Don Juan forderte von Castaneda, er solle sich intensiv auf die ersehnten Traumbilder konzentrieren; Mary Arnold-Forster richtete ihre ganze Aufmerksamkeit auf Flug-Träume aus, die sie hervorrufen wollte; und die Yogis meditieren über die Trauminhalte, die erscheinen sollen. Mittels meditativer Übungen läßt sich möglicherweise die Traumkontrolle steigern.[16] *Wovon Sie auch immer träumen wollen, versenken Sie sich vollständig darein, konzentrieren Sie sich, bis kurz vor dem Einschlafen darauf.*

Einige der von uns betrachteten Systeme raten dem Träumer, sich an Aktivitäten zu beteiligen, die mit dem gewünschten Traum etwas zu tun haben: Die Träumer des Altertums verehrten ihren Gott und brachten ihm Opfergaben dar, wenn sie von ihm träumen wollten; die kreativen Träumer versenkten sich in die Dichtkunst oder versuchten alte Schriften zu entziffern; Mary Arnold-Forster beobachtete fliegende Vögel; Guareschi zeigte Margherita, wie man einen Fahrradschlauch wechselt – Handlungen, die als Hilfe gedacht waren, um einen bestimmten Traum hervorzurufen. Die Versenkung in etwas, von dem man träumen will, ist eine sehr hilfreiche Methode, aber eine *im Wachzustand ausgeführte Handlung* hat weiter reichende Auswirkungen als das bloße Nachdenken darüber. Viele Untersuchungen haben gezeigt, wie wichtig die persönlich ausgeführten Tätigkeiten für eine anschließende Veränderung der Verhaltensweise ist.[17] Eine Untersuchung hatte zum Ziel, in einer Gruppe von 25 normalen Kindern Alpträume zum Verschwinden zu bringen, die infolge eines traumatischen Erlebnisses unter Schreckensträumen litten.[18] Ein Kind wurde zum Beispiel mitten in der Nacht von Glockengeläut und dem Sirenengeheul der Feuerwehr aufgeschreckt, als das Haus auf der anderen Straßenseite in Flammen stand. Seither litt es unter Alpträumen, in denen Feuerwehrautos vorkamen. Die 25 Kinder wurden nun in verschiedene Gruppen eingeteilt. Die Kinder der einen Gruppe wurden gebeten, etwas zu wählen, von dem sie am liebsten träumen möchten, zum Beispiel von einem Besuch bei Kindern in einem anderen Land. Einer anderen Gruppe wurde gesagt, daß ihre Alpträume lächerlich seien, und daß sie sich selbst einreden sollten, sie würden die ganze Nacht hindurch friedlich schlafen. Wieder andere Kinder wurden dazu angehalten, Dinge zu tun, die mit den schrecklichen Träumen in Beziehung standen. Der Junge, der von den Feuerwehrautos geträumt hatte, wurde zu einem Besuch auf der Feuerwache eingeladen, wo er mit den Feuerwehrmännern über ihre Arbeit und ihre Löschgeräte sprechen konnte. Alle 25 Kinder waren schließlich fähig, ihre Alpträume auszuschalten, aber diejenigen, die tagsüber eine Tätigkeit verrichteten, die mit dem Traumgeschehen in Zusammenhang stand, waren als Gruppe schneller erfolgreich als die anderen; ihre Alpträume verschwanden innerhalb von zwei Monaten. Drei Monate dauerte es bei jenen Kindern, die gebeten wurden, von erfreulichen Dingen zu träumen. Die Kinder der dritten Gruppe, denen man gesagt hatte, sie sollten ihre Alpträume einfach nicht beachten, brauchten im Durchschnitt fünf Monate, bis die schrecklichen Träume verschwanden. *Beschäftigen Sie sich tagsüber mit Dingen, die für die Umwandlung des Traumgeschehens relevant sind; setzen Sie sich direkt mit dem auseinander, wovon Sie träumen möchten, erleben Sie die negativen Dinge, von denen Sie träumen, auf positive Weise.*

Wenn Sie sich auf etwas Bestimmtes konzentrieren, von dem Sie träumen möchten, dann ist eine ruhige Umgebung sehr förderlich. Manche Systeme, die wir kennen gelernt haben, stellen demjenigen, der kreativ zu träumen beabsichtigt, einen ruhigen Ort zur Verfügung – Träumer der Antike hatten ihre schönen Tempel, die indianischen Träumer zogen sich an einen einsamen Platz zurück, und die wachbewußt träumenden Yogis erzeugen in ihrem eigenen Innern eine friedliche Stille. *Sorgen Sie wenn immer möglich für einen stillen Ort.*

In allen Systemen wird entweder direkt oder indirekt so vorgegangen, daß man sich *für ein Thema entscheidet, von dem man träumen möchte, es ganz klar umreißt und sich fest vornimmt, davon zu träumen.* Möchten Sie beispielsweise das Senoi-System anwenden, so wird es Ihnen bei der Trauminduzierung helfen, wenn Sie das Kapitel über die Senoi nochmals lesen, die betreffenden Regeln überdenken, davon sprechen und sich fest vornehmen, in der Art der Senoi zu träumen. „Eine Sache zu denken, heißt davon zu träumen".[19] *Wählen Sie das Thema für Ihre Träume sorgfältig aus.*

Es ist für den Erfolg nicht ausschlaggebend, das gewählte Thema in einem prägnanten Satz zu formulieren, wie etwa: „Heute Nacht fliege ich im Traum. Heute Nacht fliege ich. Heute Nacht fliege ich." Nicht alle Systeme verwenden diesen Schritt, doch mag er nützlich sein. *Möchten Sie nach dieser Methode vorgehen, dann wiederholen Sie Ihren Satz mehrmals am Tage, und unmittelbar vor dem Einschlafen, wenn Sie sich tief entspannt haben. Stellen Sie sich dabei vor, Ihr gewünschter Traum sei schon eingetreten.*

Das sind alles *vorbereitende* Maßnahmen, die Ihnen helfen sollen, sich *während* des Traumes an Ihre Absichten zu erinnern. Je mehr Sie tagsüber daran denken, was Sie im Traum tun wollen, desto leichter tauchen die entsprechenden Gedanken in Ihren Träumen wieder auf. Überlegen Sie sich immer wieder die Tatsache, daß Träume nicht dasselbe sind wie das wache Leben, und Sie in ihnen von nichts und niemandem verletzt werden können, bis Sie sich sogar mitten in einem Traum daran erinnern. Wenn Sie bestimmte Stichworte benutzen, die Ihnen helfen sollen, im Traum luzid zu werden, denken Sie intensiv über sie nach, bis es Ihnen gelingt, die betreffenden Worte während eines Traumes wieder zu erinnern. Denn dies ist der entscheidende Punkt: *Erinnern Sie sich während des Traumes daran, was Sie in ihm unternehmen wollen.* Haben Sie das einmal erreicht, dann ist es ein Leichtes, das entsprechende Vorhaben auszuführen.

Es ist sehr wichtig, während Ihres Traumzustandes sich daran zu erinnern, freundliche Bilder hervorzurufen, zumal alle besprochenen Systeme auf irgendeine Weise einen Traumzustand anstreben, der kooperativ ist: Träumer der Antike und indianische Träumer riefen hilfreiche Geister, die ihnen erscheinen sollten; Stevenson hatte seine „Heinzelmännchen"; die Senoi-Träumer verwandeln die feindlichen Traumgestalten in Traumfreunde oder bitten Traumfreunde, sie mögen ihnen zu Hilfe kommen; Don Juan bringt es zustande, diejenigen Traumbilder zu erschauen, die er sehen will; luzide Träumer verstehen es, ihnen wohlgesonnene Wesen erscheinen zu lassen; und die Yogis werden dazu angehalten, ihren Traumgestalten liebevoll zu begegnen und mit ihnen zu verschmelzen.

Achten Sie darauf, daß in Ihren Träumen wohlwollende Gestalten vorkommen. Schätzen Sie solche, die spontan erscheinen, und begegnen Sie ihnen mit Freundlichkeit. Wenn Sie Hilfe brauchen, rufen Sie nach ihnen, beziehen Sie alle in Ihre Gesamtpersönlichkeit mit ein.

Es ist außerordentlich wichtig, daß Sie sich im Traum immer daran erinnern, *keine Angst vor den Traumbildern zu haben*. Dieses Ziel läßt sich auf verschiedene Arten erreichen. Stevenson wurde furchtlos, indem er seine Traumgestalten für sich arbeiten ließ. Die Senoi stellen sich ihren Traumfeinden, bezwingen sie und verlangen von ihnen ein kreatives Geschenk; auf diese Weise überwinden sie gleichzeitig ihre Angst. Die Yogis beachten vor allem die Tatsache, daß der Traumzustand als solcher erkannt wird. Mit der Kontrolle über die verschiedenen Erscheinungsformen der Träume werden Sie sich bewußt, daß es überhaupt keinen Grund gibt, sich zu fürchten, weil Sie selbst bestimmen können, was in Ihren Träumen geschehen soll. Sie können Alpträume völlig ausschalten. Sie sind imstande Ihre Träume zu meistern und sich mit ihnen anzufreunden. Es ist leichter, in einem Traum furchtlos zu werden, wenn Sie sich bewußt sind, daß Sie träumen.

Luzid zu träumen und dabei das Gefühl zu haben, sich voll bewußt zu sein, ist eines der erregendsten Erlebnisse, die man haben kann. Das luzide Träumen läßt sich von einem kurzen Aufblitzen des Erkennens zu langandauernden Traumphasen ausdehnen, in denen Sie luzid bleiben und herrliche Abenteuer erleben. Wenn Sie gelernt haben, präluzide Momente zu erkennen, dann können Sie Ihr Traumerlebnis sofort prüfen und in den luziden Zustand hinüberwechseln. Angsterregende Traumereignisse, Unstimmigkeiten oder eine seltsame traumartige Stimmung machen Sie unter Umständen derart stutzig, daß Sie merken, wo Sie sind, nämlich in einem Traumzustand. Man lernt auch sehr schnell, unangenehmen Traumerfahrungen nicht durch Aufwachen zu entfliehen, sondern sie zu verändern. Bei der Aufrechterhaltung der Luzidität gilt es, in einem schwierig beizubehaltenden Gleichgewicht zu bleiben: man darf nicht zu emotional reagieren und auch nicht vergessen, daß man träumt. Es ist also auch möglich, wie die Yogis das Bewußtsein beim Einschlafen beizubehalten und auf diese Weise in den luziden Traumzustand hineinzugehen.

Nur zwei der besprochenen Systeme erfordern ein hohes Maß an Bewußtsein während des Traumzustandes: das der luziden Träumer und das der Yogis. Sie brauchen allerdings bereits ein *gewißes Maß* an Bewußtsein, um im Traum zu erkennen, daß Sie einer Gefahr nicht ausweichen sollten oder sich daran zu erinnern, daß Sie Ihre Hände betrachten wollten. In den anderen Systemen ist Luzidität unwichtig und vielleicht eher hinderlich. Auch ohne einen hohen Bewußtseinsgrad im Traum selbst zu haben, können Sie Ihre Träume gestalten, doch ist Ihnen das umso eher möglich, je bewußter Sie im Traumzustand sind. *Werden Sie sich Ihres Traumzustandes bewußt.*

Luzides Träumen läßt sich durch eine Steigerung der Flug-Träume entwickeln. Beide treten oft in derselben Nacht auf, wenn man bereits einige Stunden geschlafen hat. Nach meinen eigenen Untersuchungen ist es mit den Farben genau gleich: auch sie treten gegen Morgen häufiger auf.[20] Vielleicht liegt dem eine gemeinsame chemische Ursache zu Grunde, oder die Hirnrinde ist in dieser Zeit stärker tätig, denn nach meinen Aufzeichnungen treten oft mehrere Arten von Traumkontrolle in derselben Nacht auf.[21] Wie dem auch sei, es ist einfacher, sich nach mehreren Stunden Schlaf im Traum bewußt zu werden. Es kann sogar sein, daß Sie schon vor der eigentlichen Bewußtwerdung merken, wie Sie gewisse Einzelheiten des Traumgeschehens fortlaufend beeinflussen. Dieses Phänomen nenne ich „Traum-Komposition".[22]

Sobald Sie im Traum bewußt werden, stehen Ihnen unbegrenzte, unvergleichliche Traumabenteuer offen und Sie haben die Möglichkeit, negative Traumgeschehnisse zu beenden. Erfreuliche Dinge geschehen im Traum auch ohne Ihre luzide Beteiligung — Sie sehen wunderbare Bilder, bekommen eine blendende Idee für die Neuorganisation Ihres Arbeitsplatzes, erleben leidenschaftliche Gefühle, beobachten fremde Tiere und Menschen oder fliegen in ein fernes Land. Aber mit der Luzidität werden alle diese Dinge noch vertausendfacht. Alles steht Ihnen offen, was Sie in den verschiedenen Systemen kennengelernt haben — und Sie können noch darüber hinausgehen. Sie sind ja voll bewußt. Ihre Auswahl ist unbegrenzt. Wollen Sie die Freuden des Fliegens auskosten? Wollen Sie bis zur Ekstase mit einem bestimmten Menschen in Liebe verschmelzen? Wollen Sie mit einem verstorbenen Freund sprechen? Wollen Sie an einen fernen Ort reisen? Wollen Sie auf eine bestimmte Frage eine Antwort erhalten? Wollen Sie alle kreativen Quellen Ihres Wesens nutzen? All das können Sie im Traum tun, weil alles bereits schon in Ihnen vorhanden ist. *Werden Sie sich im Traum bewußt und all das steht Ihnen offen — und noch viel mehr.*

Ihr Verhalten *nach* einem Traum ist ebenfalls sehr wichtig. Vergegenwärtigen Sie sich Ihren Traum, schreiben Sie ihn in der Gegenwartsform auf, so als würde er während des Schreibens noch einmal ablaufen, und geben Sie ihm eine dauerhafte Form. Arbeiten Sie mit Ihren Träumen — fragen Sie nach der Bedeutung, die sie für Sie haben. Beachten Sie vor allem ständig wiederkehrende und idiosynkratische (nur Ihnen persönlich zugehörige) Traumbilder. Alle Systeme nutzen die wertvollen Informationen, die Sie aus dem Traumzustand erhalten. Bewahren Sie Ihre kreativen Traumgestaltungen wie einen Schatz auf, und bilden Sie diese Schöpfungen im Wachzustand nach, verwenden Sie die Bilder, lassen Sie Ihre Umgebung daran teilhaben. Besprechen Sie die Träume mit Ihren Freunden, aber schreiben Sie das Traumgeschehen auf jeden Fall auch auf. Und weil bei solchen Gelegenheiten sicher auch die Träume Ihrer Freunde besprochen werden, wäre es zu empfehlen, eine Gruppe kreativer Träumer zu bilden.[23]

Die Entwicklung kreativer Träume braucht Zeit. Die hierfür notwendige Einstellung und die Ausbildung der entsprechenden Verhaltensweisen vor und nach dem Träumen erfordern Übung, bis es möglich ist, sich *während* des Träumens seiner Absichten bewußt zu werden. Kinder brauchten etwa *fünf Wochen*, bis ein selbstsuggerierter Traum auftrat.[24] Einige benötigten nur zwei Wochen, ein paar weniger als vier, während ein Kind ganze sechs Monate aufbringen mußte. Es scheint sehr große individuelle Unterschiede im kreativen Träumen zu geben.

Hervey de Saint-Denys, ein französischer Marquis des 19. Jahrhunderts, der Sinologe war, hat seine Träume vom 13. bis zum 45. Lebensjahr (und wahrscheinlich noch länger) sorgfältig aufgeschrieben. Seine Erfahrungen beschrieb er in einem Buch, das 1867 unter dem Titel *Les rêves et les moyens de les diriger* (die Träume und die Mittel, wie sie zu lenken sind) in Paris herauskam. Zu dieser Zeit hatte er die Träume von 1946 Nächten in 22 Notizbüchern aufgeschrieben. Er sagt, seine Aufzeichnungen enthielten in den ersten sechs Wochen viele Lükken, doch von der 179. Nacht an habe er niemals geschlafen, ohne sich am nächsten Morgen nicht an einen Traum erinnern zu können. Seinen ersten luziden Traum erlebte er in der 214. Nacht. Sechs Monate später hatte er statt nur jede fünfte Nacht schon jede zweite Nacht einen luziden Traum. *Und nach 15 Monaten ständiger Traumaufzeichnung träumte er beinahe jede Nacht luzid.* Das ist nun wahrhaftig ein hoher Anteil an luziden Träumen, und wir können sicher vom Marquis d'Hervey de Saint-Denys viel lernen. Wenn ich die Übersetzung seines Werkes beendet habe, werde ich mehr über seine Ideen schreiben. Aber schon jetzt sehen wir, daß für die Traumkontrolle Zeit und Übung notwendig sind. Aber lassen Sie sich deswegen nicht entmutigen, die einen erlangen sie schneller, die anderen langsamer, sie kommt und geht schubartig – aber sie kommt auf jeden Fall. *Lassen Sie in Ihren Bemühungen nicht nach, denn Sie werden schließlich die Traumkontrolle erreichen.*

Die Tatsache, daß es möglich ist, während des Traumes

bewußt zu werden und viele Geschehnisse in ihnen zu kontrollieren, wirft die Frage auf: Gibt es überhaupt so etwas wie ein „Unbewußtes"? Vielleicht sind Träume ganz einfach ein Teil des Kontinuums, das wir Leben nennen. Vielleicht gibt es überhaupt kein Unbewußtes, *sondern nur verschiedene Ebenen, in denen wir bewußt sind. Setzen Sie sich kreativ mit Ihren Träumen auseinander, so werden Sie sich auf jeder Ebene bewußter.*

Ihre Träume können zu Ihrer persönlichen inneren Werkstatt werden. Alle Systeme benutzen die Träume, um das Leben besser zu gestalten: die Träumer der Antike wurden geheilt oder erhielten einen Rat; die kreativen Träumer von früher hörten ein Violin-Concerto oder wurden zu einem Buch inspiriert; die Träumer der amerikanischen Indianerstämme wurden durch Träume zu ihrer Lebensaufgabe geführt und dabei unterstützt und bestätigt; die Senoi-Träumer teilen jeden Tag wieder aufs neue ihre kreativen Traumerzeugnisse mit den Stammesmitgliedern; Don Juan und einige luzide Träumer fühlen sich imstande, mittels ihrer Träume auf paranormale Art und Weise Informationen zu erlangen; und die wachbewußt träumenden Yogis erhoffen sich die Befreiung aus dem endlosen Kreislauf von Tod und Wiedergeburt. Viele haben in ihrem wachen Leben mehr Selbstvertrauen und Unabhängigkeit gewonne, weil sie sich in den Träumen den Gefahren stellten und sie überwanden. Die erfolgreiche Bewältigung einer Schwierigkeit im Verlaufe eines Traumgeschehens überträgt sich in den Wachzustand des täglichen Lebens. Die kreative Art, sich mit seinen Träumen auseinanderzusetzen, hilft Ihnen, Ihre Persönlichkeit zu vervollkommnen. Hier zeigt sich die ganze Schönheit des kreativen Träumens: *Sie können das kreative Träumen für Ihre eigenen Ziele nutzen.*

Was immer Sie auch in Ihren Träumen tun wollen, Sie können es durchführen, vor allem wenn Sie im Traum luzid sind: Sie können forschen; Fertigkeiten einüben, mit denen Sie im wachen Leben Erfolg haben möchten und Angst und Furcht überwinden. Greifen Sie heraus, was Ihnen wichtig und nützlich erscheint. Planen Sie im voraus oder wählen Sie während des Traumes, was *Sie* tun möchten. Im Traum ist alles möglich, und Sie entscheiden über die Verwirklichung Ihrer Wünsche.

Benutzen Sie Ihre Träume als Hilfe. Entscheiden Sie selbst, was für Sie wichtig ist und träumen Sie darüber.

Fassen wir noch einmal ein letztes Mal zusammen: Es fördert die Entfaltung der Traumkontrolle, wenn Sie gewissenhaft Tag für Tag den Inhalt Ihrer Träume in einem Traumtagebuch aufzeichnen und mit diesem vor und nach dem Träumen arbeitend von sich selbst lernen. Die wichtigsten Ziele, die Sie *während Ihrer Träume* anstreben sollten, sind die Gewinnung von Traumfreunden, die Beseitigung von Furcht vor Traumbildern und die Bewußtwerdung Ihres Traumzustandes. Damit schwindet auch der letzte Rest von Furcht und Sie gewinnen viele Traumfreunde. Frei von Angst können Sie sich Ihre Träume in jeder gewünschten Art zunutze machen. Alles wird möglich. Sie sind wirklich frei, eine neue und bessere Persönlichkeit heranzubilden. Wenn Sie auch nicht träumen, um reich zu werden (obwohl das sogar möglich ist), so können Sie doch zuversichtlich träumen und glücklicher werden. Träumen Sie, um sich selbst zu entfalten! Träumen Sie, um zum Besten Ihrer Gesellschaft beizutragen! Vor allem aber träumen Sie, . . . um all die Wunder in Ihrem Inneren zu entdecken!

Anmerkungen

1. Kapitel: *Wie wir unsere Träume kontrollieren können*

1. Diese Zahl gilt natürlich nur angenähert und stützt sich zum Teil auf die Annahme, daß wir ein Drittel unserer Lebenszeit schlafend verbringen, so daß wir mit 70 Jahren 20 Jahre und mehr im Schlaf zugebracht haben (vgl. Segal & Luce 1972:11). Die meisten Menschen verbringen 20% ihrer gesamten Schlafenszeit im Traumzustand. Es ist sehr ungewöhnlich, wenn jemand als junger Erwachsener weniger als 15% und mehr als 30% des Schlafes träumend verbringt (vgl. Hartmann 1967:11). Neugeborene träumen in etwa 45% bis 65% ihrer Schlafenszeit, während der entsprechende Prozentsatz für junge Erwachsene (18 bis 30 Jahre) 20% bis 25%, für Erwachsene (31 bis 50 Jahre) 18% bis 25% und für ältere Erwachsene 13% bis 18% beträgt (Hartmann 1967:19).
2. Obgleich bisher beweiskräftige Daten fehlen, wird vermutet, daß u.a. folgende Drogen beim Menschen die Traumzeit *verkürzen:* Barbiturate, Phenothiazine, Alkohol und Amphetamine. Koffein, Aspirin und Benzodiazepine scheinen eine fast normale Traumzeit zu gestatten, während Reserpine und LSD die Traumzeit des Menschen zu steigern scheinen. Für genauere Ausführungen vgl. Hartmann 1967: 51f.
3. Handler 1972
4. Guareschi 1966
5. Wie in Hartmann 1967:5 beschrieben.
6. Zum Beispiel wurden Affen darauf abgerichtet (konditioniert), einen Schaltkopf zu drücken, sobald auf einem Bildschirm ein Bild erschien. Später betätigten sie den Knopf auch während der REM-Perioden, was darauf schließen läßt, daß sie Traumbilder sahen. Beschrieben in Segal & Luce 1972:206.
7. Sogenannte „Nacht-Terror"-Träume wurden jedoch beobachtet (vgl. z. B. Kahn et al. 1973:499—500). Solche Terror-Träume scheinen panische Reaktionen zu sein, die (soweit die Schlafforscher sagen können) ohne Assoziationen zu einem Traum aus den tiefsten Schlafstunden auftauchen. Dieser ungewöhnliche Alptraumtypus wurde kaum je im Schlaf-Labor beobachtet. Eher beobachtbar ist der gewöhnliche Alptraum, der ein angsterregendes Traumerlebnis zum Inhalt hat und während einer REM-Periode auftritt.
8. Robert Ornstein ist Forschungspsychologe am Langley-Porter Institut für Neuropsychiatrie in San Francisco. Er schreibt, daß die linke Großhirnhälfte auf rationale Denkfunktionen spezialisiert ist, während die rechte Hemisphäre des Großhirns intuitive und kreative Funktionen besitzt. Unsere westliche Kultur betont die Rationalität, während die östliche den Schwerpunkt auf die Intuition legt. Aber beide Funktionen sind für einen „ganzen" Menschen gleich wichtig. Wir brauchen beide Gehirnhälften. (Vgl. Ornstein 1972.) Wenn wir unseren wachen Verstand vernünftig dazu einsetzen, unser Traumleben zu gestalten,

und wenn wir die kreativen Ergebnisse unseres Traumlebens auch im Wachzustand akzeptieren und einsetzen, dann integrieren wir im wahrsten Sinne des Wortes unserer beiden Seiten.
9. Zitiert nach Segal & Luce 1972:262. Maurermeister waren imstande, sich an 30 bis 40 Einzelheiten eines einzelnen Backsteines zu erinnern, den sie vor zehn Jahren eingesetzt hatten. Zum Beispiel an einen roten Kieselstein in der linken unteren Ecke des siebenten Ziegelsteines in einer ganz bestimmten Reihe einer ganz bestimmten Mauer.
10. Vgl. zum Beispiel Ullman & Krippner 1970:47.

2. Kapitel: *Was wir von Träumern aus früheren Zeiten lernen können*

1. Papadakis 1971:5.
2. Die Angaben über die Anzahl der Heilungstempel, die dem Asklepios geweiht waren, schwanken je nach Quelle zwischen 300 und 420.
3. Wie in MacKenzie 1965:43 beschrieben.
4. Beschrieben in Diamond 1963. Anthropologen, die das Leben primitiver Stämme erforscht haben, meinen, daß die Primitiven die Idee einer nachtodlichen Existenz der Seele aufgrund ihrer Träume entwickelt haben.
5. In Epidauros fand man Stelen, auf denen die Krankengeschichten von 43 Patienten zu lesen waren, die in diesem Asklepion Heilung gefunden hatten. Sie verzeichneten die Krankheiten und die Heilträume (vgl. Papadakis 1971:23). Ähnliche Stelen entdeckte man auch in anderen Tempelstätten. Bei der Auswertung dieser in Stein gehauenen Berichte sind die Archaeologen zur Auffassung gekommen, daß sich die Heilträume im Laufe der Zeit verändert haben (vgl. de Becker 1968:166): In der Frühzeit der Tempelbenutzung gab es Wunderkuren, bei denen die Wiederherstellung der Gesundheit *gleichzeitig* mit dem therapeutischen Traum erfolgte. So träumte beispielsweise ein von Läusen geplagter Pilger, der Gott habe ihn entkleidet und mit einem Besen abgefegt; am nächsten Morgen war er frei vom Ungeziefer. Bei der späteren Tempelbenutzung schienen die Träume *auf Heilmittel hinzuweisen, worauf eine Kur unmittelbar durchgeführt wurde:* ein Pilger, der an einer Rippenfellentzündung litt, erhielt im Traum den Rat, Asche vom Altar zu nehmen, sie mit Wein zu mischen und diese Tinktur auf seine schmerzende Seite aufzutragen, worauf natürlich die Heilung erfolgte. Die Träume der letzten Periode der Tempelbenutzung waren mehr wie eine medizinische Beratung, bei der *eine Behandlung vorgeschrieben wurde, und die Heilung zu einem späteren Zeitpunkt erfolgte.* Diese Veränderungen des Inhaltes der Heilträume verliefen parallel zur Abnahme des Glaubens.
6. De Becker 1968:149.
7. Zit. nach de Becker 1968:170.
8. Nach Ellis 1911:157 werden prodromische Träume auch als prophetisch, prognostisch, proleptisch oder theorematisch bezeichnet.
9. Der Zivilisationsbereich des Mittleren Ostens umfaßt die Völker der fruchtbaren Flußebenen des Euphrat und Tigris: Sumerer (in Mesopotamien), Babylonier, Hebräer, Chaldäer, Phönizier und Assyrer.

10. Aus dem Mittleren Osten stammt z. B. das *Gilamesch-Epos*, eine babylonische Dichtung, in der Betrachtungen über die damalige Wichtigkeit der Träume angestellt werden. Aus Ägypten kommt der „Chester Beatty Papyrus III" (jetzt im Britischen Museum), in dem gute und böse Träume interpretiert werden. Verfaßt 1350 v. Chr. Enthält Material, das bis ins 2. Jahrtausend v. Chr. zurückreicht. In Indien entstand ca. 1000 v. Chr. der Brihadarmyaka-Upanishad, welcher philosophische Darstellungen über den Traumzustand enthält. China lieferte den Bericht des Weisen Chuang-tzu (ca. 350 v. Chr.), der die Frage aufwarf, ob nicht das ganze Leben ein Traumzustand sei. Vgl. MacKenzie 1965:2. Kapitel.
11. Zit. nach Diamond 1963:17.
12. Auch transkribiert als *istikhara*.
13. Schultz & Luthe Bd. 1, o.J.:142.
14. Z.B. Sparks 1962:55.
15. Murphy 1963:80.
16. Das ist die Basis der rational-emotiven Therapie von Albert Ellis.
17. Z.B. vgl. Faraday 1972.
18. Rossi 1972.
19. Wile 1934:449—463.

3. Kapitel: *Was wir von kreativen Träumern lernen können*

1. Eigene Traumaufzeichnung vom 9.3.1972.
2. Wie in Hall 1970:65 beschrieben.
3. Lowes 1927:325 erklärte, daß Coleridge das Entstehungsjahr seines „Kubla-Khan"-Traumes irrtümlich mit 1797 angegeben habe. Richtig sei aber 1798.
4. Zit. in Abrams 1970:46.
5. Ein jüngerer Coleridge-Experte als Lowes versucht sowohl Coleridges Aussage, daß es sich bei seinem Gedicht um eine Traumschöpfung handle, wie auch Lowes Übernahme dieser Sicht zu verwerfen (Schneider 1953). Schneider scheint Traumgedichte für unmögliche Wunder zu halten und zieht es vor, von einem literarischen Einfall zu sprechen. Natürlich ist es möglich, den Ursprung eines Gedichtes zu ersinnen. Doch überzeugt mich meine eigene Erfahrung davon, daß Traumgedichte durchaus real sind.
6. Lowes 1927:369.
7. De Quincey 1971:103.
8. De Quincey 1971:103.
9. Es heißt, daß Sokrates mehrfach Träume gehabt habe, in denen er gedrängt worden sei, „Musik zu machen und zu pflegen". Er hatte diese Träume als Ermutigung aufgefaßt, seine Philosophiestudien fortzusetzen. Doch als das Todesurteil über ihn schon verhängt worden war, komponierte er noch eine Hymne an Apollo und setzte Aesops Fabeln in Verse — für den Fall, daß die Träume die Musik im wahrsten Sinne des Wortes gemeint hätten. Vgl. Plato in Eliot 1937:48.
10. Ein anderer alter Grieche, Synesius (ca. 373—414 n. Chr.), Bischof der griechischen Kolonie Cyrene in Nordafrika, hinterließ einen auto-

biographischen Bericht darüber, wie ihm Träume geholfen haben zu schreiben und Probleme zu lösen. Der französische Philosoph und Essayist Voltaire (1694—1778) soll in einem Traum einen ganzen Canto für „La Henriade" komponiert haben. Man sagt auch, daß der amerikanische Erzähler Edgar Allan Poe (1809—1849) aus seinen Träumen starke Anregungen in bezug auf Stimmung und Themen seiner Geschichten gewonnen habe. Beim Gedicht „Der Phönix" des englischen Essayisten A. C. Benson vermutet man ebenfalls eine Trauminspiration. Der siamesische Schriftsteller Luong-vichivathlen hatte nie daran gedacht, Schriftsteller zu werden, bis ihm sein verstorbener geistiger Lehrer im Traum erschien, ihm eine Brille aushändigte und sagte, er solle sie zum Schreiben von Büchern benutzen. Andere englische Verfasser hatten ähnliche Erfahrungen gemacht wie de Quincey, bis sie dem Opium verfielen. Der englische Dichter George Crabbe (1754—1832) berichtete, ihn hätten, nachdem er süchtig geworden sei, Träume des „Elends und der Erniedrigung" geplagt; die Träume, so glaubt man, haben seine Gedichte „Sir Eustache Gray" und „The World of Dreams" stark beeinflußt. Ein anderer englischer Dichter, Francis Thompson (1859—1907) machte auch Erfahrungen mit den üblichen Opiumträumen; in seinen Briefen sagt er: „Träume sind zum Teil die schlimmsten Realitäten meines Lebens gewesen." Man nimmt an, daß sein Werk „Finis Coronat Opus" von Träumen beeinflußt wurde. Wie de Quincey sagten auch Crabbe und Thompson, daß ihre opiumbeeinflußten Träume von einer großen Raum-Zeit-Expansion gekennzeichnet gewesen wären. Außerdem seien mehr paranoide Elemente erschienen, und die Farben immer stärker hervorgetreten. Es gibt viele solcher Beispiele.

11. Raine 1971:43.
12. Zit. nach Ellis 1911:276.
13. Die Keilschrift, von den Sumerern etwa 3000 v. Chr. erfunden, ist eine der ersten Schriftformen. Die Schrift besteht aus keilförmigen Zeichen, die mit spitzen Griffeln in weiche Tontäfelchen eingeritzt wurden. Die Tontäfelchen wurden später gehärtet. (World Book Encyclopedia)
14. Zit. nach Van de Castle 1971:1.
15. Zit. nach Meier 1968:31—32.
16. Zit. nach MacKenzie 1965:135.
17. Loewi 1960 zit. nach Diamond 1963:155 (dt. Ausgabe 1967:151—152).
18. Offenkrantz & Rechtschaffen, beschrieben in Diamond 1963:157 (dt. Ausgabe 1967:152).
19. Diamond 1963:157 (dt. Ausgabe 1967:153).
20. Stevenson 1925 beschreibt dies zunächst in der dritten Person und enthüllt erst später, daß er selbst der von ihm beschriebene Träumer ist.
21. Stevenson 1925:163.
22. Stevenson 1925:167.
23. De Quincey 1971:113.
24. Stevenson 1925:171.

25. Stevenson 1925:172 (zit. nach Diamond dt. Ausgabe 1967:150).
26. wie 25.
27. Zit. nach Diamond 1963:159.
28. Laufer 1931:208—216.
29. Laufer 1931 schildert den Traum des Wu Ting (1324—1266 v. Chr.), eines Herrschers der Yin oder Shang Dynastie. Sein alter Lehrer war gestorben und deshalb induzierte er einen Traum, der ihm seinen neuen Lehrer zeigen sollte. Er ließ ein Porträt des im Traum gesehenen Mannes anfertigen und stellte fest, daß ein einfacher Arbeiter dem Bilde glich. Er machte ihn zu seinem ersten Minister. Ein anderes chinesisches Traumbild, "Eine Traumreise ins Jenseits", wurde von Hui Tsung nach seinem Traum gemacht. Der buddhistische Mönch Kwan Hiu (832—912 n. Chr.) war auf Portraits der "Arhats" (eine Gruppe fortgeschrittener Schüler Buddhas) spezialisiert. Da sie Inder waren, erschienen sie dem Chinesen befremdlich. Die meisten Künstler portraitierten die Arhats naturalistisch, doch Kwan Hius Portraits waren grundverschieden und zeigten die Arhats übertrieben mit fremdartigen, hügelförmigen Köpfen, langen Augenbrauen und dergleichen. Kwan Hiu erklärte, er habe vor dem Schlafengehen ein Gebetsritual befolgt, und dann sei ihm im Traum der gewünschte Heilige erschienen. Nach dem Erwachen habe er sich sofort an die Arbeit gemacht, als die Erinnerung an das Traumbild noch frisch war. Reproduktionen dieser berühmten Gemälde sind noch erhalten.
30. Beschrieben in Dement 1972:101.
31. Beschrieben in Fabun 1970:49. Nach Fabun stimmen die meisten Wissenschaftler darin überein, daß der kreative Prozeß folgende Stufen umfaßt:
Motivation: Die betreffende Person muß begierig sein, etwas Originelles schaffen zu wollen. Sie ist vielleicht einfach neugierig, möchte sich selbst ausdrücken, mehr Geld haben, muß möglicherweise ein dringendes Problem lösen — aber immer hat sie einen bestimmten Grund.
Vorbereitung: Die für die Problemlösung in Frage kommenden Informationen werden durch Versuche, Nachforschungen und praktische Erfahrungen erworben.
Erarbeitung: Eine kreative Person geht mit den gesammelten Informationen auf eine sehr spielerische Weise um: in Gedanken, auf Papier oder mit konkreten Materialien. Sie versucht, die einzelnen Teile auf eine neue Art zusammenzufügen — eine Synthese zu erreichen.
Inkubation: Gewöhnlich kommt es nicht sofort zu einer Lösung. Dann bricht die betreffende Person ihre Versuche ab und beschäftigt sich mit etwas anderem. Doch das Unbewußte scheint mit den Problemen weiter zu ringen und sie weiter durchzuarbeiten.
Vorahnung: Es entsteht plötzlich ein Gefühl, daß die Lösung bald gefunden werden wird.
Erleuchtung: Die Lösung hat sich offenbart — die blitzartige Einsicht, daß "Aha-Erlebnis", der "Heureka-Ruf". Diesen Vorgang hat man auch als "mentalen Orgasmus" bezeichnet.
Bestätigung: Auf dieser Stufe des Vorganges wird die neue Idee unter-

sucht, geprüft, erprobt und schließlich als persönlich befriedigend empfunden.
32. Ein von Arnold-Forster 1921:83 verwendeter Begriff.
33. Fabun 1970:45.

4. Kapitel: *Was wir von träumenden Indianern lernen können*

1. Nach The World Book Encyclopedia 1968:137.
2. Dieser imaginären Geschichte liegen verschiedene Werke über die Ojibwa zugrunde: Barnouw 1950, Cooper 1957 (handelt eher von den Prärie-Indianern als von den Ojibwa), Densmore 1913 und 1929, Dunning 1959, Hallowell 1942 und 1955, Hilgar 1951, Jenness 1935, Kinietz 1947, Landes 1937.
3. Lincoln 1935.
4. Z. B. Paul Radin und Arden King, angeführt in d'Andrade „Anthropological Studies in Dreams" in Hsu 1961.
5. George Devereux in Hsu 1961.
6. Hallowell 1942.
7. Landes 1937.
8. Densmore 1929.
9. Densmore 1929.
10. Wood 1962 beschrieben in Foulkes 1966.
11. Wie in Dember 1961:368 beschrieben.
12. Garfield 1973.
13. Vgl. Hartmann 1973:81 und Fishbein & Kastaniotis 1973:94.
14. D'Andrade in Hsu 1961.
15. Winget & Kapp 1972:313—320.
16. Landes 1937.
17. Arthur MacDonald, Montana State University, persönliche Mitteilung, 1974.

5. Kapitel: *Was wir von Träumern der Senoi lernen können*

1. Die Senoi bilden zwei Gruppen, die Temiar und die Semai. Streng genommen befassen sich die Temiar mehr mit den Träumen und von ihnen ist hier auch die Rede. Um aber mit der Literatur übereinzustimmen, habe ich den allgemeinen Ausdruck „Senoi" verwendet. Ein anderer Name für sie ist „Sakai", was in ihrer Sprache aber „Sklave" bedeutet und die Bezeichnung daher bei ihnen unbeliebt ist. In der Literatur wird dieser Name aber manchmal verwendet. Die Schätzungen über die Bevölkerungsanzahl weisen große Unterschiede auf.
2. Noone mit Holman 1972:32
3. Der britische Anthropologe Herbert Noone sammelte die grundlegenden Daten über die Senoi und benutzte sie 1939 für seine Ph.D.-Dissertation in Cambridge. Kilton Stewart arbeitete später mit ihm zusammen, und sie beobachteten gemeinsam, wie die Senoi ihre Träume nutzten. Stewart berichtete ausführlich über diese Untersuchungen und begründete darauf ein Therapiesystem. Herbert Noones jüngerer Bruder Richard rollte in seinem Buch 1972 die Geschichte dieser

Reise wieder auf und erhellte damit das Mysterium, das den Tod seines Bruders Herbert im Dschungel umgab.
4. Hall & Nordby 1972:19.
5. Hall & Nordby 1972:21.
6. Freie Wiedergabe von Stewart in Tart 1972:164.
7. Z. B. vgl. Hammer 1967:173—181.
8. Hart 1971:51—66.
9. In diesem Punkt weichen die Aussagen Stewarts und Noones voneinander ab. Stewart behauptet, die Senoi duldeten im Traum auch inzestuöse Liebe, während Richard Noone unter Bezugnahme auf die Aussagen seines Bruders feststellt, daß die Senoi verlangten, tabuierte Liebesbeziehungen — zum Beispiel mit der Mutter oder der Schwester — im Traum aufzulösen. Ich gehe davon aus, daß alle Traumfiguren Teile des Träumers sind, die der Integration bedürfen, und befürworte deshalb die Ansichten Stewarts.
10. Geoffrey Benjamin, der das Buch *Temiar Religion* geschrieben hat, University of Singapore, persönliche Mitteilung 1972.
11. Als „Verstärkung" bezeichnet man in der Psychologie die Zunahme der Wahrscheinlichkeit für eine bestimmte Reaktionsweise, wenn diese bei ihrem Auftreten belohnt wird. Erinnert und erzählt beispielsweise ein Kind seinen Traum, und seine Eltern loben es dafür (und das Kind hört dieses Lob gerne), wird es wahrscheinlich in Zukunft vermehrt seine Träume erinnern und erzählen.
12. Kleitman 1960:5.
13. Hall & Nordby 1972:86 (die Hervorhebungen sind von mir).
14. Ein von Anderson 1951:15 verwendeter Ausdruck zur Beschreibung positiver Interaktionen.
15. Stewart 1954:403.
16. Stewart o.J.
17. Kinsey 1948:519. Kinsey ermittelte, daß Männer in jüngeren Jahren im Durchschnitt jährlich 4—11 nächtliche Sex-Träume („nasse Träume") haben, während bei älteren Männern jährlich 3—5 auftreten. Etwa 5% der Befragten hatten mehr als einmal wöchentlich nächtliche Sex-Träume. Das Auftreten von Orgasmen schwankte in den verschiedenen Altersgruppen zwischen 28% und 81%, mit Spitzenwerten bei den Jugendlichen und den 20- bis 29-jährigen.
18. Kinsey (1953:196) ermittelte, daß bei jüngeren wie bei älteren Frauen im Jahresdurchschnitt drei bis vier nächtliche Sex-Träume (mit Orgasmus) auftraten. In den verschiedenen Altersgruppen lag der Umfang der nächtlichen Traumorgasmen zwischen 2% bis 38%. Die höchsten Werte wurden von den 40- bis 49-jährigen angegeben.
19. Winokur, Guze & Pfeiffer (1959:180—184) beobachteten bei 36% der neurotischen und bei 42% der psychotischen Patienten nächtliche Orgasmen, in der Kontrollgruppe nur 6%. Ich vermute, daß dieses Forscherteam das Fehlen von allgemeinen Hemmungen in den gestörten Gruppen gemessen hat. Ihre Ergebnisse wurden möglicherweise dadurch beeinträchtigt, daß sie auch Frauen in die Untersuchung miteinbezogen, die für eine gewisse Zeit eine sexuelle Deprivation erfahren hatten. Bei normalen wie bei gestörten Frauen kann es nämlich

zu einer Steigerung der nächtlichen Orgasmen kommen, wenn sie sexuell vernachlässigt wurden. Es ist auch erstaunlich, daß bei dieser Untersuchung eine Unsicherheit hinsichtlich der Frage herrscht, ob die Frauen im Zusammenhang mit ihren nächtlichen Orgasmen geträumt haben oder nicht. Von den Frauen, die einen nächtlichen Orgasmus erlebten, wußten nur 58% einen begleitenden Traum zu erzählen. Doch haben meines Erachtens alle Frauen geträumt, aber nur einige konnten sich daran erinnern.

20. Maslow in de Martino 1963.
21. Adelson 1960:92—97.

6. Kapitel: *Was wir von luziden Träumern lernen können*

1. Rossi 1972:161
2. Bezieht sich auf die Wirkung der autonomen Komplexe. C. G. Jung hat mit diesem Ausdruck jene psychischen Inhalte des persönlichen Unbewußten bezeichnet, die unabhängig vom Ego zu funktionieren scheinen. Zu ihnen gehören auch Schatten, Animus und Anima.
3. Green 1968.
4. Arnold-Forster 1921:28.
5. Arnold-Forster 1921:29.
6. Fox 1962.
7. Fox 1962.
8. Ouspensky 1971:244 (dt. 1970:267).
9. wie 8.
10. Van Eeden 1913:431—461. Abgedruckt in Tart 1959:145—158.
11. Die drei hier besprochenen luziden Träume sind interessanterweise im vorausgesagten Zeitraum aufgetreten, nämlich zwischen 05.00 Uhr und 08.30 Uhr: ,,Selbstbetrachtung" zwischen 07.30 und 08.30, ,,Dicke, schwarze Frau" zwischen 06.15 und 08.00 und ,,Meinen Namen schnitzen" kurz vor 07.00 Uhr. Die beiden ersten sind die letzten Träume der betreffenden Nacht gewesen, dem letztgenannten folgte noch ein gewöhnlicher Traum.
12. Van Eeden 1913:448.
13. Green 1968:90.
14. Green 1968:99.
15. Vgl. Raymond de Beckers vergleichende Diskussion über Chuangtzu, Karl-Phillipe Moritz und Andre Breton in de Becker 1968:405.
16. Vgl. die Beschreibung der Erfahrungen von Oliver Fox und Ernst Mach in Green 1968.
17. Griffith, Miyagi & Tago 1958:1173—1179. Ein Fragebogen mit 34 Traumereignissen wurde 250 Studenten in Kentucky und 223 Studenten in Tokio vorgelegt. In beiden Gruppen gaben etwa 39,3% an, Flug-Träume gehabt zu haben. Interessanterweise fanden Griffith, Miyagi und Tago größere Differenzen bei den Traumthemen zwischen den amerikanischen Studenten und Studentinnen (sowie zwischen den japanischen Studenten männlichen und weiblichen Geschlechts) als zwischen amerikanischen und japanischen männlichen Studenten. Darin zeigt sich wohl, daß die Sexualerziehung sich stärker auswirkt

als die allgemeine kulturelle Prägung. Es gab zwischen den beiden Kulturen einige Unterschiede hinsichtlich der Trauminhalte; aber bei den Fallträumen herrschte wieder eine größere Übereinstimmung, die sogar die der Flug-Träume noch bei weitem übertraf, denn etwa 80% aller japanischen und amerikanischen Studenten berichteten von Fallträumen.

18. Ward, Beck & Rascoe 1961:606—615.
19. Green 1968:55.
20. Van Eeden 1913:449.
21. Arnold-Forster 1921:38.
22. Der Ausdruck „Verallgemeinerung" bezeichnet folgendes: Eine Person, die gelernt hat, einen bestimmten Reiz (Angst) mit einer bestimmten Reaktion (Fliegen) zu beantworten, geht nun dazu über, die gleiche Reaktion bei verschiedenen Reizen zu zeigen, die zuvor die betreffende Reaktion nicht auszulösen vermochten.
23. Arnold-Forster 1921:51.
24. Arnold-Forster 1921:39.
25. Arnold-Forster 1921:40.
26. wie 25.
27. Arnold-Forster 1921:43.
28. Ich stimme Greens Beurteilung nicht zu, daß Arnold-Forsters Träume „wohl als äußerst ‚erinnerbar', aber nicht als luzid aufgefaßt werden können" (Green 1968:81).
29. Beschrieben in Green 1968:104.
30. Fox 1962:80.
31. Bei mir treten die Flug-Träume gelegentlich an erster Stelle einer nächtlichen Traumserie auf (1973 geschah dies achtmal), als zweiter Traum (fünfmal), als dritter (dreimal), als vierter (viermal) oder als fünfter (einmal). Am häufigsten jedoch als letzter Traum der gesamten nächtlichen Traumserie.
32. Havelock Ellis, ein britischer Sexual- und Traumforscher, gab 1911 in seinem Buch „The World of Dreams" (Die Welt der Träume) einen Überblick über die Flugtraumhypothesen, der folgende Vorstellungen umfaßte: 1. Freuds Auffassung, daß der Wunsch zu fliegen „nichts anderes bedeute als das Verlangen nach sexuellen Betätigungen"; 2. Die Vermutung des amerikanischen Psychologen Stanley Hall, Flug-Träume seien eine Art Erinnerung an unser Leben im Urmeer, und daß sie „psychische Überbleibsel darstellen, die mit den rudimentären Kiemenspalten verglichen werden können, die man manchmal beim Menschen und bei anderen Säugetieren findet. — Die Flug-Träume führen uns damit in eine ferne Vergangenheit zurück, als die Vorfahren des Menschen noch keine Füße zum Schwimmen oder zur sonstigen Fortbewegung im Wasser brauchten." 3. Die Vorstellung, Flug-Träume seien Exkursionen des Astralkörpers; 4. Seine eigene Auffassung, die er durch andere wissenschaftliche Untersuchungen bestätigt glaubt, wonach die Flug-Träume durch eine Veränderung des Atmungsprozesses in Kombination mit den aufgehobenen Tast- und Druckempfindungen der Füße zustande kommen. (Ellis 1911:133.)

33. Beschrieben in Diamond 1963:39 (dt. 1967:33) (Hervorhebung von mir).
34. Ellis 1911:144.
35. Vgl. Greens Beschreibung der Person B (ein anonymer luzider Träumer) in Green 1968:105.
36. Green 1968:106.
37. Ouspensky 1971:249 (dt. 1970:273).
38. Ouspensky behauptet: „Ein Mensch kann im Schlaf niemals seinen eigenen Namen aussprechen. Wenn ich meinen Namen im Schlaf ausgesprochen habe, bin ich sofort aufgewacht." Er hat für seine Ansicht theoretische Gründe (vgl. Green 1968:157). Luzide Träumer haben diese Meinung mit unterschiedlichem Erfolg zu überprüfen gesucht. Zum Beispiel stellt die Person C (ein ungenannt bleibender luzider Träumer) fest: „Ich versuchte ein weiteres Experiment: Ich dachte an Ouspenskys Besonderheit der Wiederholung des eigenen Namens. Ich erreichte eine Art von Bewußtseins-Einbruch von zwei Worten: aber das schien sich auszuwirken, denn es wurde mir irgendwie ‚schwindlig'. Auf jeden Fall beendete ich meinen Versuch. (Möglicherweise begann ich bereits meine Ludzidität zu verlieren.) Green 1968:85
39. Green 1968:103.
40. Zit. nach de Becker 1968:158.
41. Schlußfolgerungen von verschiedenen luziden Träumern, über die Grenzen der Traumkontrolle: Arnold-Forster 1921:50:
  „Der Anwendungsbereich für eine Traumkontrolle, den ich mir erschließen konnte, ist kaum über die Fähigkeit hinausgegangen, schlechte Träume zu vermeiden oder zu beenden — was für mich ein großer Gewinn war. Es war bloß bis zu einem gewissen Grade möglich, einen bevorzugten Traum mehr oder weniger willentlich wiederkehren zu lassen und seine angenehmen Seiten wesentlich zu verstärken. Darüber hinaus bin ich nicht gegangen. Vielleicht würde unsere Freude am Träumen geringer, wenn wir mehr Erfolg und eine bessere Kontrolle unserer Träume besäßen ...
  Ginge unseren Träumen die Freiheit der Spontaneität verloren, dann würden sie damit auch ihrer größten Anziehungskraft beraubt."
  Delage (zit. in Green 1968:144,183) bemerkt:
  „In den bewußten Träumen ist die Tatsache, daß ich mir bewußt bin zu träumen, die einzige Verbindung zur Realität. Alles andere ist Traum. Obwohl er wenigstens teilweise von mir selbst willentlich gesteuert wird, enthält er immer noch einen beträchtlichen Anteil von Unvorhergesehenem, das von meinem Willen unabhängig ist und außerhalb meines Kenntnisbereiches fällt. Alles erscheint sehr wirklich und beeindruckend wie die Tatsache des realen Lebens, ganz anders als die farblosen Beschwörungen der Tagträumereien."
  Hervey de Saint-Denys kam zu ähnlichen Ergebnissen. In seinem Buch „Les rêves et les moyens de les diriger" beschreibt er seine Traumexperimente, die er mehrere Jahre lang durchgeführt hatte. Zuerst

dachte er, bei genügender Praxis könnte er aus seinem Unbewußten nur noch solche Traumbilder herausholen, die ihm gefielen. Dann merkte er jedoch, daß er seine Aufmerksamkeit nicht kontinuierlich auf die Tatsache ausgerichtet halten konnte, daß Träume eine Illusion seien: „Es ist mir niemals gelungen, allen Phasen eines Traumes zu folgen und sie zu meistern, aber ich habe es auch nie versucht" (zit. nach de Becker 1968:158). Auf der Grundlage von Versuchen mit seinen eigenen Träumen, kommt de Becker ebenfalls zum Schluß: „Das Unbewußte hat gegenüber dem Willen eine beträchtliche Autonomie" (de Becker 1968:159).
42. Castaneda 1972 (dt. 1975)
43. Tart 1965 in Tart 1969:133–144.

7. Kapitel: *Was wir von wachbewußt träumenden Yogis lernen können*

1. Evans-Wentz 1960:147 (dt. [6]1970:155).
2. In diesem Kapitel beziehen sich alle Hinweise auf Yogis auf die tibetanische Yoga-Sekte, welche sich mit der Traumkontrolle befaßt (mahayanischer Buddhismus oder Lamaismus). Die Kommentare beziehen sich also nicht auf die Yogis im allgemeinen.
3. Evans-Wentz 1958:221.
4. Diese Kenntnisse wurden mündlich überliefert, denn es konnte gefährlich sein, ohne die Führung eines Lehrers zu üben. Außerdem wären nach Metzner 1971:31 die Lehren ohne Erläuterungen unverständlich gewesen.
5. Diese erdachte Erzählung stützt sich beinahe vollständig auf die Schriften von Evans-Wentz, wie ich sie verstanden habe (Evans-Wentz 1958 und 1960).
6. Die allgemein anerkannte Bedeutung des Sanskrit-Wortes „Yoga" ist „verbinden". „Es schließt ein Verknüpfen oder Anjochen in sich ein, bei der die unerleuchtete menschliche Natur derart mit der erleuchteten göttlichen Natur verbunden wird, das die höhere die niedere zu führen vermag" (Evans-Wentz 1958:21). Auch eine Disziplinierung (Zügelung, Ausrichtung, Einspannung) ist gemeint, wobei die Sinne von der äußeren Welt abgezogen, und die Gedanken ganz nach innen konzentriert werden. Es gibt verschiedene Arten von Yoga und jede ist ein Pfad zum „vollkommenen Erkennen". (vgl. Evans-Wentz 1958:33).
7. „Auf-einen-Punkt-ausgerichtet-sein" kann als intensive Konzentration der Aufmerksamkeit bezeichnet werden.
8. Das ursprüngliche tibetanische Manuskript hieß *Abriß der Auszüge aus den Sechs Lehren* und wurde von Padma-Karpo in der Gebirgseinsiedelei „Gipfel des Wesens der Vollkommenheit" in Kuri, Tibet, wahrscheinlich irgendwann im 17. Jahrhundert zusammengestellt (Evans-Wentz 1958:250).
9. Das Klima in Tibet ist rauh. Die Durchschnittstemperaturen liegen im Juli um 15^0 C, im Januar bei -5^0 C. Schneetreiben und Schneestürme sind nichts Ungewöhnliches und heftige Winde wehen das ganze Jahr über („Tibet" in The World Book Encyclopedia 1968

Vol. 18). Die Prüfung der Fähigkeit, psychische Wärme zu erzeugen, wird unter extremen Bedingungen ausgetragen.
10. Dieser *Bardo*-Zustand wird „Rmi-Lam Bardo" (sprich „Mi-lam Bardo") genannt, der „Zwischenzustand" oder der „Zustand der Ungewißheit des Traumzustandes" (Evans-Wentz 1960:102 (dt. [6]1970: 108).
11. Ich habe mir erlaubt, die Lehre nach meinem eigenen Verständnis frei zu umschreiben und etwas anderes zu ordnen, um sie dem westlichen Leser leichter verständlich zu machen.
12. Die „topfförmige Atmung" ist eine Atmungstechnik, bei der die verbrauchte Luft dreimal ausgeatmet wird. Nach dem Einatmen drückt man dann die Luft zum Grund der Lunge hinunter und zieht anschließend das Zwerchfell leicht nach oben, wobei der ausgedehnte Brustkorb die Form eines geschlossenen Kessels oder eines irdenen Topfes annimmt; die Luft wird solange wie möglich angehalten (Evans-Wentz 1958:177).
13. Wenn der Schüler ein „plethorisches" Temperament hat, soll er sich den Punkt als rot vorstellen. „Plethorisch" heißt „überfüllt, geschwollen", doch ist die Bedeutung dieses Wortes in diesem Textzusammenhang nicht klar, da keine Definition gegeben wird. Hat der Schüler ein „nervöses" Temperament, soll er sich den Punkt als grün vorstellen. Wieder wird nicht näher erläutert, was unter einem solchen Temperament verstanden wird, doch dürfte damit „Ängstlichkeit" und „Erregbarkeit" gemeint sein. (Vgl. Evans-Wentz 1958:218.)
14. Evans-Wentz 1958:219.
15. Evans-Wentz 1958:220.
16. In der Yoga-Philosophie werden verschiedene Stufen von Himmels- oder Paradies-Ebenen angenommen, die als Buddha-Reiche bekannt sind.
17. Evans-Wentz 1958:221.
18. Evans-Wentz 1960: XXXVI (dt. [6]1970:LVII).
19. Eine vollständige Beschreibung des *Bardo-Thödol* hat Evans-Wentz in seinem Buch „Das Tibetanische Totenbuch" gegeben, eine gekürzte Fassung im Buch „Tibetan Yoga and Secret Doctrines". Evans-Wentz glaubt, daß der *Bardo-Thödol* erstmalig im 8. Jahrhundert schriftlich niedergelegt wurde (vgl. 1960:73 (dt. [6]1970:77–78). Er nimmt an, daß das von ihm benutzte, etwa 200 Jahre alte Manuskript von einem Tibeter nach unbekannten Sanskript-Originalen zusammengestellt wurde. Der Autor des Manuskriptes ist nicht bekannt, da er „ – getreu der alten lamaistischen Lehren, wonach die menschliche Persönlichkeit gedemütigt und die Schriften allein vor dem Blick lebender Wesen erhöht werden sollten – seinen Namen nicht aufgezeichnet hat" (Evans-Wentz 1960:209 (dt. [6]1970:221)).
20. Evans-Wentz 1960:147 (dt. [6]1970:155–156).
21. Evans-Wentz 1960:162 (dt. [6]1970:170).
22. Evans-Wentz 1960:168 (dt. [6]1970:177).
23. Evans-Wentz 1960:167 (dt. [6]1970:176).
24. Die *deva*-Welt (Götter), die *asura*-Welt (Titanen), die *nara*-Welt (Menschen), die *trisan*-Welt (wilde Tiere), die *preta*-Welt (unglückliche

Geister) und die Höllenwelt (Evans-Wentz 1960:24 (dt. ^{6}1970:24—25)).
25. Evans-Wentz 1960:175 (dt. ^{6}1970:185).
26. De Becker 1968:153.
27. Metzner 1971:50.
28. Evans-Wentz 1960:141 (dt. ^{6}1970:148—149).

8. Kapitel: *Wie wir ein Traum-Tagebuch führen können*

1. Verschiedene Autoren (z.B. Faraday 1972 oder Crisp 1971) empfehlen, sich periodisch in der Nacht durch einen Wecker aufzuwecken, um einen Traum festzuhalten. Diese Methode unterbricht den Schlaf und / oder das ablaufende Traumgeschehen, und daher empfehle ich sie nur dann, wenn andere Methoden unwirksam sind.
2. 1942 gab Hermann Rorschach Regeln an, die es ermöglichen, einen Traum festzuhalten. Beschreibung in Diamond 1963:89.
3. Reed 1971.
4. Wie 3. Diese Bemerkung setzt offensichtlich Rechtshändigkeit voraus.
5. Wolpert & Trosman 1958. Beschrieben in Diamond 1963:90 (dt. 1967:87).
6. Garfield 1968.
7. Garfield 1973:223—228.
8. Silberer 1951:195—207.
9. Hervey de Saint-Denys (1867) 1964
10. Foulkes 1966:57
11. Hiscock & Cohen 1973:179—188.
12. Cohen 1973. Die guten Traumerinnerer scheinen ihre Träume unabhängig von der Stimmungslage des vorangegangenen Tages erinnern zu können. Schlechte Traumerinnerer behalten ihre Träume eher im Gedächtnis, wenn sie vor dem Einschlafen in negativer Stimmung sind.
13. Van de Castle 1971:37. Auch Diamond 1963:58 zitiert eine Untersuchung von 3394 Schulkindern, die zeigte, daß Mädchen über *mehr* Träume berichteten.
14. Cohen „Motivation and Dream Recall". (wie 12.)
15. Cohen „Sex Role Orientation and Dream Recall" (wie 12.)
16. Karle et al. 1971:119.
17. Vgl. Reed 1973:33—48 und Cohen & MacNeilage 1973. Cohen ließ während vier Nächten acht Träumer mit häufiger und acht Träumer mit weniger häufiger Traumerinnerung im Traumlabor schlafen und ihre Träume aufschreiben. Der gemessene Unterschied zwischen den beiden Gruppen aufgrund der Führung des Traumjournals betrug 78% (gute Traumerinnerer) zu 41% (schlechte Traumerinnerer). Weckte man die Träumer sofort nach den REM-Phasen, so betrugen die entsprechenden Werte der beiden Gruppen 96% bzw. 74%. Gute Traumerinnerer hatten mehr lebhafte, phantastische und emotionale Träume.
Reed ließ 17 Studenten ein Traumjournal während 84 aufeinanderfolgenden Tagen führen. Die Studenten trafen sich zudem in den

12 Wochen jeweils ein Mal pro Woche für drei Stunden und diskutierten ihre Träume. Insgesamt 1428 Träume wurden aufgezeichnet. An 77% aller Tage wurden Träume beobachtet; 64% der Beobachtungen waren Erinnerungen an einen einzigen Traum, 21% zwei, 10% drei und 5% vier oder mehr Träume in einer Nacht. Das steht im Gegensatz zu meiner Methode bei der nach dem natürlichen Aufwachen nach einer REM-Phase der Traum aufgezeichnet wird, wobei eine fast 100%ige Traumerinnerung erreicht wird (durchschnittlich 3,12 Träume pro Nacht).
18. Devereux 1969.

9. Kapitel: *Wie wir die Traumkontrolle entwickeln können*

1. Z. B. Caligor & May 1968, sie legen eine Reihe von Träumen eines einzelnen Patienten vor.
2. Z. B. Faraday 1972:58. Sie hat ihr Traumtagebuch nicht mehr weitergeführt, das mehr als 200 Träume im ersten Jahr enthielt, weil „weder ich noch mein Analytiker einer solchen Menge gewachsen waren".
3. Beschrieben in Diamond 1963:33 (dt. 1967:32).
4. Jung 1963 (dt. 1962).
5. Ein Mandala ist eine gewöhnliche kreisrunde Zeichnung, die als Meditationshilfe dient und die Bemühungen zur Aufrechterhaltung der Konzentration unterstützt. Es wird als eine Art Karte bei einer Anzahl Visualisierungsübungen verwendet, durch welche Ganzheit und Einheit erreicht werden sollen. Das Sanskrit-Wort „Mandala" bedeutet „Kreis und Mitte". In einer Mandalazeichnung gibt es immer eine Mitte, doch braucht die äußere Form nicht notwendigerweise kreisförmig zu sein. Das Mandala besitzt eine Symmetrie und gewisse Schwerpunkte, doch ist weder das eine noch das andere fest vorgeschrieben. (Vgl. Argüelles 1972). Für Jung war das Mandala ein magischer Kreis, der das Streben des Selbstes nach totaler Einheit symbolisiert (English 1958).
6. Jung 1963:192 (dt. 1962:196).
7. Nelson o.J.:367—401.
8. Garfield 1973:223—228. Die Schlafenszeit wurde kontrolliert, da mehr Schlaf zu mehr REM und damit zu umfangreicherer Traumerinnerung führt. Am meisten Träume werden oft zwischen dem 9. und dem 16. Tag erinnert.
9. Hartmann 1967:60—62, 111—113.
10. Rossi 1972.
11. Vielleicht gibt es in meinen Traumaufzeichnungen schon früher ähnliche Bilder, aber ich habe nur die letzten beiden Jahre (etwa 2000 Träume) nach Bildern von sich verzweigenden Frauen durchgesucht.
12. Rossi 1972:148.
13. Z. B. Garfield, Zalmon et al. 1967:515—519 und Garfield 1968. Weitere Untersuchungen bestätigen dieses Konzept.
14. Ouspensky z. B. behauptet: „Die meisten unserer Träume sind völlig zufällig, völlig chaotisch, mit nichts verbunden und *bedeutungslos*.

Diese Träume hängen von zufälligen Assoziationen ab. Es gibt keine Folgerichtigkeit in ihnen, keine Richtung, keine Idee" (1971:252 (dt. 1970:275)). Ferner sagt er, daß sich wiederholende Träume „einfach mit der Empfindung der Körperhaltung eines gegebenen Augenblicks" (1971:246 (dt. 1970:270)) zusammenhängen.
15. Nach Wile 1934:449—463.
16. Reed 1973:46 zitiert mehrere Studien, die sich mit der Hypothese befassen, daß durch Meditation das Traumerinnerungsvermögen gesteigert werden kann.
17. Vgl. 13.
18. Wile 1934.
19. Hervey de Saint-Denys (1867) 1964:376: „Penser à une chose, c'est y rever."
20. Nach meinen Aufzeichnungen treten farbige Träume eher nach einigen Stunden Schlaf auf. Folgende Daten bestätigen dies: Ich prüfte die Träume eines Mond-Monats, der in 24 Nächten 58 Träume umfaßte. Acht Nächte berücksichtigte ich für meine Untersuchung nicht, weil in fünf von diesen Nächten überhaupt keine Farben auftraten und es in sechsen nur einen einzigen Traum gab, den ich erinnern konnte. Die für die Analyse benutzten restlichen 16 Nächte enthielten 48 Träume. Ich verglich die ersten Träume einer Nacht mit dem letzten in bezug auf das Vorkommen oder Fehlen von Farbe. In 10 von 16 Nächten fehlte die Farbe im ersten Traum, war aber im Schlußtraum vorhanden. In drei Nächten waren sowohl die ersten wie die letzten Träume farbig; einmal war die Farbigkeit gleich stark und zweimal war sie im Schlußtraum stärker. In einer Nacht erschien Farbe weder im ersten noch im letzten, aber in einem dazwischenliegenden Traum. Nur in zwei Nächten waren die ersten Träume farbig, die Schlußträume dagegen farblos.
Um diese Befunde zu bestätigen, prüfte ich einen anderen Mond-Monat (24 Nächte mit 73 Träumen). Nur eine einzige Nacht mußte ausgeschlossen werden, da sie nur einen Traum aufwies. Wieder waren in den verbleibenden 23 Nächten in 10 Nächten die ersten Träume farblos, die letzten dagegen farbig. Die ersten und die letzten Träume waren in sechs Nächten farbig, doch in vier Nächten war der letzte Traum farbiger als der erste. In fünf Nächten war nur der Zwischentraum farbig und in zwei Nächten nur der erste. Farbigkeit scheint also eher später in der Nacht aufzutreten.
21. Luzide Träume, Flug-Träume und Konfrontationsträume nach dem Senoi-Typ treten oft in der gleichen Nacht auf (aber nicht unbedingt in ein und demselben Traum). Das legt den Gedanken nahe, daß eine gemeinsame Ursache, die verschiedenen Arten der Traumkontrolle aktiviert.
22. In meinen Traumaufzeichnungen sind verschiedene Fälle verzeichnet, in denen ich mich als Träumer entschieden habe, was als nächstes im Traum zu geschehen und wie alles abzulaufen habe — das nenne ich „Traum-Komposition". Sie war lang vor dem Auftreten der Luzidität im Traum möglich und ist vielleicht eine notwendige Vorstufe zum luziden Träumen.

23. Für viele Untersuchungen sind Traumgruppen von großem Wert gewesen. Z. B.: Hart 1971:51–66, Greenleaf 1973:218–222, Sabini 1973.
24. Wile 1934.
25. Hervey de Saint-Denys (1867) 1964.

BIBLIOGRAPHIE

Abrams, M.H. The Milk of Paradise. 1970. New York: Harper & Row.

Adelson, Joseph: Creativity and the Dream, in: Merrill Palmer Quarterly, 6 (1960), 92-97.

Anderson, Harold, and Gladys Anderson. An Introduction to Projective Techniques. 1951. Englewood Cliffs, N.J.: Prentice-Hall.

Argüelles, José and Miriam. Mandala. 1972. Berkeley, Calif.: Shambala. (2. Aufl. 1978. Das Grosse Mandala-Buch. Freiburg i.Br.: Aurum)

Arnold-Forster, Mary. Studies in Dreams. 1921. New York: Macmillan

Barnouw, Victor. Acculturation and Personality Among the Wisconsin Chippewa, in: American Anthropologist, Vol. 52, No. 4, Pt. 2 (October 1950)

Caligor, L., and R. May. Dreams and Symbols — Man's Unconscious Language. 1968. New York: Basic Books.

Castaneda, Carlos. Journey to Ixtlan. 1972. New York: Simon & Schuster. (1975. Reise nach Ixtlan. Die Lehre des Don Juan. Frankfurt am Main: Fischer.

Cohen, David. Presleep Mood and Dream Recall. Paper presented to Association for the Psychophysiological Study of Sleep, 13th Annual Meeting, San Diego, May 3-6, 1973, in abstract of meeting.

Cohen, David, and Peter MacNeilage. Dreams and Dream Recall in Frequent and Infrequent Dream Recallers. Paper presented to 13th Annual Meeting of the Association for the Psychophysiological Study of Sleep, San Diego, May 3-6, 1973, in abstract of meeting.

Cooper, John M. The Gros Ventres of Montana. Pt. II, Religion and Ritual. 1957. Washington: Catholic University of America Press.

Crisp, Tony. Do You Dream? 1971. London: Neville Spearman. (1978. Träume sind mehr als Träume. Bergisch-Gladbach: Bastei-TB.

D'Andrade, Roy. Anthropological Studies of Dreams, in: F. Hsu (ed.) Psychological Anthropology. 1961.

De Becker, Raymond. The Understanding of Dreams. 1968. London: Allen & Unwin.

De Martino, M.F. ed. Sexual Behavior and Personality Characteristics. 1963. New York: Grove Press

Dember, William. The Psychology of Perception. 1961. New York: Holt, Rinehart and Winston.

Dement, William. Some Must Watch While Some Must Sleep. 1972. Stanford; Calif.: Stanford Alumni Association.

Densmore, Frances. Chippewa Music - II. 1913. Washington: Smithsonian Institution Bureau of American Ethnology, Bulletin No. 53.

Densmore, Frances. Chippewa Customs. 1929. Washington: Smithsonian Institution Bureau of American Ethnology, Bulletin No. 86.

De Quincey, Thomas. Confessions of an English Opium Eater. (1822) 1971. Baltimore: Penguin Books. (1965. Bekenntnisse eines englischen Opiumessers. München: dtv Nr. 321.)

Devereux, G. Reality and Dream: Psychotherapy of a Plains Indian. 1969. Garden City, N.Y.: Anchor Books.

Diamond, Edwin. The Science of Dreams. 1963. New York: MacFadden Books. (1967. Schlafen wissenschaftlich. Wie und warum wir träumen. Reinbek bei Hamburg: Rowohlt, rororo Sachbuch Nr. 6604.)

Dunning, R.W. Social and Economic Change Among the Northern Ojibwa. 1959. Toronto: University of Toronto Press.

Ellis, Havelock. The World of Dreams. 1911. Boston: Houghton Mifflin.

English, Horace and Ava. A Comprehensive Dictionary of Psychological and Psychoanalytical Terms. 1958. New York: McKay.

Evans-Wentz, W.Y. Tibetan Yoga and Secret Doctrines. (1935) ^{2}1958. New York: Oxford University Press. (1937. Yoga und Geheimlehren Tibets. München-Planegg: O.W. Barth)

Evans-Wentz, W.Y. The Tibetan Book of the Dead. 1960. New York: Oxford University Press. (1953. Das Tibetanische Totenbuch. Zürich: Rascher)

Fabun, Don. Three Roads to Awareness. 1970. Beverly Hills, Calif.: Glencoe Press.

Faraday, Ann. Dream Power. 1972. New York: Coward, McCann & Geoghegan. (1973. Die positive Kraft der Träume. Bern: Scherz)

Fishbein, William, and Chris Kastaniotis. Augmentation of REM Sleep After Learning, in: Sleep Research, Vol. 2. 1973 Los Angeles: Brain Information Service.

Foulkes, David. The Psychology of Sleep. 1966. New York: Scribner's. (1969. Die Psychologie des Schlafs. Frankfurt am Main: Fischer.)

Fox, Oliver. Astral Projection. 1962. New York: University Books.

Garfield, Patricia L. (Darwin) Effect of Greater Subject Activity and Increased Scene Duration on Rate of Desensitization. 1968. Philadelphia: Ph.D. dissertation Temple University.

Garfield, Patricia L. Keeping a Longitudinal Dream Record, in: Psychotherapy: Theory, Research and Practice, Vol. 10, No. 3 (Fall 1973), 223-228

Garfield, Zalmon, et al. Effect of ‚In Vivo' Training on Experimental Desensitization of a Phobia, in: Psychological Reports, 20 (1967), 515-519.

Green, Celia. Lucid Dreams. 1968. London: Hamilton.

Greenleaf, Eric. 'Senoi' Dream Groups, in: Psychotherapy: Theory, Research, and Practice, 10 (Fall 1973), 218-222.

Griffith, R., O. Miyagi, and A. Togo. The Universality of Typical Dreams: Japanese vs. Americans, in: American Anthropologist, Vol. 60 (1958), 1173-1179.

Guareschi, Giovanni. My Home, Sweet Home. 1966. New York: Farrar, Strauss & Giroux.

Hall, Calvin, and Vernon Nordby. The Individual and His Dreams. 1972. New York: Signet Books.

Hall, Elizabeth. A Conversation with Arthur Koestler, in: Psychology Today, Vol. 4, No. 1 (June 1970).

Hallowell, A.I. The Role of Conjuring in Saulteaux Society. 1942. Philadelphia: University of Pennsylvania Press.

Hallowell, A.I. Culture and Experience. 1955. Philadelphia: University of Pennsylvania Press.

Hammer, Max. The Directed Daydream Technique, in: Psychotherapy: Theory, Research, and Practice, Vol. 4, No. 4 (1967), 173-181.

Handler, Leonard. The Amelioration of Nightmares in Children, in: Psychotherapy: Theory, Research, and Practice, Vol. 9, No. 1. Spring 1972.

Hart, Joseph T. Dreams in the Classroom, in: Experiment and Innovation: New Directions in Education at the University of California, 4 (1971), 51-66.

Hartmann, Ernest. The Biology of Dreaming. 1967. Springfield, Ill: Charles C. Thomas.

Hartmann, Ernest. The Functions of Sleep. 1973. New Haven: Yale University Press.

Hervey de Saint-Denys, M.-J. L. Les reves et les moyens de les diriger. (1867) 1964. Paris: Bibliothèque du merveilleux, Tchou.

Hilgar, Sister M. Inez. Chippewa Child Life and Its Cultural Background. 1951. Washington: Smithsonian Institution Bureau of American Ethnology, Bulletin No. 146.

Hiscock, M., and D. Cohen. Visual Imagery and Dream Recall, in: Journal of Research in Personality, Vol. 7, No. 2 (1973), 179-188.

Hsu, F. ed. Psychological Anthropology. 1961. Homewood, Ill: Dorsey Pr.

Jenness, Diamond. The Ojibwa Indians of Parry Island, Their Social and Religious Life. 1935. Ottawa: National Museum of Canada, Bulletin No. 78.

Jung, Carl Gustav. Memories, Dreams, Reflections (Aniela Jaffe ed.). (1961) 1963 New York: Vintage. (1962. Erinnerungen, Träume, Gedanken. Zürich: Rascher.)

Kahn, E. et al. Mental Content of Stage 4 Night-Terrors, in: Proceedings of American Psychological Association, 8 (Pt. 1). 1973.

Karle, Werner, et al. The Occurence of Dreams and Its Relation to REM Periods. Paper presented to the 11th Annual Meeting of the Association for the Psychophysiological Study of Sleep, Bruges, Belgium, June 19-23, 1971, in abstract of meeting. Psychophysiology, Vol. 9, No. 1.

Kinietz, W. Vernon. Chippewa Village, the Story of Katikitegon. 1947. Bloomfield Hills, Mich.: Cranbook Institute of Science, Bulletin No. 25.

Kinsey, Alfred, et al. Sexual Behavior in the Human Male. 1948. Philadelphia: Saunders.

Kinsey, Alfred, et al. Sexual Behavior in the Human Female. 1953. Philadelphia: Saunders.

Kleitman, Nathaniel. Patterns of Dreaming, in: Scientific American, November 1960. Scientific American Reprint No. 460.

Landes, Ruth. Ojibwa Sociology. 1937. New York: Columbia University Press.

Laufer, B. Inspirational Dreams in Eastern Asia, in: Journal of American Folk-lore, 44 (1931), 208-216.

Lincoln, Jackson S. The Dream in Primitive Cultures. 1935. Baltimore: Williams & Wilkins.

Lischka, Alfred. Erlebnisse jenseits der Schwelle. Paranormale Erfahrungen im Wachzustand und im luziden Traum, bei Astralprojektionen und auf Seelenreisen. Mit einem Nachwort von Werner Zurfluh. 1979. Schwarzenburg: Ansata.

Loewi, Otto. An Autobiographic Sketch, in: Perspectives in Biology and Medicine (Autumn 1960).

Lowes, John Livingston. The Road to Xanadu. 1927. Boston: Houghton Mifflin.

MacKenzie, Norman. Dreams and Dreaming. 1965. London: Aldus Books. (1970. Träume. Genf: Ariston.)

Maslow, A.H. Self-Esteem (Dominance-Feeling) and Sexuality in Women, in: M.F. de Martino (ed.), Sexual Behavior and Personality Characteristics. 1963.

Metzner, Ralph. Maps of Consciousness. 1971. New York: Collier.

Meier, C.A. Die Empirie des Unbewußten. Lehrbuch der Komplexen Psychologie C.G. Jungs, Band 1. 1968. Zürich: Rascher.

Murphy, Joseph. The Power of Your Subconscious Mind. 1963. Englewood Cliffs, N.J.: Prentice-Hall. (1978. 17. Aufl. Die Macht Ihres Unterbewußtseins. Genf: Ariston.)

Nelson, Julius. A Study of Dreams, in: American Journal of Psychology, Vol. 1, No. 3, pp. 367-401.

Noone, Richard, and Dennis Holman. In Search of the Dream People. 1972. New York: Morrow.

Ornstein, Robert E. The Psychology of Consciousness. 1972. San Francisco: Freeman. (1976. Die Psychologie des Bewußtseins. Frankfurt am Main: Fischer-TB Nr. 6317.)

Ouspensky, P.D. A New Model of the Universe. 1971. New York: Vintage Books. (1970. Ein neues Modell des Universums. Weilheim/Obb.: O.W. Barth.)

Papadakis, Theodore. Epidauros, The Sanctuary of Asclepios. 1971. Athen Art Editions, Meletzis-Papadakis.

Plato. The Apology, Phaedo and Critico of Plato, translated by B. Jowett, in: C. Eliot (ed.) The Harvard Classics. 1937. New York: Collier.

Raine, Kathleen. William Blake. 1971. New York: Praeger.

Rapaport, D. ed. Organization and Pathology of Thought. 1951. New York: Columbia University Press.

Reed, Henry. The Art of Remembering Dreams. 1971. Unpublished manuscript, Princeton University.

Reed, Henry. Learning to Remember Dreams, in: Journal of Humanistic Psychology, 13 (Summer 1973), 33-48.

Rossi, Ernest. Dreams and the Growth of Personality. 1972. New York: Pergamon Press.

Sabini, Meredith. The Dream Group: A Community Mental Health Proposal. 1973 Ph.D. dissertation, California School of Professional Psychology.

Schneider, Elisabeth. Coleridge, Opium, and ‚Kubla Khan'. 1953. Chicago: University of Chicago Press.

Schultz, Johannes, and Wolfgang Luthe. Autogenic Therapy Vol. 1. New York: Grune & Stratton (1976. 15. Aufl. Das autogene Training. Stuttgart: Thieme.)

Segal, Julius, and Cay Gear Luce. Sleep. 1972. New York: Arena Books. (1970. Besser schlafen. Genf: Ariston.)

Silberer, H. Report on the Method of Eliciting and Observing Certain Symbolic and Hallucination Phenomena, in: D. Rapaport (ed.) Organization and Pathology of Thought. 1951: 195-207.

Sparks, Laurance. Self-Hypnosis, A Conditioned Response Technique. 1962. New York: Grune & Stratton.

Stevenson, Robert Louis. ,,A Chapter on Dreams", Memories and Portraits, Random Memories, Memories of Himself. 1925. New York: Scribner.

Stewart, Kilton. The Mental Age of Sleep Mind. (Article distributed by the Stewart Foundation for Creative Psychology, New York, undated).

Stewart, Kilton. Mental Hygiene and World Peace, in: Mental Hygiene, Vol. 38, No. 3 (July 1954).

Stewart, Kilton. Dream Theory in Malaya, in: Charles T. Tart, ed. Altered States of Consciousness. 1969: 159-167.

Tart, Charles T. Toward the Experimental Control of Dreaming: A Review of the Literature, in: Psychological Bulletin, 64 (August 1965).

Tart, Charles T. Altered States of Consciousness. A Book of Readings. 1969. New York: John Wiley & Sons.

The World Book Encyclopedia. 1968. Chicago: Field.

Ullman, Montague, and Stanley Krippner. ESP in the Night, in: Psychology Today, Vol. 4, No. 1 (June 1970).

Van de Castle, Robert L. The Psychology of Dreaming. 1971. New York: General Learning Press.

Van Eeden, Frederik. A Study of Dreams, in: Proceedings of the Society for Psychical Research, 26 (1913), 431-461, in: Charles T. Tart (ed.), Altered States of Consciousness. 1969: 145-158.

Ward, C., A. Beck, and E. Rascoe. Typical Dreams: Incidence Among Psychiatric Patients, in: Archives of General Psychiatry, 5 (1961), 606-615.

Wile, Ira S. Auto-Suggested Dreams as a Factor in Therapy, in: American Journal of Orthopsychiatry, 4 (1934), pp. 449-463.

Winget, Carlyn, and Frederic Kapp. The Relationship of the Manifest Content of Dreams to Duration of Childbirth in Primiparae, in: Psychosomatic Medicine, Vol. 34, No. 2 (July-August 1972), 313-320.

Winokur, G., S.B. Guze, and E. Pfeiffer. Nocturnal Orgasm in Women, in: AMA Archives of General Psychiatry, 1 (1959), 180-184.

Wood, Paul. Dreaming and Social Isolation. 1962. Unpublished Ph.D. dissertation, University of North Carolina.

Runen raunen rechten Rat

**Das westliche Orakel als praktische Lebenshilfe und Rückführung zu unseren Quellen
Mit 18 Runensteinen aus Holz**

Im »Buch der Runen« werden wir reichlich entschädigt für die lange Zeit der Enthaltsamkeit, die wir in Verbindung mit unserer germanisch-mythischen Tradition auf uns genommen haben. Dem Autor ist eine geniale Synthese gelungen zwischen dem praktischen Orakel-Teil und tiefsinnigen Betrachtungen zu den Runen und den germanischen Göttern als lebendigen Symbolen, die nichts von ihrer Wirksamkeit verloren haben:

- Eine Anleitung für die Orakel-Praxis. Mit Hilfe der beigefügten Holz-Runensteine ist der Leser sofort in der Lage, das Orakel zu befragen und sich gleichsam mit spielerischem Ernst den Geheimnissen der Runen zu nähern. Alle 18 Runen sind ausführlich kommentiert.
- Runen sind archetypische Symbole, die besondere Bedeutung im mitteleuropäischen Bewußtsein besitzen. Sie alle sind tief in unserem Unterbewußtsein existent und wollen bewußt gemacht, erlöst werden.

256 S., zahlr. Abb. Gebunden in Kassette mit 18 Runensteinen, Bd. 4146.

Nakamura, Takashi
Das große Buch vom richtigen Atmen
Mit Übungsanleitungen zur Entspannung und Selbstheilung für jedermann mit altbewährten Methoden der fernöstlichen Atemtherapie. 336 S., 120 s/w-Abb. [4156]

Ram Dass
Reise des Erwachens
Ein Handbuch zur Meditation.
Ram Dass nimmt uns mit auf eine Reise, die »Reise des Erwachens«, und er eröffnet uns dabei ein vielfältiges Angebot, aus dem wir wählen können: Mantra, Gebet, Singen, Visualisierung, »Sitzen«, Tanzen u. a. Er ermöglicht uns somit einen Zugang zum spirituellen Pfad. 256 S. [4147]

Faraday, Ann
Die positive Kraft der Träume
Die Psychologin und Traumforscherin Ann Faraday hat eine Methode entwickelt, die jedem die Möglichkeit gibt, die individuelle Symbolik seiner eigenen Träume zu entschlüsseln. 267 S. [4119]

Mangoldt, Ursula von
Schicksal in der Hand
Diagnosen und Prognosen.
Die Deutung der Anlagen und Möglichkeiten, wie sie in den Signaturen beider Hände sichtbar werden, sind die Schwerpunkte dieses Buches.
256 S. mit 72 Abb. [4104]

Monroe, Robert A.
Der Mann mit den zwei Leben
Reisen außerhalb des Körpers.
Dieser sensationelle Bericht beruht auf 12jähriger Beobachtungszeit, in der der Autor über 500mal seinen Körper verließ. Monroe tritt damit den Beweis an, daß der Mensch einen physischen Körper besitzt und sich sogar von diesem trennen kann.
288 S. [4150]

Der Eingeweihte
Eindrücke von einer großen Seele.
Der Autor berichtet von einem »Eingeweihten«, der sein Leben entscheidend beeinflußte, ohne aber jemals seine Entscheidungsfreiheit einzuschränken. 256 S. [4133]

Jones, Marthy
In die Karten geschaut
Marthy Jones hat sich des mündlich tradierten Zigeunerwissens um das Kartenlegen angenommen und in diesem Buch zusammengefaßt. Die verschiedenen Legesysteme werden erläutert und alle 52 Spiel-Karten gründlich interpretiert.
288 S. mit Abb. [4153]

Kirchner, Georg
Pendel und Wünschelrute
Handbuch der modernen Radiästhesie. Georg Kirchner geht auf alle radiästhetischen Anwendungsbereiche ein, erklärt sie anhand zahlreicher Beispiele. 336 S. mit 50 s/w-Abb. [4127]

ESOTERIK

Esoterik

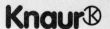

Taschenbücher

Band 4119
272 Seiten
ISBN 3-426-04119-7

Ann Faraday, die angesehene Psychologin und Traumforscherin, hat in langjähriger Forschung eine Methode entwickelt, die jedem die Möglichkeit eröffnet, sich seiner Träume zu erinnern und ihre individuelle Symbolik zu entschlüsseln. Endgültig ist damit die Behauptung widerlegt, daß wir in unsere Traumwelten nur mit Hilfe eines Psychoanalytikers eindringen könnten. Ann Faraday lehrt uns, in unseren Träumen Vorgänge und Bedeutungen wahrzunehmen, die uns im Wachen entgangen sind; wir erkennen Wahrheiten über uns und unsere Mitmenschen, die uns zu einem neuen Selbstbewußtsein führen.

Esoterik

Taschenbücher

Band 4132
400 Seiten
ISBN 3-426-04132-4

Tarot kann Lebenshilfe, Entscheidungshilfe, Wegweiser durch schwierige Situationen und Schlüssel zur Selbstfindung sein – wenn wir verstehen, die Geheimnisse seiner Bilder und Symbole zu dechiffrieren.

Rachel Pollack führt uns mit großem Einfühlungsvermögen in die Kunst des Tarot ein:

- Die Interpretation sämtlicher 78 Tarot-Karten (Große und Kleine Arkana)
- Wie Tarot funktioniert
- Das Legen der Tarot-Karten – verschiedene Legesysteme entsprechend der Fragestellung
- Wie man Tarot benutzt, und was man daraus lernen kann
- Tarot als Einweihungsweg, Tarot-Meditationen

Esoterik

Taschenbücher

Band 4112
384 Seiten
ISBN 3-426-04112-X

Dieses fundierte, umfassende Handbuch erklärt dem westlichen Leser anschaulich, wie man ein echtes chinesisches Horoskop erstellen kann. Systematische Anweisungen ermöglichen dem einzelnen die korrekte Kombination der verschiedenen Mondfaktoren. Das Resultat vermittelt Einsichten über die eigene Persönlichkeit und gibt darüber hinaus Aufschlüsse über gegenwärtige und zukünftige Entwicklungen der privaten und beruflichen Situation. Ein Vergleich zwischen chinesischen und westlichen Tierkreiszeichen gibt zusätzliche Orientierungshilfe.

Esoterik

Taschenbücher

Band 4123
528 Seiten
ISBN 3-426-04123-5

Den Ausgangspunkt dieses Grundlagenwerkes zum New-Age-Bewußtsein bildet eine Studie über führende Persönlichkeiten aus allen Lebensbereichen. Das Resultat ist verblüffend: denn Ansichten und Engagement vieler Befragter weichen entscheidend von allgemein akzeptierten Normen und Denkstrukturen ab. An der Schwelle vom Fische- zum Wassermann-Zeitalter vollziehen sich Quantensprünge auf allen Ebenen. »Die sanfte Verschwörung« betreibt keine allmählichen Verhaltensmodifikationen, sondern entdeckt Möglichkeiten und die Notwendigkeit zu völliger Umpolung und Neuorientierung.

Esoterik

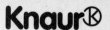

Taschenbücher

Band 4117
208 Seiten
ISBN 3-426-04117-0

»Diese Worte werden von euch aus mir hervorgeholt. Ich identifiziere mich nicht mit ihnen. Dieses Buch ist einfach eine Aufzeichnung von Worten, die zu uns gesprochen werden, die wir zu hören verlangen. Wessen Buch ist es also? Wenn auf einer Violine schöne Musik erklingt, gehst du dann zur Violine und bedankst dich bei ihr? Ich bin einfach das Sprachrohr eines Prozesses. Wenn du dieses Buch liest, dann berührst du dein Selbst. Vergiß mich, ich bin eine vergängliche Erscheinung. Du berührst dich selbst.«

Ram Dass

Esoterik

Taschenbücher

Band 4113
368 Seiten
ISBN 3-426-04113-8

Die Erlebnisse Bruntons eröffnen das ganze Spektrum indischer Spiritualität. Der Autor redet mit Magiern, Yogis, Rishis und wird in der Begegnung mit diesen Menschen ihrer geheimnisvollen Kräfte und tiefgreifenden Erkenntnisse gewahr. Schritt für Schritt kommt Paul Brunton auf der Suche nach den Ursprüngen uralten indischen Wissens weiter, die immer mehr zu einer Suche nach seinem eigenen Selbst, nach dem Sinn allen Seins wird. Am vorläufigen Ende seines Weges steht die Begegnung mit dem Weisen Ramana Maharhsi, der später Bruntons Lehrer und Meister wird.

Esoterik

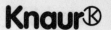

Taschenbücher

Band 4114
288 Seiten
ISBN 3-426-04114-6

Gibt es ein Leben vor dem Leben? Besteht die Möglichkeit, sich an frühere Inkarnationen zu erinnern?

In diesem spannenden, authentischen Bericht geht es nicht um abstrakte Diskussionen über die Wahrscheinlichkeit wiederholter Erdenleben, sondern um einen konkreten Fall: den Fall Bridey Murphy. Über ihr Leben im 19. Jahrhundert erfahren wir alles Wichtige und viele minutiöse Details – aus dem Mund einer jungen, heute lebenden Amerikanerin. In Hypnose läßt sie sich zurückversetzen in die frühe Kindheit, bis zur Geburt. Und plötzlich tauchen Bilder auf, die aus einer Zeit vor der Geburt stammen müssen. Sie beginnt Einzelheiten von einem Leben zu erzählen, an das sie sich bewußt nicht erinnern kann.

Christian Rätsch
Bilder aus der unsichtbaren Welt
Zaubersprüche und Naturbeschreibung bei den Maya und Lakandonen

verlegt bei Kindler

Die Zaubersprüche der Lakandonen, jenen letzten Nachfahren der Maya, sind hier erstmals in deutscher Sprache zugänglich.
Sie sind der Schlüssel zur magischen Einheit unserer Welt, Wegweiser zu einem unbekannten Bewußtseinsabenteuer.

320 Seiten, 30 meist farbige Abbildungen.

verlegt bei Kindler